Richard Opitz

Schauspiel und Theaterwesen der Griechen und Römer

Richard Opitz

Schauspiel und Theaterwesen der Griechen und Römer

ISBN/EAN: 9783743643628

Hergestellt in Europa, USA, Kanada, Australien, Japan

Cover: Foto ©Thomas Meinert / pixelio.de

Weitere Bücher finden Sie auf **www.hansebooks.com**

Verlag des *Litterarischen Jahresberichts (Artur Seemann)* in *Leipzig*.

Von den **Kulturbildern aus dem klassischen Altertume** erschienen bisher:

Band I.: **Handel und Verkehr der wichtigsten Völker des Mittelmeeres im Altertume.** Von Dr. W. Richter. Mit Illustrationen und Karten (8° VIII und 234 Seiten). Preis geb. 3 Mark.

Aus dem Inhalt: Die koloniale Handelsthätigkeit der Griechen auf dem Schwarzen Meere. — Geld- und Wechslergeschäfte im griechischen Altertume. — Der athenische Wochenmarkt. — Karthago, die erste erobernde Handelsrepublik im Altertume. — Alexanders des Grofsen Einflufs auf die Belebung des Verkehrs und der Welthandel Alexandrias. — Der römische Grofshandel. — Römischer Strafsen- und Marktverkehr. — Handelsreisen im griechischen und römischen Altertume. — Die römische Post etc. etc.

Band II.: **Die Spiele der Griechen und Römer.** Von Dr. W. Richter. Mit Illustrationen (VI und 219 Seiten). Preis geb. 3 Mark.

Aus dem Inhalt: Die Spiele der Kinder. — Die Turnspiele der Knaben und die gymnastischen Agone der Jünglinge. — Sport und Jagd. — Das Knöchel- oder Würfelspiel. — Das Rätsel und andere gesellige Spiele. — Die Ebene und der Festplatz von Olympia. — Die olympischen Spiele. — Die circensischen Spiele der Römer. — Fechtspiele und Tierhetzen. — Die Naumachieen etc. etc.

Verlag des *Litterarischen Jahresberichts (Artur Seemann)* in *Leipzig*.

Band III.: Die religiösen Gebräuche der Griechen und Römer. Von Prof. Dr. Otto Seemann. Mit Illustrationen (IV und 200 S.). Preis geb. 3 Mark.

Aus dem Inhalt: Charakter der griechischen Religion. — Die Örtlichkeiten des griechischen Kultus. — Götterbilder und Weihgeschenke. — Das Opfer. — Das Gebet. — Die Mantik. — Die Mysterien. — Häuslicher Kultus. — Begräbnis und Totenkultus. — Charakter der römischen Religion. — Die Örtlichkeiten des römischen Kultus. — Das Opfer. — Gebet und Fluch. — Die römischen Priestertümer. — Die wichtigeren Feste der Römer etc. etc.

Band IV.: Das Kriegswesen der Alten. Von Dr. M. Fickelscherer. Mit Illustrationen (VIII und 234 S.). Preis geb. 3 Mark.

Aus dem Inhalt: Homerisches Zeitalter. — Sparta und Athen bis zum Ausgange des peloponnesischen Krieges. — Das Söldnerwesen und sein Einfluſs auf die griechische Kriegskunst. — Perser, Macedonier und Diadochen. — Griechisches Geschützwesen. — Festungen und Belagerungswesen. — Griechisches Seewesen. — Rom. — Das Heer der Königszeit und Republik, Einteilung und Bewaffnung. — Lager- und Marschordnung. — Das Heer der Kaiserzeit. — Flotte und Geschütze der Römer. — Die wichtigsten Feinde Roms: Karthager, Kelten und Germanen etc. etc.

KULTURBILDER

AUS DEM

KLASSISCHEN ALTERTUME.

—— ——

V.

SCHAUSPIEL UND THEATERWESEN
DER GRIECHEN UND RÖMER

VON

DR. RICHARD OPITZ.

LEIPZIG 1889
VERLAG DES LITTERARISCHEN JAHRESBERICHTS
(ARTUR SEEMANN).

SCHAUSPIEL
UND
THEATERWESEN

DER

GRIECHEN UND RÖMER

VON

DR. **RICHARD OPITZ.**

MIT ILLUSTRATIONEN.

—⟶·☙·⟵—

LEIPZIG 1889
VERLAG DES LITTERARISCHEN JAHRESBERICHTS
(ARTUR SEEMANN).

PA
3301
O6

Vorwort.

Das vorliegende Bändchen der „Kulturbilder" behandelt ein äufserst interessantes, aber in vielen Punkten noch nicht genügend aufgehelltes Stück antiken Kulturlebens. Überall treten uns Fragen entgegen, die endgültiger Entscheidung harren. Besondere Schwierigkeiten zeigen sich aber dann, wenn es gilt, die Ergebnisse der Einzelforschung mit einander in Einklang zu setzen. Mein Bestreben war nun, mit Hilfe der weitverzweigten neueren Litteratur aus den alten Autoren heraus ein lebensvolles Bild des antiken Theaterwesens zu gestalten. Dabei mufste notwendigerweise auch Unsicheres Erwähnung finden. Leicht wäre es darum nachzuweisen, dafs man über einzelne Punkte abweichender Ansicht sein könne.

Die Form der Darstellung ist im allgemeinen die Erzählung oder die Schilderung. Nur in dem Abschnitte über das Vorhandensein einer Bühne im griechischen Theater glaubte ich durch Abwägung der einander gegenüberstehenden Ansichten den augenblicklichen Stand der Frage besser zum Verständnis bringen zu können. Fern lag es mir dabei, vor dem Erscheinen der angekündigten fachmännischen Untersuchungen die schwierige Frage definitiv entscheiden zu wollen.

Bedürfnis wäre es mir gewesen, an den einzelnen Stellen die benutzte Litteratur zu verzeichnen. Doch liefs sich dies mit dem ganzen Plane der „Kulturbilder" nicht vereinigen. Der Kenner wird auch ohne dies jedem das Seine zuweisen, der Nichteingeweihte aber froh sein, wenn er von dem Ballast der Quellenangaben verschont bleibt.

Die metrischen Übersetzungen rühren nur zum kleineren Teile von mir selbst her, öfter habe ich schon Vorhandenes im einzelnen abgeändert.

So ist denn hoffentlich mit der etwas dornenvollen Arbeit der Zweck erreicht, für einen gröfseren Leserkreis eine in den wesentlichen Punkten zutreffende und zugleich anregende Darstellung eines so wichtigen Teiles der Kulturgeschichte zu schaffen.

Möge das anspruchslose Buch, welches ich

meiner Gattin

widme, freundliche Beurteilung finden.

Leipzig, im Mai 1889.

Der Verfasser.

Inhalt.

		Seite
I.	Die Entstehung der griechischen Tragödie	1
II.	Die Entwickelung der griechischen Tragödie	14
III.	Die griechische Komödie	34
	Die ältere attische Komödie	34
	Die neuere attische Komödie	47
IV.	Das Schauspiel der Römer	54
V.	Die Feste mit scenischen Aufführungen und der Geschäftsgang bei denselben	80
VI.	Der Theaterbau	100
VII.	Der Chor und die Gliederung des antiken Dramas	125
VIII.	Die Schauspieler	143
IX.	Die Schauspielkunst	166
X.	Die Inscenierung der griechischen Tragödie und des Satyrspiels	187
XI.	Die Inscenierung der altattischen Komödie	226
XII.	Die Inscenierung des römischen Dramas bez. der neueren attischen Komödie	246
XIII.	Das Publikum	276
XIV.	Die Überlieferung der Bühnengeschichte, Kritik und Theorie des Dramas im Altertum	298

Verzeichnis der Abbildungen.

		Seite
Fig. 1.	Dionysos und die Rebe (nach einem Stiche)	3
- 2.	Satyr und Mänade (aus Baumeister, Denkmäler) . . .	4
- 3.	Holzpfahl als Dionysos kostümiert	5
- 4.	Reliefs vom Denkmal des Lysikrates	8
- 5.	Dionysos mit dem Löwen (desgl.)	9
- 6.	Thalia	10
- 7.	Melpomene	11
- 8.	Dionysische Symbole	12
- 9.	Aischylos	19
- 10.	Sophokles	30
- 11.	Euripides	31
- 12.	Aristophanes (aus Baumeister)	36
- 13.	Menander	49
- 14.	Plan des Dionysostheaters zu Athen	106
- 15.	Die untersten Sitzplätze des Dionysostheaters	109
- 16.	Sitz des Dionyospriesters im Dionysostheater	110
- 17.	Grundrifs des Theaters zu Epidauros	111
- *18.	Theater zu Aspendos . . . . zu Seite	113
- *19.	Theater der Velia . . . . zu Seite	114
- *20.	Sehweiten des Theaters der Velia . . . . . zu Seite	114
- 21.	Theater von Segesta	115
- 22.	Grundrifs des Theaters zu Segesta	116
- 23.	Durchschnitt des grofsen Theaters zu Pompeji . . .	117
- 24.	Kleines Theater zu Pompeji	119
- *25.	Theater zu Orange (Lübke) . . . . zu Seite	120
- *26.	Desgl. (aus Baumeister) . . . . zu Seite	120
- 27.	Theater zu Herculaneum (Grundrifs)	121
- *28.	Desgl. (Ansicht) . . . . zu Seite	122
- 29.	Theater des Marcellus in Rom	123

Verzeichnis der Abbildungen. VII

Seite

- Fig. 30. Vom Theater des Marcellus 124
- 31. Tanzende Hierodule 125
- *32. Chorführer und Pyrrhichistenchor . . . . . zu Seite 125
- *33. Kyklischer Chor und Chorführer . . . . . zu Seite 126
- 34. Chorodidaskalos und tanzende Mädchen 129
- 35. Kalathiskostänzerin 130
- 36. Griechischer Flötenbläser 140
- 37. Flöten mit Futteral 140
- 38. Agonothetes 150
- 39. Etruskische Tänzerin 155
- 40. Tragische Scene 191
- 41. Tragischer Schauspieler 192
- 42. Tragödiendichter Philiskos 194
- 43. Tragische Masken 195
- 44. Agrenon der Seher 196
- 45. Tragische Scene 197
- 46. Hirt 198
- 47. Philoktet und Odysseus 201
- 48. Priamos und Achilles 203
- 49. Medea, ihre Kinder mit dem Pädagogen 212
- 50. Hermes und Alkestis 213
- *51. Schauspieler, Chorlehrer, Choreuten und Musiker vor Aufführung eines Satyrdramas . . . . zu Seite 215
- 52. Satyrscene 216
- 53. Papposilen mit dem Bacchuskinde 218
- 54. Schauspieler als Papposilen 219
- 55. Papposilen und Sphinx 220
- 56. Satyr nach Praxiteles 223
- 57. Vorbereitung zum Satyrspiel 224
- 58. Zeus und Hermes 228
- 59. Vasengemälde des Assteas 229
- 60. Daidalos, Hera, Enyalios 230
- 61. Taras im Phlyakenkostüm 235
- 62. Herakles mit den Kerkopen 239
- 63. Kreon, Antigone, Wächter 241
- 64. Alter und Diener am Fenster eines Mädchens 243
- 65. Cheiron an der Heilstätte 244
- 66. Soldat und Parasit 248
- 67. Parasitenmaske 249
- 68. Schmarotzer 250
- 69. Maskenrelief 251

Verzeichnis der Abbildungen.

	Seite
Fig. 70. Intrigierender Sklave	252
- 71. Terrakottamaske	253
- 72. Kausia	253
- 73. Scene aus der neueren attischen Komödie	254
- 74. Strenger Vater (Maske)	255
- 75. Komiker im Fransenmantel	256
- 76. Komödienscene	257
- 77. Eingebildeter Alter	258
- 78. Erzürnter Greis (Maske)	260
- 79. Komödienscene	263
- 80. Desgl.	264
- 81. Scene aus dem Eunuchus	265
- 82. Scene aus dem Hautontimorumenos	266
- 83. Scene aus dem Phormio	266
- 84. Komischer Alter	267
- 85. Dümmling	268
- 86. Possenreifser	268
- 87. Harlekin	268
- 88—91. Theatermarken	278—279
- 92. Siegreicher Schauspieler	299

Verbesserungen.

Zu S. 66 letzte Zeile bemerke ich noch, dafs wahrscheinlich aufser einem Menandrischen Stücke als Vorlage für die „Hecura" eins von Apollodoros, und vielleicht in erster Linie, gedient hat. — Auf S. 61 Z. 10 v. o. wolle man lesen zuerkannt statt zuerkam, S. 81 Z. 2 v. u. Posideon statt Poseideon.

I.
Die Entstehung der griechischen Tragödie.

Die griechische Tragödie ist aus der Verehrung des Dionysos in ganz natürlicher Entwickelung erwachsen. Doch ruht auf den Uranfängen noch ein nebelhaftes Dunkel wie auf dem Wachstum des Weinstocks: wir kennen die einzelnen Einflüsse, die sich verbinden, das edle Gewächs zu erzeugen, aber die Art und Weise, wie es entsteht, bleibt ein Geheimnis. So übt denn dieser Zweig der griechischen Poesie, so lang er blüht, den Zauber göttlichen Ursprungs; der Grieche fühlte die Nähe seines Gottes, wenn er die Schöpfungen der tragischen Kunst bewunderte, und wohl auch wir spüren noch heutzutage einen Hauch seines Geistes.

Wie die Griechen, so hatten auch die Phrygier und die Thrakier, beide ebenfalls Glieder des indogermanischen Stammes, eine entsprechende Gottheit aus ihrer Urheimat mit weggeführt. Phrygien stand unter semitischem

Einflusse: dort fuhr die Göttermutter Kybele, umschwärmt von den Korybanten, über die Höhen des Dindymon. Ihr Liebling war Attis, der als tot beweint, aber dann wiedergefunden und mit verzücktem Jubel gefeiert wird. Was Wunder, wenn auf den alten Erntegott der Indogermanen gar manches von diesem Fanatismus überging, wenn der phrygische Dionysos oder Sabazios den Charakter des Weichlich-Sentimentalen, aber zugleich Grausamen annahm? Anderen Einwirkungen war der Gott in Thrakien ausgesetzt. Mit der Feier des männlichen Gottes wurde hier die der Kotytto, einer der Kybele verwandten Gottheit, verknüpft. Daher finden wir Frauen in seinem Gefolge. Diese heifsen nach ihm Bakchai, andererseits Thyiades (die Stürmenden), Mainades (die Wahnsinnigen), auch Lenai und Bassarai. Aus den Namen erkennt man schon das Wesen dieses Gefolges. In Thrakien liegt das Rhodopegebirge mit seinen wilden Hängen. Unter dem gellenden Rufe „euoi" stürmen die Bakchen wahnsinnig durch Wald und Flur mit ihrem Herrn, der auch Bromios, der Rauschende, heifst. Sie tragen den Thyrsosstab mit dem Pinienapfel, die Arme mit Schlangen umwunden, Epheu auf dem Haupte. Wein springt hervor, wenn sie mit dem Thyrsos an den Felsen stofsen. Sie nähren die junge Brut des Wolfes an ihren Brüsten. Die Schauer der Einsamkeit schrecken sie nicht. Grell leuchtet die geschwungene Fackel durch die Nacht hin. Bald sucht die entfesselte Wut der Weiber sich ihr Opfer. Sie zerfleischen die Tiere des Waldes, namentlich zarte Rehkälber, und verschlingen die noch zuckenden Stücke. Gewifs sind in alten Zeiten Menschen den Mänaden zum Opfer gefallen, brach doch gelegentlich auch später die zurückgedrängte Grausamkeit wieder einmal hervor. Wenn die ekstatische Musik der Flöten, Pauken und Bleche, die sonst der phrygischen

Fig. 1. Dionysos und die personifizierte Rebe.

4   I. Die Entstehung der griechischen Tragödie.

Göttermutter eigen ist, auch in Thrakien vorkommt, so verrät sich darin wohl asiatischer Einfluſs. Die darstellende Kunst aber gewann durch diese begeisterten Frauengestalten eine mächtige Anregung.

In Thrakien bringt nun auch der Mythus den Dio-

Fig. 2. Satyr und Mänade (ergänzt).

nysos in Widerstreit mit anderen dämonischen Gewalten. Lykurgos verjagt, die Doppelaxt schwingend, die Mänaden. Dionysos flüchtet sich ins Meer. Aber der Gott verblendet seinen Widersacher. Während der Frevler den Weinstock auszurotten glaubt, tötet er seinen Sohn oder verstümmelt nach anderer Sage sich selbst.

Und nun ward dieser Kult nach Attika verpflanzt,

I. Die Entstehung der griechischen Tragödie. 5

wo eben schon der altgriechische Erntegott Dionysos, wohl etwas verbauert, sein behagliches Dasein fristete. Als Zwischenstation haben wir das alte Orakel Delphi anzusehen, wo dem Ankömmling neben dem Apollo ein Platz eingeräumt wurde. Unter Pandion, dem fünften Könige nach Kekrops, kam Dionysos nach Attika, und zwar nach dem Gau Ikaria. Der Bauer Ikarios erhielt vom

Fig. 3. Holzpfahl als Dionysos kostümiert.

Gotte die Rebe zum Geschenk. Als er aber von deren Safte seinen Gaugenossen zu kosten gab, wähnten diese sich vergiftet und erschlugen ihren Landsmann. Dessen Tochter Erigone (die frühlingsgeborne — Rebe) suchte mit ihrem treuen Hunde Maira den Leichnam und erhängte sich dann in der Verzweiflung. Darauf verfielen alle Mädchen Attikas in Wahnsinn, so daß sie in düsterer Schwermut den Wald durchstreiften und nach Erigones Beispiel sich den Tod gaben. Und nicht eher ward das Land erlöst, als bis die Hirten ein Fest stifteten, welches durch aufgehängte Puppen an das traurige Los der Landestöchter erinnerte. Hier also finden wir die ersten Spuren alter Feste des Dionysos in Attika mit einer gewissen dramatischen Beigabe.

Heimkehrend von seiner Fahrt, soll später Theseus, dessen Retterin Ariadne — ursprünglich auch ein göttliches Wesen — auf Naxos Anteil erhält an der Verehrung des Dionysos, in Athen die Oschophorien gestiftet haben, ein Fest im Monat der Weinlese, an dem die Rebe in feierlicher Prozession von dem Altare des Dionysos aus der Athene dargebracht wurde.

Die Heimat des vaterlandslosen Gottes verlegte der Mythos später nach Theben. Der höchste Gott hatte das Herz Semeles, der Tochter des Landesherrn Kadmos, gewonnen. Er nahte sich ihr in menschlicher Gestalt, aber die Eifersucht der Hera flöfste der Jungfrau den verderblichen Wunsch ein, dafs ihr Geliebter ihr erscheinen möge, wie er der Himmelsfürstin erschien. Da fährt Zeus mit Blitz und Donner im Wetter nieder, und während die Mutter ihren Wunsch mit dem Tode büfst, bringt er selbst den Sohn durch Wiedergeburt zum Leben. Viel Anfechtungen mufste Dionysos ob seiner Geburt erdulden. Widerstand fand er in Orchomenos. Die Töchter des Minyas wollten lieber spinnen daheim, als seinem Weckrufe folgen. Er ermahnt sie in Gestalt einer Jungfrau, er schreckt sie als Stier, Löwe und Panther und durch andere Wunderzeichen. Da losen sie untereinander um ein Sühnopfer. Die eine mufs ihren Sohn darbieten, den sie zerreifsen. Und als sie dann zu spät im Walde sich mit tummeln, werden sie in lichtscheue Nachtvögel verwandelt. Ähnliches erzählt die Sage von den Töchtern des Proitos in Argos. Und derselbe Zug, nur noch grausiger, kehrt wieder im

Geburtsorte des Gottes. Als er heimkommt von seinen abenteuerlichen Fahrten in Indien, will der junge König Pentheus ihn nicht anerkennen, ja er verhöhnt ihn sogar. Da wird sein Sinn verblendet; er eilt hinaus in den Wald, das Treiben der Bacchantinnen zu belauschen. Seine Mutter Agaue ist selbst mit in deren Schwarme; in ihrer Raserei hält sie den eigenen Sohn für ein Tier und ruht nicht, bis sie ihn erjagt und zerfleischt hat, ein grauenhaftes Nachtgemälde, ein furchtbarer Hinweis auf die Allmacht des göttlichen Willens.

Ein ähnliches Bild wird in einem der sog. homerischen Hymnen entrollt, ein Seestück: Der Gott lustwandelt in Menschengestalt am Gestade und wird von tyrrhenischen Seeräubern geraubt. Trotz nachdrücklichen Einspruchs des alten Steuermanns binden sie ihn, aber die Fesseln fallen ab. Da rieselt plötzlich Wein ins Schiff, und ambrosischer Duft steigt auf. Reben ranken sich um die Masten, und Epheu grünt und blüht. Der Gott aber steht da in Gestalt eines Löwen. Aufser dem Warner springen alle ins Meer und werden in Delphine verwandelt. Künstlerhand hat dieses Wunder in freier Weise an dem choregischen Denkmal des Lysikrates in Athen verewigt.

Es läfst sich beweisen, dafs ein dramatisches Element gerade dem Kulte der Vegetationsdämonen innewohnt. Auch in der nordeuropäischen Volksüberlieferung finden sich dieselben Gebräuche wie beim Dionysosdienst, Fackelrennen und betäubender Lärm vermummter Gestalten zu dem Zwecke, die Natur zu neuem Leben zu erwecken. Solche Gebräuche sind eben der erste Anfang aller dramatischen Kunst. Noch eine Parallele sei hier gezogen.

Wenn hoch in den Lüften der Sturmwind braust, dann zieht Wodan mit seiner Wilden Jagd durch den

Wald. Und ist die tolle Hetze vorüber, dann sitzt der Gott wieder im Berge, bis von neuem seine Stunde

Fig. 4. Reliefstücke vom Denkmal des Lysikrates zu Athen (ergänzt).

kommt. Ganz so Dionysos mit seinen Jägerinnen. Und wie von Wodan die Sage des Zauberschlafes überging auf Barbarossa u. a., so schlummert nach dem Glauben

1. Die Entstehung der griechischen Tragödie.

der Thrakier der aus der Ilias bekannte Held Rhesos im goldreichen Pangaion, um einst wiederzukehren als Prophet des Dionysos. Die Thrakier knüpften auch an die Dionysosverehrung den Glauben an ein besseres Leben im Jenseits. Solche Anschauungen gaben den Mysterien der Geheimkulte allerhand Nahrung. Auch an den berühmten Mysterien der Demeter zu Eleusis hatte Dionysos, und zwar als Iakchos, Anteil.

Welche reiche Sagenwelt sich an Dionysos anknüpfte, ist oben dargelegt. Und alles dies ward an

Fig. 5. Reliefstück vom Denkmal des Lysikrates zu Athen.

den verschiedenen Festen mimisch dargestellt in fest vorgeschriebener Weise. Nach der Überlieferung der Alten ist die Tragödie ausgegangen von den Vorsängern des Dithyrambos. So nämlich hiefs nicht nur der Gott selbst, sondern auch das Lied, welches ihm zu Ehren gesungen wurde. Der Chor umstand in Satyrgewandung den Eleos, den Opfertisch, von dem aus der Chorführer den Gesängen von den Leiden des Gottes respondierte. Denn herbes Leid war es namentlich, was den Sohn der Semele betroffen, ehe er seinen Platz im Olymp sich

gesichert hatte. Von dem Hauptbestandteil der Satyr-
kleidung aber, dem Bocksfelle, erhielt das Lied den
Namen „Gesang der Böcke" = Tragodia. Das griechische
Wort für Schauspieler, Hypokrites, wird von Gramma-
tikern erklärt: „der, welcher dem Chor antwortet", bedeutet aber schliefslich etwa soviel wie unser Darsteller. Die Erweiterung des Stoffes trat ein nach dem Gesetze der Sagenübertragung. Wie Semele nicht anerkannt worden war und an ihrem Sohne einen Rächer gefunden hatte, so rächte sich Leto für die erlittene Kränkung durch ihre Kinder. Die Ideenverbindung gewann einen freien Spielraum: Lykurgos tötet in der Verblendung statt des Weinstocks seinen Sohn, Agaue den ihrigen statt eines

Fig. 6. Thalia.

Wildes, Aias statt des Odysseus einen Hammel: er
richtet sich moralisch zugrunde, wie jene ihr Fleisch
und Blut physisch verdarben. Diese weitere Entwickelung läfst sich durch einen Vergleich veranschaulichen:
es ging wie mit den Reden an den Gedenkfeiern der

I. Die Entstehung der griechischen Tragödie.

Fürsten. Von den Eigenschaften der Betreffenden geht man aus, verfolgt sie nach allen Richtungen hin, bis dann das Streben nach Abwechselung dazu führt, andere Fürsten zu behandeln, an denen sich ähnliche Züge zeigten, welche ähnliche Schicksale hatten, und endlich genügt ja wohl auch eine entferntere Beziehung noch, wofern nur der Tag durch die Würde des Stoffes seine rechte Weihe erhält.

Fig. 7. Melpomene.

Dachte sich die alte Zeit die Musen schlechthin als die lebensfrohen, durch Gesang und Tanz erfreuenden Töchter des Zeus, so wußte die zunftmäßige Gelehrsamkeit der Alexandriner den Wirkungskreis einer jeden festzustellen, und die Kunst bezeichnete denselben durch besondere Beigaben. Verhältnismäßig früh scheint Melpomene als Vertreterin der Tragödie und Thalia als die der Komödie anerkannt worden zu sein. Jene ist wiederholt dargestellt in tragischem Kostüm mit der tragischen Maske, wie sie, sinnend den Ellbogen auf den aufgestützten Fuſs stemmend, vor sich hin sieht.

Fig. 8. Dionysische Symbole. Von der sog. Ptolemäerschale des Pariser Münzkabinetts.

Thalia wird abgebildet in leichterer Kleidung und durch die komische Maske und das Pedum, den Krummstab der ländlichen Muse, charakterisiert.

I. Die Entstehung der griechischen Tragödie. 13

Die Lage der Stätte, welche in Attika der Dionysosverehrung zunächst Eingang verschaffte und die auch späterhin eine besondere berühmte örtliche Feier gehabt zu haben scheint, war bis in unsere Tage unbekannt. Erst vor kurzer Zeit hat der sehr verdiente Forscher Milchhöfer den Schleier gelüftet. Lassen wir ihn selbst seine Entdeckung erzählen. „Ich benutzte den Weg, welcher sich von Vraná aus durch das wundervolle Thal von Rapentósa um den Nordostabhang des Pentelikon windet. Hier, unterhalb und am Fuſse der hochhinauf bewaldeten, kühnen Gipfelreihe, andrerseits durch die ebenso schön geformten Berge von Marathon und Stamata begrenzt, mit zwei Ausblicken auf das Meer, liegt der Ort Dionysos, heut' in dichter Pinienwaldung, umzogen von quellenreichen Schluchten, in denen neben Riesenplatanen der ganze Reichtum griechischer Vegetation gedeiht. Der Reiz der Landschaft steht in Attika unübertroffen da. Zeitweise nur wohnen hier und da einige harzsammelnde Familien in einem langgestreckten Hause. Nahe dabei liegen, von Pinien überragt, zwischen Lentiscusgestrüpp und Dornen die Ruinen einer Kirche von merkwürdigem Grundriſs . . . Das Land, fruchtbar, in geschützter Lage, muſs sich trefflich zum Weinbau geeignet haben." Die daselbst gemachten Funde haben denn auch die Vermutung Milchhöfers, daſs hier das alte Ikaria zu suchen sei, über allen Zweifel erhoben.

II.

Die Entwickelung der griechischen Tragödie.

Aus jenem Gau Ikaria erwuchs der Vater der Tragödie. Was der Knabe — Thespis, der gottbegeisterte, hiefs er — geahnt bei den Dionysischen Festen seiner Heimat, das verwirklichte der Mann am Hofe des Peisistratos, welcher eben damals der epischen Poesie, vor allen den Dichtungen Homers, seine Sorge zuwandte. Thespis verstand es, indem er selbst auftrat, eine Handlung einzuleiten und an geeigneten Stellen Erzählung in den Chorgesang einzulegen, wodurch die Sänger zugleich willkommene Gelegenheit auszuruhen erhielten. Damit fand er viel Anklang; nur dem treuen Hüter altathenischer Sitte, Solon, wollte die Neuerung, welche der freien Fabel-Erdichtung Thür und Thor öffnete, bedenklich erscheinen. In der That lenkte die Tragödie bald ab zu nichtdionysischen Stoffen, so dafs die Leute murrten: „nichts über Dionysos!" Nun finden wir in allen Naturkulten klagendes Leid und aufjauchzende Lust innig gepaart. Aus den rohen Keimen lustiger

II. Die Entwickelung der griechischen Tragödie. 15

Satyrgesänge machte Pratinas aus Phlius nach Art der Tragödie eine besondere dramatische Gattung, das Satyrdrama, durch welches man die Unzufriedenen befriedigte und gröfsere Freiheit in der Stoffwahl sich erkaufte. Doch müssen auch die Satyrdramen sehr beliebt gewesen sein. Wenigstens weist auf Volkstümlichkeit eines zeitgenössischen Dichters hin die sprichwörtliche Wendung „als Choirilos König war unter den Satyrn". Andererseits giebt einen Begriff von der Kunst des Pratinas ein herrliches Tanzlied, welches anhebt: „Was ist das für ein wilder Lärm, was für ein tosender Chorgesang? Welcher Frevel verdrängt von der Thymele mein Dionysisches reigenbegeistertes Lied? Mein, mein ist der Rebengott, Ihn umjauchzen mufs ich, Mufs feiern mit ihm, mufs schwärmen und lärmen mit den Nymphen im Wald, Führen, ein singender Schwan, den buntbeschwingten Festgesang." Die weibliche Rolle hatte in den ältesten Stücken nur untergeordneten Anteil, wahrscheinlich weil sie an den männlichen Schauspieler zunächst zu hohe Anforderungen stellte. Phrynichos schuf sie hinzu und vermehrte damit die Gelegenheit zu pathetischen Scenen. „Auf Purpurwangen glänzt der Liebe Licht", lautet eins der überlieferten Fragmente. Zu seinem Schaden wagte er gegen allen Brauch einen Griff in die Zeitgeschichte zu thun, indem er die Eroberung Milets durch die Perser auf die Bühne brachte. Erinnert an das „heimische Leid" der stammverwandten Ionier, brachen die Zuschauer in Thränen aus, und man verurteilte den Unüberlegten zu einer Strafe von 1000 Drachmen. Wahrscheinlich war das ganze Stück ein grofser Klagegesang. Denn wenn es heifst, dafs Aischylos die Rede statt des Chores zur Hauptsache gemacht habe, thatsächlich aber noch bei Aischylos die Chorlieder einen breiten Raum einnehmen, wie müssen sie da bei Phrynichos vorgeherrscht haben!

Aber sie waren lieblich und wurden noch zur Zeit des Aristophanes von altväterischen Leuten gesungen. Dennoch ist auch des Phrynichos Glanz verblichen vor dem hellleuchtenden Dreigestirn: Aischylos, Sophokles, Euripides. Welch reiche Fülle von Bildern tritt uns hier entgegen, und sie alle steigen hervor aus einem Quell, der in den Epen niedergelegten Götter- und Heldensage. Man kann diesen scheinbar einzig dastehenden Vorgang vergleichen mit der christlich-religiösen Malerei. Jahrhunderte haben den erhabenen Stoff nicht erschöpft, ein jeder Künstler hat ihn nach seiner Geistesrichtung behandelt; auch er bot einen Spielraum zwischen inniger Versenkung und gläubiger Hinnahme auf der einen und rationell-realistischer Betrachtung auf der anderen Seite.

Aischylos ist der Dichter des Gigantisch-Erhabenen. Eine elementare Gewalt braust in seiner Poesie. Er nennt sich einen Pflegling der eleusinischen Demeter, und in der That vermischen sich mit seiner Grundanschauung, dafs die Gottheit unerbittlich jeden Frevel rächt, mystische Gedanken über Gott und Schicksal. Das Urbild der gegen die Götter sich auflehnenden Titanenkraft ist sein „Prometheus" geworden. Das ganze Stück klingt wie ein wilder Schrei unversöhnlichen Trotzes. In menschenleerer Öde wird der Menschenbeglücker angeschmiedet an den zackigen Fels und seinem Schicksale überlassen. Nun folgt eine Reihe von Begegnungen, in denen sein Los und seine Pläne dargelegt werden. Die freundlichen Okeaniden und Okeanos selbst suchen ihn zur Nachgiebigkeit zu bewegen. Wahnsinnig stürzt Io herbei, mit wildem Rufe ihr Jammergeschick beklagend. „Hu! Grauen fafst mich, den Tausendäugigen seh' ich, meinen Hüter. Sieh dort schleicht er her, lauernden Trug im Blick!" Dunkle

II. Die Entwickelung der griechischen Tragödie.

Drohungen in Bezug auf den Sturz des Zeus stöfst Prometheus aus, trotzt auch den warnenden Worten des Götterboten und versinkt endlich in Nacht und Grauen.

In den „Sieben gegen Theben" mischt sich das bange Klagen der Weiber mit den drohenden Scheltworten des kampfordnenden Führers. Im Mittelpunkte stehen die sieben Redenpaare: jeder Rede, mit welcher der Bote den Übermut eines Feindes beschreibt, stellt Eteokles eine zuversichtliche Erwiderung entgegen. Unter den Verwegenen ist der Verwegenste Kapaneus. Vom Blitze des Zeus getroffen, stürzt er von der Zinne. Die Brüder fallen im Brudermord. Neuer Botenbericht, dann klingt das Stück bedrohlich aus mit der Erklärung Antigones, dafs sie dem Verbote zuwider ihren Bruder bestatten wolle.

Trotz der dürftigen Handlung halten die „Schutzflehenden" den Leser in atemloser Spannung. Die Danaiden sind auf der Flucht vor den verhafsten Freiern in Argos gelandet. Wird es gelingen, das Herz der Bevölkerung für die Hilflosen zu erwärmen? Schon tauchen die Schiffe der Verfolger auf, ein Herold naht und entfernt sich mit Drohungen. Die Dichtung hat ein orientalisches Kolorit, das mannhafte Eintreten der Argiver giebt ihr eine tiefere politische Bedeutung.

Die erwähnten Dramen erscheinen wie Bruchstücke gröfserer Dichtungen und sind es auch. Aischylos vermochte, schon wegen der Überfülle der lyrischen Ergüsse, nicht in einem Stücke den Ausgleich zwischen Schuld und Sühne herbeizuführen; so entstand die Trilogie, für die als einziges Beispiel überhaupt uns geblieben ist die Orestie, die drei Stücke Agamemnon, Choephoren (Trankspenderinnen), Eumeniden. Des Wächters Klage über die mühevolle Ausschau, sein freudiger Ausruf beim Anblick der Feuerzeichen und die verstohlenen Andeutungen, mit denen er abgeht, schlagen in trefflicher Weise den Ton des ersten Stückes, des „Agamemnon" an. Bald erscheint der König in stolzem Gepränge mit der Seherin Kassandra. Diese setzt allen Aufforderungen Klytaimnestras, ins Haus zu kommen, ein dumpfes Schweigen entgegen, dann fällt sie in Verzückung, die Frevel der Vorzeit stehen vor ihrem Auge und die, welche noch ruhen in der Zeiten Schofs. Nun tritt sie in den Palast. Bald dringen die Wehrufe des erschlagenen Agamemnon heraus.

Am Grabmal des Agamemnon treffen in den „Choephoren" die Trankspenderinnen zusammen mit dem als Rächer heimkehrenden Orestes. Die Frauenschar wahrt den Charakter düsterer Trauer, doch sucht offenbar der Dichter in den komisch-wehmütigen Äufserungen der alten Amme über ihr einstiges Pflegekind eine Gegenwirkung zu üben. Ergreifend ist das Zwiegespräch des Sohnes mit der Mutter vor der Schreckensthat. Als dann der Muttermörder den Wahnsinn spürt und die rächenden Eumeniden nahen sieht, erklärt er nochmals die Berechtigung seiner That. Die Lösung folgt in den „Eumeniden". Eingeschlummert vor Müdigkeit, umlagern die Furien den Gehetzten in Delphi. Der Geist Klytaimnestras spornt sie zu neuer Verfolgung. Auf der Akropolis zu Athen endlich erfolgt die Entsühnung und zugleich eine Auseinandersetzung zwischen den jüngeren Gottheiten, voran Athene, und den uralten Göttinnen, die sich in ihren Rechten gekränkt glauben. Hochgeehrt sollen sie bleiben und reichen Segen über Attika ausstreuen. Die alte Richtstätte aber des Areopags wird durch das erste Urteil geweiht und vom Dichter zugleich vor den Gegenströmungen seiner Zeit, die auf Abschaffung des Gerichtshofes hinarbeiteten, verteidigt.

Einzig in ihrer Art unter den erhaltenen Stücken

II. Die Entwickelung der griechischen Tragödie. 19

sind die „Perser". Sie lehnen sich an die „Phoenizierinnen" an, mit denen Phrynichos wohl den üblen Eindruck seiner „Eroberung Milets" hat verwischen wollen. Die „Perser" sind die Verherrlichung des Sieges bei Salamis. Die Schilderung, welche der Perserbote in Susa von der Schlacht giebt, ersetzt die Handlung. Trotz der

Fig. 9. Aischylos.

mangelnden Aktion kommt aber die Seele des Zuschauers nicht zur Ruhe, indem sie die Erwartungen und Enttäuschungen der Atossa und der persischen Greise mitfühlt. Der alte Dareios erscheint auf seinem Grabhügel, und endlich naht er selbst, Xerxes, mit den Fetzen seiner Herrlichkeit bekleidet. Ergreifender konnte die Strafe der Selbstüberhebung nicht vorgestellt werden.

Somit sind die dramatischen Mittel des Aischylos

zum Teil dieselben, die auch Shakespeare mit grofsem Erfolge anwendet. Er erregt Stimmung durch gewaltige Naturbilder, zieht geheimnisvolle Kräfte herbei, die Geister der Abgeschiedenen und die rächenden Götter, schildert den Menschen im Zustand des Wahnsinns und der Verzweiflung.

Damit nach den bangen Stunden des ergreifenden Trauerspiels der Zuschauer erst wieder aufatmete und die hochgehenden Wogen seiner Empfindung sich wieder beruhigten, pflegte — wir wissen nicht, seit wann — auf die Trilogie ein Satyrdrama zu folgen, so dafs also auch Aischylos gezwungen war, solche Stücke zu dichten. Hier erschienen die tragischen Helden auf dem Hintergrunde des leichtsinnigen Satyrlebens, keineswegs aber haben die tragischen Dichter ihre ernsten Schöpfungen selbst ironisiert. Auf diese Weise entsteht die Tetralogie. Die Trilogie nun brauchte Aischylos, um das strafende Walten der Gottheit durch ganze Geschlechter hin zu schildern. Dafür geeignete Stoffe aber waren nicht zu zahlreich, und schon Aischylos war genötigt, mit einem Ideenzusammenhange zwischen drei Stücken verschiedenen Inhalts sich zu begnügen. Dieser ererbte Brauch mufste bald als unnötige Fessel erscheinen, und so machte denn Sophokles den Anfang, Drama gegen Drama kämpfen zu lassen und nicht mehr eine Tetralogie; d. h. also, war es bisher an dem Dionysischen Hauptfeste Sitte gewesen, dafs an drei nacheinander folgenden Tagen während des Vormittags je ein Dichter drei Tragödien mit einem Satyrspiele zur Aufführung brachte, so ward es jetzt bräuchlich, dafs die drei Dichter an jedem Tage mit je einem Stück wetteiferten. Auch jetzt noch bildete je ein Satyrdrama den Schlufs der Aufführung. Welchen Einflufs diese Neuerung des Sophokles auf die Entwickelung des ganzen Schauspielwesens hatte, werden wir später erörtern. Jetzt interessiert uns die Frage, wieweit die Änderung in den Dichtungen des Sophokles sich bemerkbar macht. Die drei innig zusammenhängenden Stücke des Dichters, „König Oidipus", „Oidipus auf Kolonos" und „Antigone", sind zu ganz verschiedenen Zeiten aufgeführt und keineswegs Teile einer Trilogie. Ebenso ist die „Elektra", welche den „Choephoren" des Aischylos entspricht, nicht das Mittelstück einer solchen Komposition, sondern nach beiden Seiten hin selbständig. Sophokles hielt es eben für unkünstlerisch, das Interesse des Zuschauers auf ein weiteres Feld zu verteilen; auch entsprach wohl ein zwar gedankenreiches, aber an Handlung armes Stück wie die „Schutzflehenden" nicht mehr den höher gespannten Anforderungen des Publikums. Genug, Sophokles verstand es, auf den Raum eines einzigen Dramas die ganze Entwickelung eines tragischen Schicksals zusammenzudrängen. Hatte Aischylos bei seiner einfachen Handlung mit zwei Schauspielern auskommen können, so brauchte Sophokles jetzt drei. Es ist schon den Alten nicht entgangen, nach welcher Richtung hin er die Zahl der Personen erweiterte: er liebte es nämlich, der Hauptperson, um sie mächtiger hervortreten und ihre Ansichten entwickeln lassen zu können, eine parallele Rolle entgegenzustellen. Zur Antigone gab ihm die Sage Ismene, neben Elektra stellte er Chrysothemis. Sophokles wird ein Meister in der dramatischen Ökonomie, in der Motivierung und Charakteristik. Gleichen die Charaktere des Aischylos jenen starren Bildwerken der älteren Kunst, so entsprechen die des Sophokles den fein individualisierten Statuen des Perikleischen Zeitalters. Wohl ist Sophokles der Schüler des Altmeisters gewesen in den Künsten des Versbaues und in den praktischen Lehren der Bühnenerfordernisse, aber was seine Hauptstärke war, konnte

Aischylos nicht lehren; was ihm als Ideal vorschwebte, konnte Sophokles nicht lernen. Aischylos schuf im Schwunge der Begeisterung und traf, nach Ansicht des Sophokles, das Richtige, ohne es zu suchen. Sophokles schuf nach weisen Gesetzen und errang sich so den Namen eines Homer unter den Tragikern. Was ist nun tragisch und was ist es mit der vielberufenen Schicksalstragödie des Sophokles?

Das menschliche Leben bietet so viel des Unbegreiflichen, man verlange darum auch nicht, dafs sich in einer Nachbildung desselben, was ja die Tragödie sein soll, fein säuberlich alles nach menschlichen Begriffen erklären lasse. Der Gang der Handlung, die Folge der Ereignisse gehe streng nach den Gesetzen der Logik und Wahrscheinlichkeit vor sich, aber die aufserhalb des Stückes liegenden übersinnlichen Voraussetzungen bleiben darum bestehen. Betrachten wir zunächst den „König Oidipus"! Handelte dieser ohne Kenntnis des Orakels, rein und lauter wie ein Engel, so wäre das Stück eine grauenhafte Schicksalstragödie, die auch den Abscheu der Alten erregt haben würde. Solche Tragödien zeigt leider das Leben auch, und Müllner und seine Genossen schwelgten darin, sie zu kopieren, aber ein echter Dichter darf sie nicht behandeln, 'am wenigsten würde Sophokles sie behandelt haben. Darum dämpfte er das grausige Verhängnis, der Held leidet in diesem Falle nicht schuldlos, aber unverdient. Deshalb erhält er auch im „Oidipus auf Kolonos" seinen Lohn. Hier heifst es: „Wer immer strebend sich bemüht, den können wir erlösen." Der „gute Sünder" fühlt sich hocherhaben über dem frivol das Verhängnis herausfordernden Sohne, er verflucht ihn, segnet aber das Land, welches ihm Zuflucht und die letzte Ruhestätte gewährt. Es bleibt dem Zuschauer der leichte Trost, dafs er selbst bei gröfserer Vorsicht dem Unglücke entronnen sein würde. Aber er ist auch kein Oidipus, der das Rätsel der Sphinx zu lösen verstand. Ähnlich liegt die Sache im „Aias". Ein edler Held wird durch die Gottheit an die Grenzen der Menschlichkeit erinnert. Er geht zu Grunde an dem Fluche der Lächerlichkeit, steht aber doch schliefslich hoch da gegenüber seinen kleinlichen Gegnern. Nun aber messe man ja nicht alle Stücke nach demselben Mafse und grüble etwa nach einer Schuld der Antigone. Antigone ist völlig rein vor der Bestattung des Bruders. Sie macht sich schuldig vor dem irdischen Richter, um rein dazustehen vor dem himmlischen. Sie hat das bessere Teil erwählt; wählte sie anders, wir würden sie verachten. Darin liegt eben das Tragische, dafs im Menschenleben so oft die Pflichten in Widerstreit geraten. Und in den „Trachinierinnen" Deianeira, das heifsliebende Weib, welche dem Gatten das verderbliche Gewand nichts ahnend sendet, um seine Liebe sich zu erhalten — ist sie schuldig? Leicht könnte sie ein Richter wegen fahrlässiger Tötung verurteilen, aber verdient ist ihr schreckliches Los nicht; sie leidet, weil ein liebendes Weib nicht fühlt und nicht fühlen kann| wie ein kalt überlegendes.

Nichts gewöhnlicher, als dafs ein Mensch an schwerer Krankheit zu Grunde geht. Und doch kann auch Krankheit tragisch wirken, wie die jüngste Vergangenheit uns belehrt hat. In der Tragödie sie darzustellen, ist dem Sophokles im „Philoktetes" gelungen. — „Tapfer ist der Löwensieger, tapfrer, wer sich selbst bezwang". Dieses Wort gilt von Neoptolemos, welcher gegen die Vorstellungen und Drohungen des Odysseus dem Philoktet den geraubten Bogen zurückgiebt. Dafs nun auch Philoktet sich fügte, lag nicht in der Natur des Helden begründet. Deshalb mufste hier einmal ausnahmsweise bei Sophokles der deus ex machina in Gestalt des Herakles aushelfen.

Geteilten Beifall hat die „Elektra" gefunden. Freilich ist aus der schüchternen Elektra der „Choephoren" hier ein Heldenmädchen geworden, welches mit den Männern an Entschlossenheit es aufnimmt. Hat schon Antigone einen herben Zug, Elektra verhärtet sich, um den Vater zu rächen. Was dem Hamlet fehlt, das hat sie im Überfluſs.

Sein Verhältnis zu Euripides bezeichnet Sophokles selbst einmal mit den Worten, daſs er die Menschen schildere, wie sie sein müſsten, jener aber, wie sie in Wirklichkeit wären. Ja, wenn sie nur wenigstens brav und tüchtig gewesen wären. Aber was war aus den Marathonkämpen, welche Aischylos vorschwebten, geworden! Ein Zeitalter der Aufklärung war angebrochen. Von Land zu Land, von Stadt zu Stadt zogen jene Apostel der neuen Lehre, Sophisten genannt, und schmeichelten sich mit allen Künsten der Rhetorik in die Gemüter und disputierten mit Scheingründen alles und jedes Bestehende hinweg. Die Götter wurden gestürzt und an ihre Stelle ein stoffloser Geist gesetzt, welcher Ordnung in das ursprüngliche Durcheinander der Dinge gebracht habe. „Der Mensch ist das Maſs aller Dinge". Dieser Satz paſste vortrefflich zu dem durch Siege gesteigerten Selbstbewuſstsein des athenischen Demokratentums. „Keine Sache ist an sich schlecht oder gut, sie wird eins von beiden, je nachdem sie verteidigt wird". Das war eine willkommene Waffe für die durch den andauernden Krieg demoralisierte Gesellschaft. Mit wahrem Feuereifer hatte sich Euripides auf das Bücherstudium geworfen, um bei der nächtlichen Lampe Schein das Wesen der Dinge zu ergründen. Er endete mit einem Bankrott seiner Ideale. Am liebsten hätte er nun

die Hand von der Tragödie halten sollen, da deren
Gröfse auf einer erhabenen Auffassung des göttlichen
Willens beruht, aber es trieb ihn, seine Forschung nun
auch in Worte zu übersetzen. Finden wir in den
Aischyleischen Stücken Personen, die ganze Scenen hindurch in dumpfem Schweigen verharren, so schwatzt in
den Euripideischen auch jeder Unberufene. Überall
drängt sich die Belehrung dem Zuschauer auf. Aber
das war es eben, was seinen Stücken so grofse Verbreitung verschaffte; er sprach so verständlich und zog alle
menschlichen Verhältnisse in den Kreis seiner Betrachtung. Aber wie schrumpften dabei die hehren Gestalten
der Sage zusammen! So wurde Euripides der Dichter
des Weltschmerzes. Wohl durchzieht auch die Dichtungen des Sophokles ein Hauch leiser Wehmut, aber
er wirkt verklärend. Der Pessimismus des Euripides ist
trostlos. Viele seiner Tragödien sind Tendenzstücke in
dem guten Sinne, wie manche des Aischylos und Sophokles, wenn sie das eigne Vaterland verherrlichen.
Aber auch Tendenzstücke in schlimmem Sinne hat Euripides gedichtet. So sind alle die Tragödien, welche
sich mit dem troischen Kreise und namentlich mit der
Familie des Menelaos befassen, gegen die spartanische
Art und Anschauung gerichtet; so „Hekabe", die „Troerinnen", „Helena", „Andromache", „Orestes". Menelaos
erscheint ob seiner Vernarrtheit in die ungetreue Gemahlin geradezu lächerlich, Orest verdient unsere Verachtung als feiger Mörder, Hermione, des Menelaos
Tochter, unterliegt in der „Andromache" moralisch der
Gattin des Hektor. Die Gewissenlosigkeit der „Iphigenie
in Taurien" ist sprichwörtlich geworden. So entkleidet
Euripides die Heroen ihres göttlichen Schimmers. Da
er ein Nachgeborner war und in den Fufsstapfen grofser
Vorgänger zu wandeln gezwungen, so liebte er eigen-

tümliche Variationen des Mythus zu behandeln. Z. B. reizte ihn zur Behandlung die Fassung der Sage, dafs nur ein Trugbild der Helena sich in Troja befunden habe, sie selbst aber während des Krieges im Gewahrsam eines ägyptischen Königs gewesen sei. Elektra, die Sophokles auf den Gipfel des Heroismus erhoben hatte, wird von Euripides in den Staub der Alltäglichkeit gezogen. Sie mufs einen braven Bauern heiraten, der sich aber — wie edel und rührend! — der Kluft bewufst bleibt, die ihn von der Prinzessin trennt. Am schlechtesten kommen jedoch immer die Männer weg. Auf deren Kosten wird die Seelenstärke des Weibes gepriesen. Admetos soll sterben und hat doch keine rechte Lust dazu. Wie wäre es, wenn der alte Vater Pheres für den Sohn zum Hades wandelte? Aber der Greis hängt auch noch am Leben, das Weib Alkestis ist rasch zum Opfer bereit. In den „Schutzflehenden" — das sind die Verwandten der vor Theben Gefallenen, welchen Theseus die Beerdigung ihrer Angehörigen ermöglicht — stürzt sich Euadne in den Scheiterhaufen, auf dem die Leiche ihres geliebten Kapaneus verbrannt wird (vgl. S. 17). In ähnlicher Weise stirbt Makaria in den „Herakliden", als Opfer für den Sieg der Ihrigen, nicht ohne erst über das Leben nach dem Tode zu philosophieren. Selten gelingt es dem Manne, sich kräftig aufzuraffen, wie dem „rasenden Herakles". Er hat in der Verblendung sein Weib und seine Kinder getötet. Wiedererwacht aus seiner Geistesumnachtung, gewinnt er es über sich, an des Theseus starker Freundeshand das Leben weiterzutragen.

 Wie so in seinem Vaterlande Euripides den Beifall der grofsen Menge errang, so auch in der übrigen Welt. Denn seine Dichtung hat einen kosmopolitischen Zug. Er tritt ein für die Gleichheit aller, der Barbaren, ja sogar der Sklaven mit den Hellenen. In Ost und West ertönt darum sein Lob. Athenische Soldaten ersangen sich nach der Niederlage in Sicilien mit Euripideischen Versen den Lebensunterhalt, ja erlösten sich sogar aus der Knechtschaft, indem sie alles, was sie aus seinen Werken wufsten, den danach Verlangenden beibrachten. Die Kaunier aber in Karien liefsen einmal ein von Seeräubern bedrängtes Schiff erst dann einlaufen, als sie sich vergewissert hatten, dafs die Bemannung Gesänge aus Euripides kannte. Ja die Gesänge! Die grofsartigen, tiefreligiösen Chorlieder des Aischylos und des Sophokles waren verkümmert, dafür blühten in üppiger Pracht die rührenden Einzelgesänge der Schauspieler auf der Bühne. Daneben suchte Euripides durch die äufsere Darstellung, Bettlerkleidung u. dgl., das Herz des Zuschauers zu ergreifen.

So glänzt unser Dichter wohl durch die Kunst der Ökonomie, die Vollendung des dramatischen Aufbaus? Weit gefehlt! So zerrissen wie sein ganzes Dichten ist, so haltlos ist im Durchschnitt auch seine Komposition. Berüchtigt, aber von Lessing geschützt, sind seine Prologe. Euripides wufste, dafs er bei dem Bekanntsein der Sagenstoffe auf Spannung des Hörers vermittelst der blofsen Handlung nicht rechnen dürfe. Wo er aber mit dem Mythus frei schaltete, da hielt er eine Darlegung seiner Auffassung um so mehr für geboten, als wohl das Verständnis des Durchschnittspublikums seiner Zeit gegen früher abgenommen hatte. Es ist auch nicht sowohl der Gebrauch des Prologs an sich, den wir ihm zum Vorwurfe machen, als die Nachlässigkeit und Eintönigkeit, mit der er ein für allemal dieses dramatische Mittel benutzt. Schlimmer noch scheinen uns die Prologe darin zu sein, dafs sie ihn sorglos machten gegen die Forderungen des dramatischen Aufbaus. Der Zuschauer kannte den Gang der Handlung; was kam es nun darauf an, diesen erst schrittweise zu entwickeln? Da schob der Dichter ganz unmotiviert lange Reden ein, wie in den „Schutzflehenden", wo Theseus und der thebanische Herold sich über Tyrannis und Volksherrschaft streiten. Leicht fand er ja, wenn es ihm beliebte, den fallengelassenen Faden wieder.

Wie ist es aber bei alledem möglich, dafs Euripides die gröfste Einwirkung auf die Nachwelt hervorgebracht hat und noch unter uns als ein Stern in der klassischen Dichtung gilt? Die Antwort lautet: Euripides ist der Dichter der Leidenschaft, er stieg in die Seelen der Menschen hinab und zog die geheimsten Gedanken und Regungen von dort ans Licht. Gleich einem erfahrenen Arzte verstand er sich auf die Pathologie des menschlichen Herzens. Man hat ihm vielfach vorgeworfen, dafs er sich nicht selten in schwüler Atmosphäre bewegt, mit bedenklichen Stoffen, ja gar mit unnatürlichen Leidenschaften sich befafst. Von seinem Standpunkte aus mit Unrecht. Sollte er gerade auf die Töne und Farben verzichten, in denen seine Kunst, seine Eigenart sich am glänzendsten entfaltete? Seine Phädra im „Hippolytos" steht unübertroffen da in der Weltlitteratur. Die verzehrende Leidenschaft des Weibes, welches, über alle Schranken der Natur sich hinwegsetzend, in den Stiefsohn sich verliebt, hier ist sie in allen ihren Erscheinungen dargestellt. Der Rachedurst der Gattin, die sich verraten sieht, verstofsen vom Manne um einer anderen willen, wo kommt er grofsartiger und ergreifender zum Ausdrucke als in der „Medea"? Und wie viele Stücke dieser Richtung sind uns verloren! Der Geist derselben wurde der Geist der alexandrinischen Poesie, ein fast romantischer Geist. Er lebte wieder auf in der augusteischen Zeit, und die Stoffe der französischen Tragödie werden von ihm getragen.

In diesen Stücken, welche Euripides sozusagen mit seinem Herzblute geschrieben hat, ist auch die Anlage eine straffere. Freilich ein Drama zu schliefsen, bringt er in den seltensten Fällen fertig. Medea fährt, nachdem sie ihre Kinder ermordet hat, auf ihrem Drachengespann durch die Lüfte davon. Vielfach — auch im „Hippolytos" — erscheint eine Gottheit, um die aus den Fugen gegangene menschliche Ordnung wieder einzurichten — das ist der deus ex machina!

Die griechische Legende hat oft die Geschicke grofser Männer in sinnigen Zusammenhang gebracht. So erzählt sie, dafs an der Siegesfeier der Schlacht bei Salamis Aischylos als Mitstreiter im Alter von 45 Jahren teilgenommen, Sophokles als 16 jähriger Jüngling nackt getanzt und die Leier gespielt habe, Euripides aber gerade geboren worden sei. Aischylos blieb nicht immer in seinem Vaterlande, sondern unternahm mehrere Reisen nach Sicilien, wo er auch einzelne Stücke aufgeführt hat und i. J. 456 gestorben ist. Was trieb ihn fort? Die Sage ist geschäftig, alle möglichen Gründe zu erfinden; wir irren aber wohl nicht, wenn wir annehmen, dafs er sich entfremdet fühlte seiner Zeit, die ihn nicht mehr recht verstand. Des Sophokles Kunst verlor nie ihre zauberhafte Wirkung auf die Athener. Es wird erzählt, dafs in hohem Alter der Dichter vom eignen Sohne vor Gericht der Unzurechnungsfähigkeit angeklagt worden sei. Da habe er ein Stück aus dem eben bearbeiteten „Oidipus auf Kolonos" vorgelesen und dadurch die erstaunten Richter von seiner ungeschwächten Geisteskraft überzeugt. Also auch ihm war die Sorge des Lebens nicht erspart geblieben. Als schöner Jüngling hatte er Spiel und Tanz geübt, hatte später noch getändelt und geschwärmt mit schönen Knaben. Den milden Mann, der in so herrlicher Sprache zu reden verstand, hatten die

Fig. 10. Sophokles.

Athener im samischen Kriege (um 440) zum Feldherrn ernannt und zu diplomatischen Zwecken verwendet. Das Leid, das auch ihn, und wohl nicht erst im Alter, traf, erzeugte mit der ihm angeborenen Weichheit jene unbeschreibliche Abgeklärtheit des ganzen Wesens, die sich auch ausprägt auf der herrlichen Statue des Lateran.

Fig. 11. Euripides.

Als kurze Zeit vor seinem eigenen Tode Sophokles den Chor führte im Theater, lief die Nachricht ein, daſs Euripides gestorben sei. Da befahl der Dichter den Choreuten, die goldenen Kränze vom Haupte zu nehmen. Drastischer drückte der Komiker Philemon seine Zuneigung zu dem Dahingeschiedenen aus in den Worten: „Wenn die Toten in Wahrheit Bewuſstsein hätten, würde ich mich aufhängen, um den Euripides zu sehen".

Euripides war in Pella gestorben, am Musenhofe des makedonischen Königs Archelaos, und es scheint, als ob die Entfernung von der Heimat und das Zusammenleben mit halbbarbarischen Menschen die Nervosität des Dichters geheilt hätten. Wenigstens raffte er sich von seiner alles zersetzenden Skepsis noch einmal auf zu frommer Anerkennung des geheimnisvollen, unerbittlich strafenden Waltens der Gottheit. Hier in Pella, wo die Mänaden schweiften, schuf er sein ergreifendes Drama, die „Bacchantinnen", dessen Inhalt, die Bestrafung des Pentheus, wir im ersten Abschnitte angegeben haben (S. 7). Die „Bacchantinnen" sind das Hohelied von Dionysos. Wie Heinrich Heine doch wieder zu dem, was er zerpflückt hatte, geheimnisvoll sich hingezogen fühlte, so ist es auch Euripides in diesem seinem Schwanengesange ergangen.

Am Hofe des Archelaos lebte unter anderen auch Agathon. Wir kennen ihn aus Platons „Symposion", welches das zu Ehren des Erstlingssieges Agathons abgehaltene Gastmahl schildert. Er gehört zu den originellsten unter den Epigonen. Den von Euripides eingeschlagenen Weg verfolgte er weiter, indem er die Bedeutung des Chores noch mehr verringerte und dessen Lieder durch Embolima (Einlagen) ersetzte. Einer gewissen Berühmtheit erfreuten sich in der alexandrinischen Zeit auch die Tragödien mehrerer Dichter, der sog. „Pleias", des Siebengestirns.

Der konservative Geist der griechischen Tragödie zeigt sich auch darin, daſs die tragische Dichtkunst in den Familien der Dichter sich vererbte. Besonders reich an Dramatikern ist die des Aischylos: ein Sohn Euphorion, ein Schwestersohn Philokles, dessen Söhne Morsimos und Melanthios, endlich der Sohn und die Enkel des Morsimos sorgten für das Theater, indem sie teils die Hinterlassenschaft des Ahnen zur ersten oder erneuten Aufführung brachten, teils selbständig in die Schranken traten. Des Sophokles Sohn Iophon soll auch gedichtet und an den Dichtungen des Vaters mitgeholfen haben. Der jüngere Sophokles brachte den „Oidipus auf Kolonos" zur Aufführung. Auch ein jüngerer Euripides wird genannt. Die tragische Kunst ward eben jetzt nach den glänzenden Mustern geschäftsmäfsig betrieben. Diese Zustände erinnern an die Dramenfabrikation nach Schillerschem Muster, wie sie am Anfange dieses Jahrhunderts Mode war. Auf geschickte Mache kam es vor allem an, und damit schlug wohl einer dieser antiken Raupachs auch einen Aischylos aus dem Felde,

III.

Die griechische Komödie.

Die ältere attische Komödie.

Ueber die Entstehung der griechischen Komödie wußten schon die Alten nicht mehr, als wir jetzt noch vermuten können. Zur Feier der Vegetationsdämonen gehörten naturgemäß ausgelassene Lieder, welche die vom Weine begeisterten Festgenossen unter Vorantritt des Phallosträgers sangen, und Komödie bedeutet eben Gesang des Komos, d. h. des Schwarmes. Drehten sich diese Lieder zunächst um die grob sinnlichen Bedürfnisse der Bauern, so haben doch Sticheleien und Anspielungen auf die Gaugenossen nie gefehlt. Bei der Fahrt nach dem Heiligtume in Eleusis und sonst pflegte man vom Wagen herab die zu Fuß Gehenden zu verspotten. Irrtümlicherweise wurde bei Horaz daraus ein Umherziehen des Thespis, des Gründers der Tragödie, und so ist die sinnlose Redensart vom Thespiskarren entstanden. Weil die Festgenossen mit Weinhefe sich beschmierten, sprach man im Scherz von einer Trygodia, einem Hefengesange. Neben jenen harmlosen Neckereien kam es auch zu ernster Rüge. Vermummte Gestalten zogen bei nächtlicher Weile vor das Haus des Sünders und hielten ihm sein Vorgehen vor. Der Zweck des oberbairischen „Haberfeldtreibens" ist bekanntlich derselbe. Die eigentliche Komödie entstand aus diesen verschiedenen Keimen erst, als jemand eine bestimmte Fabel in geordneten Dialog kleidete. Dieses Verdienst wird mehreren zugeschrieben. Obwohl nun aber auch die Komödie sich eines Zusammenhangs mit bakchischer Feier rühmen konnte, ward sie doch erst viel später als die Tragödie vom Staate dadurch anerkannt, dafs ihr der Archon einen Chor bewilligte.

> Eupolis, ferner Kratinos, voran Aristophanes, alle
> Anderen, welche als Meister im Lustspiel gelten, im alten.

Mit diesen Anfangsworten der 4. Satire des 1. Buches hebt Horaz aus dem grofsen Schwarm der Thyrsusträger drei gottbegnadete komische Dichter heraus. Sind uns auch nur von Aristophanes vollständige Komödien (11) erhalten, so lassen doch die überlieferten Fragmente und die Zeugnisse der Alten einen eigentümlichen Parallelismus zwischen den Vertretern der beiden Zweige dramatischer Poesie erkennen. Kratinos, der „wie durch friedlich gebreitet Gefild sich ergofs und zugleich unterwühlend die Wurzeln Mit fort wild Eichen und Ahorn rifs und gründlichst entwurzelte Gegner", Kratinos gleicht dem grofsartig herben Aischylos, in dessen Dichtungen die Worte wie Felsblöcke unter der Wucht der Empfindung dahinrollen. So beschreibt ihn Aristophanes in den „Fröschen", in derselben Komödie, in der er den Euripides bekämpft, weil er — fast klingt es unglaublich — selbst in mehreren Stücken dem Gegner verwandt war, vor allem in der Spitzfindigkeit seiner Rede, so dafs ein Nebenbuhler glaubte die Zusammensetzung „Euripidaristophanizeln" bilden zu dürfen. Von

Eupolis dagegen wird besonders die graziöse Anmut gerühmt, die ihn dem Sophokles an die Seite stellt. Dennoch aber gilt Aristophanes mit Recht als „der ungezogene Liebling der Grazien".

Er ist aber auch insofern der Mittelpunkt der alten Komödie gewesen, als er verschiedene Richtungen in

Fig. 12. Aristophanes.

sich vereinigte. An jener oben citierten Stelle der „Ritter" spricht er davon, dafs Magnes, einer der ältesten Vertreter der komischen Dichtung, Vögelgesang und Wespengesumme — doch wohl in der Musik — nachgeahmt habe. Daraus läfst sich schliefsen, dafs die Komödie des Magnes derjenigen Richtung der altattischen Komödie angehört, die man neuerdings „Märchenkomödie" genannt hat. In denselben Bahnen wandelten wohl Krates und Pherekrates. Kratinos aber führte die persönlich-politische Richtung des Jambendichters Archilochos in die Komödie ein. Es scheint, als habe er seinen Standpunkt vertreten lassen in den „Archilochoi". Dafs Homer die Odyssee mit ihren Wundern und daneben angeblich den Margites — eine Satire auf einen einfältigen Tropf — geschrieben hatte, genügte ihm, den Vater der Dichtkunst dem Archilochos gegenüberzustellen als Vertreter der nichtpolitischen Richtung. Dieselbe ist dorischen Ursprungs. Der plumpe Bauernwitz der Megarenser scheint ähnliche Früchte gezeitigt zu haben, wie in Italien der Witz der kampanischen Bauern. Die Handlung bewegt sich in niederen Kreisen, um niedere Bedürfnisse. Aristophanes deutet einzelne Züge an: „den kauenden Herakles; den Herakles, der um sein Mahl betrogen wird; den Sklaven, der geprügelt wird und unter der Last des Gepäckes — seufzt."

Ein Zweig dieser dorischen Dichtung blühte um die Zeit der Perserkriege in Sicilien, gepflegt von dem Koer Epicharmos. Nach den Bruchstücken spielte hier die Parodie der Mythen eine grofse Rolle. In „der Hebe Hochzeit" war der unglaublich reiche Hochzeitsschmaus der Hauptstoff. Wie Herakles an dem Wüterich Busiris ein Gegenstück fand und nach dessen Besiegung an den Fleischtöpfen Ägyptens sich gütlich that, war im „Busiris" dargestellt. Aufser den Thaten des Alkiden, bei denen seine bärenhafte Urkraft und seine Neigung zu rohem Genusse grell zu Tage trat, wurden geschildert die Abenteuer des Theseus und des Odysseus. Solche Darstellungen boten ähnlichen Genufs wie die Kraftprobe des Krotoniaten Milon, der einen Ochsen durch die Arena trug und an einem Tage verspeiste. Neben den stark ins Menschliche vergröberten Göttern und Heroen erscheinen menschliche Charaktere, der gefräfsige Schmarotzer — eine Erfindung des Epicharm — der tölpelhafte Bauer, der Dünkelhafte, die Häfsliche u. a. m.

Ohne satirischen Nebenzweck schuf etwa zur Zeit des Euripides Sophron seine „Mimen", zierliche Strafsen- und Sittenbilder von wunderbarer Anmut und seltener Treue, so dafs selbst Platon, der auch in Syrakus wiederholt gewesen ist, sie fast vergöttert, und Theokrit, ein Landsmann, nach ihrem Vorbilde einige seiner schönsten Idyllen gedichtet hat.

Wir wenden uns nach diesem Umblick wieder der politischen Komödie des Aristophanes und seiner Zeitgenossen zu.

Nach den gewaltigen Siegen über das Perservolk hob die Demokratie stolzer denn je ihr Haupt. Mit der Flotte hielt sie die „Bundesgenossen" in Schach, aber im Innern bröckelte Stein um Stein los. Der Götterglaube ward untergraben, dafür erstanden um so herrlichere Statuen von Künstlerhand aus Gold und Elfenbein. Priester, Opferschauer, Wahrsager u. dgl. Leute waren feile, eigennützige Gesellen, an Stelle der Marathonsieger traten kampfscheue Weichlinge, der wachsende Reichtum erzeugte Habsucht und Verbrechen. Da fand denn bei den Besseren der leicht Anklang, der es verstand, lachend die Wahrheit zu sagen.

Wohl gelang es einem Perikles, diese gährende Masse noch zusammenzuhalten, aber auch er vermochte es nur mit gewissen Zugeständnissen an die Leidenschaften der Menge. Daraus entnimmt Aristophanes das Recht, ihn auf eine Stufe mit seinen unwürdigen Nachfolgern, einem Kleon, einem Hyperbolos zu stellen. Er bezeichnete den grofsen Staatsmann als Sohn der Zwietracht und des Kronos, sah in Aspasia die Leda, in ihm den zwiebelköpfigen Zeus und legte seinem Drängen zum Entscheidungskampfe frivole Beweggründe unter. Den Kleon hat Aristophanes in den „Rittern" moralisch vernichtet. Es war ihm aber zuwider, immer auf einem Gegner herumzutreten, wie andre nicht müde wurden, den Hyperbolos zu befehden.

Im Frühjahre, wo die Schafe geschoren wurden, kamen auch die Bundesgenossen nach Athen, um sich scheren zu lassen. Eupolis wagte es, im Chor der „Poleis" die ausgesogenen Staaten leibhaftig vor aller Augen zu stellen. Das Volk, der Demos, erscheint in den „Rittern" in der Rolle des altersschwachen Greises, des „alten Michels", der sich von seinen Dienern betrügen und von jedem Egoisten, der ihm um den Bart geht, willig leiten läfst. Einen ununterbrochenen Kampf führte Aristophanes mit der Kriegspartei. Schon in den „Babyloniern" scheint er gegen die verführerischen Redefloskeln des zum Zuge nach Sicilien drängenden Gorgias sich gewendet zu haben. In den „Acharnern" stellt er den süfsen Freuden des Friedens die Schrecken des Krieges anschaulich gegenüber. Der „Frieden" ist ganz diesem Thema geweiht. Gegenüber den Kriegshetzern, einem Kleon und Lamachos, erscheint als Ideal die glänzende Gestalt des Kimon, an welchem dem Dichter höchstens die Spartanerfreundlichkeit mifsfällt. Da die Staatsmänner und Feldherrn der Gegenwart entartet sind, greift die Komödie zu einem Mittel, das ja mit der Dionysossage innig verknüpft ist (vgl. S. 8), sie läfst erprobte Männer der Vorzeit aus dem Hades herausführen: einen Solon, Miltiades, Aristeides.

Von dem verhängnisvollen Wirken der Redekünstler war oben schon die Rede. Nicht zu den Sophisten gehörte Sokrates, aber insofern auch er an dem Bestehenden rüttelte und die Gemüter in Aufruhr versetzte, hielt sich Aristophanes für berechtigt, ihn, den populärsten Mann Athens, zum Hauptvertreter der Sophistik zu stempeln und als solchen in den „Wolken" auf die Bühne zu bringen. Wie viel von den Anschauungen des Platon dem Aristophanes schon bekannt war, als er in den „Ekklesiazusen" die Weiber- und Gütergemeinschaft ins Lächerliche zog, läfst sich nicht genau bestimmen. · Die neue Philosophie hatte, wie wir sahen, auch Eingang gefunden in die Tragödie des Euripides. Und so ward denn die litterarische Kritik zunächst an den Erzeugnissen dieses Dichters geübt. Kein Fest mit Komödienaufführung kam, an dem er nicht bei lebendigem Leibe gerädert wurde. Was Wunder, wenn die Sage sich bildete, dafs er schliefslich von Hunden zerfleischt worden sei?

In den „Thesmophoriazusen" mufs sein Schwager Mnesilochos ein Weiberfest besuchen, um dort unerkannt gegenüber dem Vorwurf des Weiberhasses Stimmung für ihn zu machen, derselbe wird aber schmählich entlarvt. In einer lustigen Scene der „Acharner" erscheint Euripides als der einsame, tiefsinnige Grübler, der sich in seiner Denkstube nur ungern stören läfst. Auf dem Ekkyklema wird er herausgedreht, ernst und würdevoll. Dadurch soll seine übermäfsige Vorliebe für den Gebrauch der Theatermaschinen lächerlich gemacht werden, die einem Kunstgenossen den Spitznamen „Dutzendmaschinenmann" einbrachte. Und wie geistreich hat Aristophanes die Sucht des Euripides, seine Helden in möglichst erbärmlichem Aufzuge erscheinen zu lassen, gegeifselt! So tritt denn Dikaiopolis, als er auf der Bank der armen Sünder erscheinen soll, bei ihm an. Welch' köstliche Scene entspinnt sich, als in der Lumpengarderobe immer ein noch kläglicherer Kittel gefunden wird! Dann „das filzige Hütchen auf den Kopf, das mysische — Indessen bitt' ich noch den Bettelstab mir aus! — Gieb mir das Körbchen, durchgebrannt vom Lampenlicht — das Becherleinchen noch mit ausgebrochnem Rand. Gieb mir den

Scherben, den mit dem Schwamm zum Wischen drin —
in das Körbchen mir ein armes bifschen Grünes noch"
— — so dafs Euripides endlich schmerzerfüllt ausruft:
„Du entseelst mich! Nimm! Dahin ist all' mein Trauerspiel!"

Über die ganze Dichtungsweise des Euripides aber bricht Aristophanes den Stab in den „Fröschen", in denen er den gefeierten Gott selbst in die lustige Komödie hereinzieht und hinabsteigen läfst in die Unterwelt zu dem Zwecke, einen der abgeschiedenen Meister der Tragödie in die verwaiste Oberwelt zurückzuführen. Der Glanzpunkt ist der Wettstreit zwischen Aischylos und Euripides. Während jener Demeter als seine alma mater anruft, wendet der Atheist sich an den Äther, die Thürangel der Zunge, den Verstand, die spürende Nase. Dann eröffnet er den Streit mit dem Vorwurfe, dafs Aischylos durch das viele Schweigen seiner Personen die Zuschauer geprellt habe, was seine Wirkung auf den wenig kritisch angelegten Dionysos auch nicht verfehlt. Sodann habe jener Worte gebraucht, die niemand verständlich waren, und auch damit die Hörer betrogen. Dagegen rühmt er sich selbst — und darin liegt eine grofsartige Komik — dafs er die titanenhafte Fülle seines Gegners durch des Gedankens Blässe angekränkelt und ausgemergelt habe. Er habe keine Unklarheit gelassen, sondern immer durch den zuerst Auftretenden im Prologe den ganzen Hergang und den Stammbaum herbeten lassen. Da er das Volk vertraut gemacht mit dem vollständigen Apparat der Redekunst, menge sich in seinen Stücken auch die Jungfrau, sogar der Sklave in das Gespräch, und drollig bestätigt Dionysos, dafs in der That jeder Athener ein herumschnüffelnder Topfgucker geworden sei. Jetzt fällt Aischylos kochend vor Wut ein, auf seine aresdurchglühten Dichtungen, voran „Die Sieben gegen Theben", sein vaterländisches Heldenspiel „Die Perser" weist er hin und stellt dem entgegen das entnervte Geschlecht der Euripideischen Stücke und die entnervende Wirkung derselben. In seinen Dramen giebt es kein verliebtes Weib, in den Euripideischen wimmelt es von Ehebruch und unnatürlichen Lastern. Bei alledem merkt man leicht auch eine leise Ironie heraus aus der Art, wie Aristophanes den Wortpomp des Aischylos behandelt.

Mit besonderem Glücke handhabt Aristophanes die Parodie, oft in einzelnen Versen, bisweilen in ganzen Partien. Natürlich hatte eine Parodie damals nur dann Sinn, wenn das Original von der Aufführung her noch frisch im Gedächtnis der athenischen Bürger haftete. Wir erhalten somit durch Nachweis einer Parodie oft einen erwünschten Aufschlufs über die Aufführungszeit einer Tragödie. Bisweilen tragen die Komödien die Absicht der Travestie an der Stirn geschrieben, wie die „Danae" des Sannyrion. Wenn schon Euripides dem Orestes einen gewöhnlichen Charakter beigelegt hatte, so wird der Orestes der Komödie ein Schurke ersten Ranges gewesen sein.

Dafs die Eifersucht auch zur Befehdung anderer Komiker führte, läfst sich denken, und zwar ist ein häufiger Vorwurf der des Plagiats. Wir finden aber auch unparteiische Beurteilung der Rivalen: so spricht Aristophanes in den „Rittern" mit dem Tone des Mitleids über die einstige Gröfse des Kratinos. Die Dichter brachten wohl auch sich selbst und ihr Verhältnis zur dramatischen Muse auf die Bühne. So Kratinos in der „Flasche". Diese hat ihn der Dichtung abspenstig gemacht, aber wie soll er als Wassertrinker etwas leisten? Den Bemühungen seiner Freunde gelingt es endlich, ihn wieder in das alte Geleis zu bringen.

Auch die Musik war in Künstelei ausgeartet. Die alte Einfachheit dagegen scheinen in den „Ziegen" des Eupolis die Hirten vertreten zu haben. Öfter werden die Lieder weichlicher Musiker verspottet, wie die des Gnesippos, welche Ähnlichkeit mit unseren Offenbachiaden gehabt zu haben scheinen.

Der neue Geist äufserte sich auch in der Jugenderziehung. Damit beschäftigte sich das Erstlingswerk des Aristophanes, die „Schmausenden". Eines Landmannes Sohn, der eben der Rhetorenschule entwachsen ist, stellt sich in seiner ganzen Hohlheit dar; in seinem Bruder, der auf dem Lande geblieben, tritt ihm die unverfälschte Sittenreinheit gegenüber. Das verlorene Stück erregt auch deshalb besonderes Interesse, weil in ihm ein eingelegtes Schauspiel, wie im „Hamlet", zur Darstellung kam. Das hier behandelte Thema hat der Dichter variiert in den „Wolken", die freilich kein besonderes Glück hatten. Die zweite verbesserte Auflage ist uns erhalten. Hier erleidet nach dem glänzenden Redeturnier, in welchem das gute Prinzip von dem schlechten geschlagen wird, die von den Sophisten inaugurierte Erziehungsart vollständig Schiffbruch.

An die Philosophen, Dichter, Musiker, Erzieher reihen sich eine Anzahl Dunkelmänner, Priester, Opferschauer, Traumdeuter. In den „Telmessiern" liefs sich ein Orakelsüchtiger die Zukunft deuten, vielleicht Nikias selbst, der auch unter der Maske des Amphiaraos mitgenommen worden zu sein scheint.

Aber nicht begnügt sich der Komiker, die unwürdigen Diener der Gottheit zu geifseln, nein, die Gottheit selbst, voran den Patron der Festfeier, neckt er auf der Bühne, eine Freiheit, die in den Aufführungen des Mittelalters ihr Gegenstück findet. Der Gedanke, den weichlichen Gott des Weines mit Löwenfell und Keule in die Unterwelt ziehen zu lassen, ist köstlich. Der „Schiffbrüchige Dionysos" bleibt zweifelhaft. „Dionys der Athlet" von Aristomenes weihte ihn in die Mühen des Wettkämpferlebens ein. Die „Taxiarchen" des Eupolis schilderten die Versuche des Feldherrn Phormion, den Dionys an das Strohlager, die Soldatenkost und das Tragen des Schildes zu gewöhnen. Selbst als Kapitän trat der Gott auf in den „Frachtschiffern" des Hermippos. In den „Babyloniern" ward er zu 200 Drachmen verurteilt, in den „Kerkopen" des Hermippos werden verkrüppelte Opfer erwähnt. Die durch die Lauheit der Opfernden den Göttern bereitete Verlegenheit war öfters Gegenstand der Bespöttelung. Die Einwohner der in den „Vögeln" gegründeten Stadt versperren gar den von der Erde aufsteigenden Opferdünsten den Weg nach dem Himmel, weshalb der Nimmersatt Herakles hinabsteigt, gerade, wie, gleichfalls bei Aristophanes, Hermes im „Reichtum" aus Not sich als Faktotum bei den Menschen verdingt. Sogar an Zeus wagt sich die Komödie, indem sie ihn auffordert zu schneien und seine verschnupfte Nase verspottet. Besondere Sorge bereitete ernsten Dichtern das Eindringen fremder Gottheiten. Gegen solche Gefahren zog Aristophanes an mehreren Stellen los, so gegen das Verhalten der Weiber beim Adonisfeste und im Sabaziosdienste. In den „Baptai" des Eupolis erschien in unanständiger Weise die Kotytto (vgl. S. 2), welche bei den Korinthern sich damals grofser Verehrung erfreute. Mit des Hermippos „Geburt Athenes" nimmt eine besondere Gattung ihren Anfang, die Göttergeburten. Ob gegen die Feste und deren Kosten „die Feste" des Komikers Platon gerichtet waren, lassen wir unentschieden.

Auch im übrigen war manches faul, aber wer könnte all die Spielarten des Lasters aufzählen? Wie Kallias die von seinem sparsamen Vater gesammelten Schätze mit Dirnen, Sophisten und allerlei lustigen Brüdern verthat, war in den „Kolakes" getreulich dargestellt. Der Triumph, den Eupolis mit diesem Stücke errang, scheint Aristophanes veranlaßt zu haben, dasselbe Thema in den „Bratenröstern" zu behandeln. War dort Protagoras der Vertreter der Sophisten, so spielte hier diese Rolle Prodikos. Mit Alkibiades, dem genialen Verschwender, „dem Manne aller Weiber", beschäftigten sich viele Stücke. Die Orgien, welche er feierte, waren wohl in den „Zechbrüdern" des Phrynichos geschildert. Sodann werden durchgehechelt die verschiedenen Arten des Sports: der Hahnenkampf, das Halten von Pfauen, das Kottabosspiel, jenes Liebesorakel, das Treiben der Jeunesse dorée in den Ringschulen und bei Umzügen. Besonders schlecht kommen immer die Frauen weg, deren Trunk- und Prunksucht überall getadelt wird. Eine Hauptleidenschaft der Athener war die Prozeßwut. Ganz sind dieser „Richteritis" die „Wespen" des Aristophanes gewidmet.

Wenn man nun noch bedenkt, daß nicht bloß die Bürger selbst von ihren alten Tugenden abgefallen waren, sondern auch mit fremden Eindringlingen die Bürgerschaft sich mehr und mehr durchsetzte, so begreift man, daß es schwer war, damals keine Satire zu schreiben. Und große Mängel verlangten rücksichtslose Rüge. Der Spott der Komödie war hart genug. Öfter ward auf das Gewerbe der Eltern angespielt, wie wenn des Euripides Mutter als Obsthökerin erscheint, ferner auf den „Meerzwiebelkopf" des Perikles, auf eines anderen rotes Gesicht oder krumme Beine, auf Kopfhaltung und Sprachfehler des Alkibiades u. a. m.

Wenn die Dichter sich nun einmal abkehren von der traurigen Gegenwart, so malen sie mit heiteren Farben die Seligkeit des goldenen Zeitalters aus. In reicher Abwechselung wird immer und immer dieses

Thema behandelt. Ein Hauptvorzug jener Zeit war u. a. der: Es fehlten die Sklaven, da ja die Erde alles freiwillig bot. Sogar die Gefäfse gehorchten jedem Befehle. Ein beliebter Gegenstand war ferner das Leben der Seligen auf den Glücklichen Inseln. Das Land der Perser galt als der Ort der goldenen Berge. Auch nach dem Orkus zog man, wo alles billig war. Einen originellen Griff that aber Aristophanes, indem er zwei der athenischen Zustände Überdrüssige ein Wolkenkuckucksheim gründen läfst. Sonst pries man vielfach im Gegensatze zu dem ewigen Kriege und der Demagogen- und Sykophantenwirtschaft die Ruhe des Landlebens. Dieser Gegensatz tritt recht scharf hervor in den „Acharnern" des Aristophanes. In den „Landleuten" desselben Dichters kam ein Loblied des Landlebens und ein Hymnus auf den Frieden vor.

Nicht alle aber fanden einen solchen Trost. Viele waren für die Welt verloren und zogen sich in die Einöde zurück. Deren Vorbild ist Timon aus Athen. Einen solchen Murrkopf schilderte der Komiker Platon im „Schmerzensreich", etwa zu derselben Zeit, als Phrynichos seinen „Einsiedler" aufführte. Letzteren läfst der Dichter sagen: „Ich lebe das Leben eines Timon, ehelos, dienerlos, jähzornig, ohne Umgang, ohne Lachen, ohne Gespräch, voll Eigensinn."

Vergegenwärtigen wir uns noch einmal den Geist dieser ganzen Dichtung, so kann darüber kein Zweifel sein, dafs die Bilder von Perikles, Sokrates, Euripides, auch Kleon u. a. stark übertrieben sind. Liegt aber darin eine Gewissenlosigkeit des Dichters? Ich denke vielmehr ein versöhnender Zug. Denn so merkte ja die Menge besser, dafs die Dichtung nicht ganz ernst genommen werden wollte; was aber übertrieben war, fanden die Zeitgenossen leicht heraus. Freilich in die

Geschichte ist manches aus der Komödie eingedrungen und als unhistorisch von der heutigen Kritik erkannt worden. Aber gewissenhafte Beschränkung auf Thatsächliches hätte weder das Volk erheitert, noch auch die Übelstände beseitigt. Den ersten Zweck, zu ergötzen, haben diese Dichter völlig erreicht; den Niedergang Athens aufzuhalten, waren sie nicht im stande. Das redliche Streben aber, seinem Vaterlande zu nützen, wird niemand einem Aristophanes abstreiten.

Die neuere attische Komödie.

Die neuere Komödie beginnt etwa mit dem Falle Athens im Jahre 404. Schon die letzten Stücke des Aristophanes zeigen ein wesentlich anderes Gepräge, indem der grofse Zug ihnen abgeht. Die Zeit war eben kleiner, der politische Horizont enger geworden. Immerhin spottete man noch genug mit Namensnennung, nur nicht mit dem ertötenden Spotte eines Aristophanes. Weiter aber bildete man gewisse Keime, die schon in der alten Komödie sich finden, aus, zunächst die litterarische Satire und Parodie. Man ahmt den hochtrabenden Stil der Tragödie nach, man philosophiert über das Wesen der Dichtungsgattungen, z. B. wie es doch den tragischen Dichtern so gar bequem gemacht sei: Der Zuschauer kennt die Geschichte, bevor einer spricht, der Name Oidipus trifft sein Ohr, da weifs er alles: wie sein Vater hiefs, seine Mutter, seine Töchter, seine Söhne, sein vergangenes und sein zukünftiges Leid. Und so bei anderen Personen auch. Wenn die Dichter aber nichts mehr zu sagen haben und gänzlich abgebrannt sind, dann heben sie, wie man den Finger hebt, die Maschinerie, und für die Zuschauer ist es aus. Wir Komödienschreiber aber müssen alles erfinden, die Namen, die Vorgeschichte, den augenblicklichen Stand der Dinge, die Katastrophe, die Einleitung. Wenn ein Chremes oder Pheidon etwas davon unbeachtet läfst, wird er ausgezischt, ein Peleus aber und ein Teukros dürfen sich das erlauben.

Die Persifflage heroischer Gestalten ward nun ein Hauptstoff der Komödie. Hier hatte Euripides, wie wir sahen, ohne es zu wollen, vorgearbeitet. Eine Besonderheit sind die Göttergeburten, und allerdings gab beispielsweise das Manneskindbett des Zeus genug Gelegenheit zu drolligen Scenen. Die Neugeborenen waren ja auch gleich im stande, in die Handlung einzugreifen. Pallas schüttelte ihre Lanze, und Pan sprang umher mit der Flöte.

Obgleich man auch jetzt noch freimütig reden konnte, liebte man es doch, „durch die Blume" zu sprechen. Ein willkommenes Mittel dazu boten die Rätsel, welche aufgegeben und gelöst wurden. Man knüpfte hier an die Sphinx an oder an berühmte Rätsellöserinnen wie Kleobuline, oder an Sappho. In ihr sah man das Muster heiterer Geselligkeit und das Vorbild jener leichtlebigen Geschöpfe, mit welchen die Athener aufser dem Hause sich die Zeit vertrieben. Man pflegte wohl auch im Jargon einen zu fragen und an dem Staunen und dem Unmut derer sich zu ergötzen, die ihn nicht verstanden.

Eine beliebte Zielscheibe des Spottes wurden ferner die Philosophen. Waren einige Schulen wegen ihres sublimen Gedankenflugs zu wenig volkstümlich, wie die akademische, so hatten sich andere, die pythagoreische und die kynische, lächerlich gemacht durch sonderbare Askese und Verachtung des äufseren Anstands.

Indes die Komödie bis zur Schlacht bei Chaironeia (338) war nur eine Übergangsform, die man später mit dem Namen „mittlere Komödie" belegte. Die Haupt-

III. Die griechische Komödie. 49

vertreter dieser Zwischenstufe sind Antiphanes und Alexis, dazu Eubulos und Anaxandrides.

Fig. 13. Menander.

Mit dem Untergange der griechischen Freiheit beginnt die eigentliche „neue Komödie". Ihr Stern ist

Menander, neben dem besonders Philemon und Diphilos genannt zu werden verdienen.

Der herbe Pessimismus des Euripides hat sich, zumeist unter dem Einflusse Epikurs, abgeklärt zu einer sanften Resignation. In diese Beleuchtung rücken die Dichter nun das ganze menschliche Leben. Wenn einer von ihnen zu Euripides spricht: „Du hast das Leben in Verse gebracht", so gilt das noch mehr von ihnen selbst und namentlich von Menander: Was droht dem Menschen im Leben nicht alles! Du bist ein Mensch, damit ist alles gesagt. Armut: Wie im Chore nicht alle singen, so lebt auch nur, wer zu leben hat. Das Geld ist für den Menschen Blut und Seele; wer keins hat, der verweilt wie ein Toter unter den Lebenden. Leben ist doch nur, wenn einer Freude hat am Leben. Dem Armen will niemand glauben, auch wenn er vernünftig redet. Wir leben nicht, wie wir wollen, sondern wie wir können. Glaubst du, dafs die Götter Mufse haben, tagtäglich jedem das Schlechte und das Gute zuzumessen? — Die Not des Lebens läfst auch die Ehe als Verirrung erscheinen: Was willst du dir freiwillig Lasten auferlegen? Übrigens ist das Weib in den seltensten Fällen brav. Ist sie reich, so bist du ihr Knecht. Sie trinkt nicht kleine Becher, sie fährt einher wie ein Sturm, geschwätzig ist sie trotz einer Turteltaube. Eher bringt einer das Erz in Dodona zum Schweigen als ein Weib. Und hast du dich gemüht, so kommt das Alter, ein trauriges Weh. Aber nicht, wer bereit ist, stirbt, nein, die, welche sich ans Leben klammern, zieht Charon am Schenkel in seinen Kahn. Was aber bringt der Tod? Nichts! Unsterblich ist nur das Sterben. Was soll der Tote gewinnen, wenn schon der Lebende nichts hat? Das Leben ist gleich einer Festfeier, zu der wir wie aus einem Gefängnisse entlassen werden. Drum gilt es, die gegebene Zeit zu geniefsen. Und nun der Weisheit letzter Schlufs: So ein Gott zu mir spräche: Kraton, wenn du gestorben bist, so wirst du wieder von Anfang an sein, ganz was du willst, ein Hund, ein Schaf, ein Bock, ein Mensch, ein Pferd, so spräche ich: mach mich zu allem andern, nur nicht zu einem Menschen!

Wir haben einige der bittersten Wendungen herausgegriffen, doch vergesse man dabei nicht, dafs sie eben doch nur einer Komödie entstammen, die stets übertreibt, und dafs sie zunächst nur die eine Seite des Dialogs vertreten. Daneben macht sich eine versöhnende Anschauung überall geltend und ein guter Rat, dem Leben doch eine bessere Seite abzugewinnen: Die Kunst zu leben besteht darin, des Schicksals Unverstand mannhaft zu tragen. Deshalb wird auch der Verstand immer und immer als unschätzbares Gut gelobt. „Erkenne dich selbst!" heifst ein Zauberwort. Lieb dich nicht selbst allein! Nicht blofs das Geschick, auch dein Charakter bringt dir Leid. Wer nur, was er wünscht, sieht und erwartet, ist ein unverständiger Richter der Wahrheit. Der Unverstand scheint eine Art Blindheit zu sein. Wie süfs ist all das Mäfsige! Wie angenehm ist der Mensch, wenn er ein Mensch ist! Fliehe eine Lust, die später Schaden bringt! Aus vielen Verdriefslichkeiten entsteht doch schliefslich Nutzen. Übrigens: die Zeit heilt alle Wunden. Eine reiche Seele mufs man haben, das Geld ist nur ein Schimmer, ein Vorhang des Lebens. Niemand ist glücklicher als der Arme, denn dieser braucht keinen Schicksalsschlag zu fürchten. Diene frei und du wirst kein Sklave sein. Auch wenn einer Äthiopier ist, ist er wohlgeboren. Nichts ist so vertraut wie Mann und Frau, Säulen des Hauses sind Söhne. — Auch wird die laut gepredigte Ehelosigkeit in der Praxis nicht geübt, denn fast jedes Stück endet mit einer Ehe. Und herrlich ist die Erde doch, wenn es sich auch nicht lohnt, auf ihr zu verweilen: Am glücklichsten der, welcher schnell dahin, von wo er gekommen, zurückkehrt, nachdem er all das Erhabene gesehen, die Sonne, die Sterne, Wasser, Wolken und Feuer. Magst du auch 100 Jahre leben, kannst du doch Erhabeneres als dies nicht schauen.

Nicht zum mindesten dient aber dazu, die trübe Atmosphäre zu klären, jenes attische Salz, der „Esprit", welchen diese Dichter zeigen. Unerschöpflich sind sie, von allen Seiten geistreich einen Gegenstand zu beleuchten. Da wird der Wein mit dem Menschen verglichen: erst braust er und gährt; wenn er abgeschäumt, giebt's doch noch einen guten Wein. Wie ein Einspruch dagegen klingen die Worte: Gar nicht gleicht der Mensch dem Wein. Jener wird ungeniefsbar im Alter, beim Wein aber gehen wir nach dem ältesten. Auch sonst fehlt es nicht an treffenden Bildern: Weise den Greis nicht zurecht, wenn er einen Fehler begeht; einen alten Baum umpflanzen ist schwer. Wenn du einem Nahrung giebst und ihn dabei schmähst, bestreust du attischen Honig mit Wermut. — Überraschend wirkt das Unerwartete: Den Eid des Weibes schreibe ich in den — Wein. Sodann machen sich lustige Weltverbesserungsideen geltend: Wer zuerst dies und das gethan hat, ist thöricht oder weise gewesen. Ein flotter Zecher philosophiert: Wenn das Kopfweh vor dem Rausche käme, würde man weniger trinken. — Spuren epikureischer Lehre lassen sich in den genannten Anschauungen nicht verkennen. War doch Menander selbst ein naher Freund des Philosophen.

Die Freude dieser Dichter war, alles und jedes Vorkommnis des Lebens in Verse umsetzen zu können. So hatten sie die Sprache jetzt in der Gewalt. Von Menander insbesondere wird erzählt, dafs er kurz vor dem Dionysosfeste sein Stück erst im Kopfe fertig hatte; die Verse fielen ihm nicht schwer. Eine Einladung rief ihn zum König Ptolemaeus I. nach Ägypten. Er lehnte ab. Denn sein Athen lobte er sich über alles. Die Heimatsliebe des Hellenen spricht sich auch in der innigen Weise aus, mit der Heimkehrende. den vaterländischen Boden begrüfsen. Denn viel auswärts sind die Helden dieser Komödie. Die Seefahrt aber ist ein grofses Übel.

Da uns kein einziges Stück der neueren Komödie vollständig erhalten ist, wir vielmehr aus Bruchstücken unsere Kenntnis zusammensetzen müssen, so unterlassen wir Inhaltsangaben. Diese Bruchstücke sind eben vorwiegend Sentenzen, andererseits vielfach gastronomischen Inhalts. Denn die späteren Athener waren Gourmands und liebten besonders Fische über alles. Viele von den Motiven mögen mit der Zeit etwas verbraucht gewesen sein, aber der Geist dieser Dichter wufste sie stets von neuem zu beleben.

IV.

Das Schauspiel der Römer.

Die Komödie.

Die Fabula Palliata.

Von dem, was Unachtsamkeit oder gar Absicht uns entrissen, von den Stücken des Menander und seiner Zeitgenossen, hat ein günstigeres Geschick Abbilder uns aufbewahrt in den Stücken des Plautus und des Terenz. Betrachten wir zunächst einige der feststehenden Charaktere, welche z. T. erst in alexandrinischer Zeit sich ausgebildet hatten und auf dem Wege der römischen Komödie mit zeitgemäfsen Umänderungen auch Eingang gefunden haben in das Lustspiel der neueren Zeit, voran den grofssprahlerischen Offizier, den Miles gloriosus, der besonders im gleichnamigen Stücke des Plautus eine Rolle spielt. Er ist ein Abglanz jener macedonischen Söldnerführer, ein Bramarbas, der sich rühmt, viele Schlachten geschlagen zu haben in fabelhaften Ländern, unter wunderbaren Völkern. Die Zahl der erlegten Feinde übersteigt alle Begriffe. Könige duzen sich mit ihm und nehmen seine Hilfe in Anspruch, er hält sich für schön und läfst sich, wenn seine Begehrlichkeit rege gemacht worden ist, leicht hinters Licht führen wie John Falstaff. Dabei gesteht er gelegentlich bei Plautus, wenn er sich erkannt sieht, mit rührender Naivetät seine Schwäche ein. Sein Sekundant ist der Parasit. Derselbe unterstützt öffentlich die lächerlichen Fehler seines Herrn, denn der Magen treibt ihn an; hinter dem Rücken lacht er den Prahlhans aus. Ein Vertreter dieses Menschenschlags ist Ergasilus in den „Kriegsgefangenen". Dirne ist sein Scherzname, wenn er bei den Schmausereien sich umhertreibt. Die Parasiten sind nach seiner Ansicht wie Schnecken, die sich von eignem Safte nähren, wenn kein Tau fällt. Werden ihnen fremde Mittel wieder zugänglich, so fallen sie wütend darüber her. Freilich Ohrfeigen muſs einer hinnehmen, Töpfe an seinem Kopfe zerschellen lassen — sonst mag er lieber Sackträger werden. Vielleicht bleibt auch Ergasilus nichts anderes übrig, wenn nicht sein Gönner, der im Kriege gefangen ist, bald in die Heimat zurückkehrt. Der Vater desselben erscheint, und Ergasilus klagt, daſs er über der Trauer des Hauses selbst abmagere. Seinen Notstand drückt er damit aus: Das Eſsheer sei in die Heimat geschickt. „Freilich," meint Hegio, „brauchst du ein starkes Heer Pistorienser (pistor, der Bäcker) und Placentiner (placenta, der Kuchen)." Endlich kommt er den Wünschen des Schmarotzers entgegen: „Bist du heute auswärts gebeten?" und als jener verneint, lädt er ihn im Hinblick auf seinen Geburtstag zu Tisch. Da aber Ergasilus noch auf Besseres hofft, meint er mit Beziehung auf die spärliche Kost, die er bieten könne: „Das Wiesel hast du, nun such dir einen Hasen!" Ergasilus läſst sich auch die Mühe nicht verdrieſsen. Aber völlig enttäuscht tritt er wieder auf die Bühne: Die Zeiten sind schlecht, besonders dieser Tag ist der nüchternste, den er je erlebt. Die Jugend will von den Spaſsmachern nichts mehr wissen. Freundlich hat er die Jünglinge auf dem Markte begrüfst: „Wo gehn wir hin zum Frühstück?" Sie schweigen und lehnen erneute Fragen ab. Er probiert ein paar Witze, und zwar solche von der besseren Art, die immer ein reiches Mahl einbrachten — heute bleiben sie ohne Wirkung. Wo er auch anpocht, immer derselbe Erfolg. Noch einen Versuch will er machen — im Hafen. Schlägt auch dieser fehl, nun denn, so kehrt er zurück zum derben Mahle des Hegio. Und das Glück lächelt ihm wieder. Er sieht im Hafen den zurückkehrenden Sohn und sichert sich bei dem Alten als Botenlohn dauernden Freitisch. Schlimmer geht es dem Schmarotzer im „Stichus", Gelasimus genannt, weil er schon als Kind so lächerlich war. „Frau Hunger" mufs seine Mutter gewesen sein. Aber er vergilt ihr treu ihre Liebe und trägt sie nun schon mehr als 10 Jahre bei sich. In der Zeit der Teuerung ist er geboren und deshalb so heifshungrig. Es liegt in seiner Familie, dafs er keinem es abschlagen kann, wenn er ihn — zu Gaste lädt. Er verwünscht die häfsliche Redensart der Gegenwart: „Ich würde dich einladen, wenn ich nicht selbst auswärts äfse", und ist entschlossen, eine Auktion zu veranstalten: „Die Scherzreden — wohlan, bietet! — für ein herkulisches Frühstück sind sie feil. Die rostige Striegel und das Salbfläschchen und das Geschwätz der Trunkenheit!" Zuletzt bleibt der leere Parasit als Behälter für Speisereste. Eine Hoffnung winkt, indem auch seine Herren, ein Brüderpaar, von langer Reise zurückkehren. Ein Bursch, der sie gesehen, ordnet keck im Hause die Tafel an, was Gelasimus mit drolligem Beifallsschmunzeln begleitet. Er entfernt sich, um noch einen Einblick in seine Lehrbücher zu thun und sich auf einige Witze bester Sorte zu präparieren. Denn jetzt gilt's. Doch die Brüder speisen ihn mit Ausreden ab. Geknickt beschliefst er, mit den Freunden sich zu beraten, auf welche Weise er nun — hungern soll. Sie raten ihm, sich am Hungertuche zu erdrosseln.

Thatkräftig handelnd tritt der Parasit Curculio im gleichnamigen Stücke auf. Er hat im Auslande Geld auftreiben sollen für seinen Herrn und kehrt nun zurück. Ihm wird schwarz vor den Augen, und ermattet sinken ihm die Knie. Durch diese Verstellung sucht er sich gleich eine kräftige Speisung zu sichern und erzählt dann, wie er einen Offizier ausgeforscht und ihm im Würfelspiele den Ring abgenommen habe, der ihnen zu einer Geldsumme verhelfen soll.

Terenz hat diesen Typus im „Eunuchus" gezeichnet. Hier schildert Gnatho, wie er einen früheren Genossen in der Verkommenheit getroffen habe, und erzählt das Zwiegespräch mit ihm. „Es giebt," so begann er zu jenem, „eine Art Leute, welche gern die ersten sein wollen und doch nicht sind. Diesen bin ich zu Dienst; was sie sagen, lobe ich; wenn sie wieder die entgegengesetzte Ansicht äufsern, lobe ich auch diese". Nun gelangten die beiden auf den Naschmarkt, wo all die Verkäufer sich an den Parasiten drängten und ihn ehrerbietig grüfsten. Da bekam der biedere Bettler Lust zu diesem Metier, und Gnatho hiefs ihn der nach ihm zu benennenden Schule der Gnathoniker sich anschliefsen.

Lebhaft an die oben besprochene Plautinische Scene des „Miles" erinnert sein Zwiegespräch mit dem Soldaten. Gnatho hat das Geschenk an die Angebetete des Maulhelden abgeliefert, und dieser schmunzelt selbstgefällig, dafs alles Beifall finde, was er thue. „Der König vertraute mir das ganze Heer und seine Pläne an." Die boshaften Zwischenreden des Schmarotzers überhörend, fährt er fort: „Wenn er die Leute und die Geschäfte einmal satt hatte, nahm er mich auf die Seite, er, der mit wenigen nur verkehrt." — So sich erwärmend an seinem eigenen Feuer, erzählt er, wie er einst den Kommandeur der Kriegselephanten abgeführt. „Strato," sprach er, „bist du darauf stolz, dafs du das Kommando über das Vieh hast?" „Potz tausend," ruft Gnatho, „du schnürtest ihm die Kehle zu." Und als nun der Geck einen andern Witz auftischt, birst er fast vor Lachen: „Witzig, köstlich, vornehm, ein non plus ultra — ich hielt es für einen alten Witz." Wogegen Thraso stolz: „Nein, er ist von mir."

Insofern die Ärzte die Hohlheit ihres Wissens unter äufserlichem Firlefanz und Hokuspokus zu verdecken suchen, fallen auch sie unter die Kategorie des Aufschneiders, des Alazon. Der Arzt, welcher in den „Menaechmen" den einen Bruder als reif fürs Tollhaus bezeichnet, ist ein Schwätzer, ein Nichtswisser und Nichtskönner. Dennoch ist er für das gewöhnliche Publikum schwer zugänglich. Hat er doch schon dem Äskulap das Bein und dem Apollo den Arm verbunden und kann mehr als 600 Kranke an einem Tage kurieren.

Aus dem Vorwalten gastronomischer Genüsse erklärt sich die wachsende Eitelkeit der Köche. Auch sie kranken an Aufschneiderei. Gemäfs dem auf Bildung bedachten Geiste der Zeit suchen sie ihre Kunst auch theoretisch allseitig zu begreifen, sie bedürfen, um die mit ihrem Berufe zusammenhängenden Geschäfte erledigen zu können, fast sämtlicher Künste und Wissenschaften, der Naturkunde vor allen, aber auch der Medizin, der Astrologie, ja sogar der Architektur und Malerei und der Taktik. Diese sublime Auffassung war für das römische Publikum unfafsbar. Deshalb verkümmerte diese Rolle im römischen Lustspiel. Nur der Koch im „Pseudolus" besitzt ein ausgebildetes Standesgefühl. Er läfst sich nicht, wie seine Kollegen, für jeden Preis mieten, sondern hat seine feste Taxe. Jene verstehen aber auch nichts, setzen den Leuten Viehfutter vor und beizen ihnen den Magen aus. Wer seine Speisen ifst, lebt sicher 200 Jahr. Auch er bedient sich gewählter Sprache, wie seine griechischen Vorgänger. Nur seinen Duft speist Juppiter und geht, wenn jener nicht kocht, mit nüchternem Magen zu Bett. Er getraut sich, wie Medea den Pelias, so selbst den Ballio wieder zum Jünglinge zu machen. Die Gäste nagen sich vor Behagen die Fingerspitzen mit ab. Aber ein räuberisches Geschlecht sind die Köche. Deshalb bangt auch dem Geizhals in der „Aulularia" vor ihnen, als er das Hochzeitsmahl ausrichten soll.

In gleicher Weise mufste in Rom die Erwähnung der Fischhändler zurücktreten, die in der neueren Komödie so vielfach wegen ihrer Anmafsung und ihrer hohen Preise durchgehechelt werden.

Hart an den Alazon streift und unterscheidet sich doch von ihm durch einen gewissen genialen Zug der Schwindler nach der Art unseres Münchhausen. Eine solche Gestalt begegnet im „Trinummus" des Plautus. Der Sykophant ist gedungen von dem Vormund Callicles, im Namen des Vaters die Erbschaft der Tochter zu bringen, damit der Sohn nichts von dem versteckten Schatze ahne. Zum Unglück begegnet er eben dem aus der Fremde zurückkehrenden Vater. Dieser fragt ihn nach dem Namen. „Wenn du vor Tagesanbruch," entgegnet der Vagabund, „anfingst vom Anfang meines Namens an zu wandern, dürftest du vor tiefer Nacht nicht ans Ende gelangen." Es stimmt schon nicht, dafs er den vorgeblichen Auftraggeber als gröfser denn den vor ihm Stehenden bezeichnet. Nun soll er den Namen desselben nennen. „Ich habe den Namen verschluckt, er schwebte mir eben auf den Lippen." Reizend ist das geographische Examen, welchem Charidemus den Sykophanten unterwirft. Keck antwortet derselbe: „Am Ursprung des Flusses, welcher im Himmel entspringt unter dem Throne des Zeus." — „Hast du denn auch den Zeus gesehen?" — „Nein, die anderen Götter sagten, er sei in sein Landhaus gegangen, den Sklaven Speise auszugeben."

Was nun das weitere Personal dieser Komödie anlangt, so hebt schon Horaz einige Hauptvertreter hervor in den Worten:

> Doch tobt ja der Vater
> Heftig erregt, wenn der luftige Sohn in ein Mädchen verliebt ist,
> Wenn er darum eine Gattin verschmäht mit bedeutender Mitgift,
> Wenn er in trunkener Lust (o Schmach!) schon am Abend mit Fackeln
> Umzug hält.

Solch lockeren Inhalts sind die meisten Stücke, ganz anders geartet nur die „Kriegsgefangenen". Mit Recht kann der Chorus am Schlusse singen:

> Keusche Sitten stellt dies Lustspiel dar, verehrter Hörerkreis.
> Keine Verführung kommt darinnen vor und keine Liebelei;
> Nichts von untergeschobenen Kindern, keine Prellerei um Geld;
> Hinter des Vaters Rücken kauft kein Jüngling hier sein Liebchen frei.
> Selten dichten die Poeten solcherlei Komödien,
> Wo die Guten besser werden. —

Dieses Stück, in dem die aufopfernde Treue des Dieners gegen seinen Herrn geschildert wird, hat Lessing am meisten gefallen. Dazu der „Trinummus", in dem die Liebe zurücktritt gegen die treue Freundschaft des Callicles. Lessings „Schatz" ist eine freie Bearbeitung davon.

Die Blütezeit der Fabula Palliata — so nämlich wird nach der Tracht der Schauspieler, dem Pallium, die Komödie griechischen Ursprungs genannt — fällt in die Zeit des 2. und 3. punischen Krieges. In dem üppigen Tarent, wo griechischer und italischer Einfluſs zusammenstieſs, hatte um 300 Rhinthon seine Travestien der Göttermythen gedichtet. Zu dieser Hauptgattung, die auch

Phlyakographie genannt wurde, gesellten sich alle anderen Arten mimischer Darstellung. Davon angeregt, wagte Livius Andronicus, der als Gefangener nach Rom gekommen war, hier den ersten schüchternen Versuch mit Übertragungen griechischer Lustspiele. T. Maccius Plautus, geboren um 254 im umbrischen Sarsina, und P. Terentius Afer, geboren 185 in Karthago, sind die beiden Pole der Fabula Palliata. Zwischen ihnen steht Statius Caecilius, von dem uns nur Bruchstücke erhalten sind, dem aber in den Stoffen die Palme zuerkam und die Fähigkeit zu rühren zugesprochen wird. Ennius war bedeutender als tragischer denn als komischer Dichter.

Terenz und Plautus! Es ist der Gegensatz des feingebildeten Mannes und des Mannes aus dem Volke. Terenz ein zartfühlender Jüngling, der selbst seine Gegner noch rücksichtsvoll behandelt; Plautus ein gereifter Mann, gewohnt, derbe Dinge auch in derben Worten auszusprechen. Dort Hinneigung zu hellenischer Sitte, hier kräftige Einmischung des nationalen Elements. So finden sich in den Stücken des Plautus zahlreiche Anspielungen auf das Kriegswesen, die kriegerischen Erfolge des römischen Staats, auf römische Rechtsverhältnisse, wie die Gesetze gegen Kleiderluxus, u. a. m. Plautus fürchtete sich nicht vor den Vornehmen, die seinen Kunstgenossen Naevius, den Schöpfer lebensvoller Komödien, wegen seines persönlichen Spottes auf Grund der Zwölf-Tafel-Gesetze ins Gefängnis hatten setzen lassen. Auf dessen Geschick spielt er im „Miles" an, vielleicht in der stillen Hoffnung, seine Freilassung zu erwirken:

So auf Säulen, wie ich vernommen, stützt ein Poet bei uns sein Haupt,
Dem von Stund' zu Stunde zwei Aufpasser stets zur Seite sind.

Plautus legte nicht jedes Wort auf die Goldwage. Der kühne Entwurf war seine Stärke. Er dichtete während harter Arbeit und für den Lebensunterhalt. Das kleine Vermögen, das er in untergeordneter Theaterthätigkeit sich erworben hatte, verlor er in Handelsspekulationen und war nun gezwungen, durch Drehen der Handmühle sein Brot zu verdienen. In dieser Zeit dichtete er schon Theaterstücke. In ihm steckt noch etwas von dem Geiste der altattischen Komödie. Unter den Dichtern der neueren bevorzugte er Menander, Philemon und Diphilos.

Terenz war durch Verkauf oder Raub nach Rom gekommen und hatte selbst ein Schicksal gehabt, wie so viele Personen in der neueren Komödie. Er schuf, wie es scheint, langsam. Vielleicht war jeder Vers eines Stückes in jenem adligen, hellenisch gesinnten Kreise besprochen, der sich um Scipio Africanus gebildet hatte und dessen Hauptstütze der etwas ältere Laelius war. Vielleicht hatte Terenz die Scenen einzeln vorgelesen, seine Gönner sie hie und da verbessert und Proben ihres eigenen Verstandes und Witzes unter des Terenz Flagge ins Publikum gebracht. Daher dann das Geschwätz, dafs jener seine Stücke nicht selbst gedichtet habe. Diesem Schüler der Griechen gab Caesar den Namen „halber Menander". Denn eine Seite seines Lieblingsvorbilds fehlte dem Terenz allerdings. Er besafs dessen Feinheit, aber nicht seine Kraft. In mancher Hinsicht suchte er an Zartheit selbst seine Muster zu übertreffen. So schuf er in den Hetären lauter liebenswürdige Geschöpfe. Plautus hat sich nicht gescheut, im „Truculentus" die habgierige Wölfin uns zu zeigen, die es mit drei Liebhabern zugleich hält und immer den bevorzugt, der ihr das meiste spendet. Ihm stehen aber zugleich die weicheren Töne zärtlicher Hingabe zur Verfügung. Er schildert auch das naive Kind, welches flehentlich die habsüchtige Mutter bittet, ihr doch den einen, den Auserwählten ihres Herzens, zu lassen, wenngleich er augenblicklich in Geldverlegenheiten sich befindet. Plautus hat in derb volkstümlicher Weise den Sklaven eine Hauptstelle in den Aufführungen verschafft. Eine geniale Unverschämtheit ist ihnen eigen. Besonders zeichnet sich Pseudolus, das Lügenmaul, im gleichnamigen Stücke aus. Er spielt seine Rolle mit erstaunlichem Selbstbewufstsein, „jeder Zoll ein König". „Da stehst du nun, Pseudolus, was willst du jetzt thun, nachdem du dem Sohne deines Herrn köstliche Freuden versprochen, du, dem kein Tropfen sicheren Planes bereit ist, der nicht weifs, wo aus noch ein? Aber wie der Dichter, wenn er seine Tafel hernimmt, sucht, was nirgendwo in der Welt ist, und doch findet — so will ich jetzt Dichter werden; die 20 Minen, die nirgends in der Welt sind, ich will sie entdecken." Des Sklaven schwere Aufgabe besteht immer darin, dem jungen Herrn die Mittel für seine kostspieligen Liebhabereien zu verschaffen. Entweder wird eine Geldsendung abgefangen, die für den Haushalter bestimmt ist, wie in der „Asinaria", oder ein mit erlisteten Dokumenten versehener Bote holt die Geliebte ab, wie im „Pseudolus", und was dergleichen Schliche mehr sind. Hat der Sklave schon seine Schuldigkeit gethan, so zwingt ihn wohl eine neue Laune des jungen Herrn, noch einmal alle Hebel in Bewegung zu setzen, wie im „Epidicus". „Nur frisch ans Werk!" — damit schneidet der Dienstfertige seine eigenen Bedenken ab. Wie läuft der treue Bursche stolz durch die Gassen, wenn er eine Freudenbotschaft zu bringen hat! Wie versteht er durch Zögern zu foltern, wie spielt er mit dem Alten, wenn er angesichts strenger Bestrafung ein sicheres Mittel, das Unheil abzuwenden, in Bereitschaft hält! Das sind Gestalten, wie sie erst Shakespeare wieder hervorgebracht hat.

Neben diesem Führer der Intrigue fehlt es nicht an

Sklaven aller Art. Da läfst sich ein dummer Teufel von seinem Mitsklaven hinters Licht führen; eine grundehrliche Haut wirft dem Genossen vor, dafs er den Herrn auf schlechte Wege bringe; ein älterer, etwas philiströser Diener des Hauses zetert über die Liebschaft des jungen Mannes; ein anderer weifs aus der Verschwendung desselben seinen eignen Nutzen zu ziehen, und Sosia im „Amphitruo" übt sich seinen Lügenbericht über die Schlacht ein gleich einem Falstaff. In diesem Kreise wird die Prügelstrafe, der Block und die Stampfmühle poetisch verklärt. Sceledrus im „Miles" weifs recht wohl, dafs das Kreuz sein Erbbegräbnis ist. Denn dort ruhen schon Urahn, Ahn, Grofsvater und Vater von ihm.

Die Liebhaber sind oft recht weichherzige Burschen. Bisweilen steht ihnen ein herzhafterer Freund zur Seite. Die Liebe hat häufig einen romantischen Anstrich, und mehrfach äufsert der Verliebte die Absicht, in die weite Welt zu ziehen und Soldat zu werden, wenn seiner Neigung sich ein Hindernis in den Weg stellt.

Gegenüber der unerquicklichen Auffassung von Ehe und Frauenberuf berührt uns im „Stichus" wohlthuend die Treue zweier Schwestern, die trotz ihrem Vater von ihren verschollenen Ehemännern nicht lassen wollen. Auch die alten Frauen sind nicht alle so schlimm, wie sie geschildert werden. Cleostrata z. B. in der „Casina" läfst sich durch die alberne Liebelei ihres bejahrten Gemahls nicht aus der Fassung bringen. Dafs Alter die Männer nicht vor solcher Thorheit schützt, lehren auch „Mercator" (der Kaufmann) und „Asinaria".

Die Mädchen, welchen jene Liebe zugewendet ist, begegnen uns zwar meist in recht zweifelhaften Lagen. Gewöhnlich hält ein Seelenverkäufer sie umstrickt. Doch werden sie noch zu rechter Zeit als ehrbare Bürgertöchter erkannt. Den Ausgesetzten war Klapperzeug mitgegeben worden, welches später die Wiedererkennung durch die Eltern herbeiführt. Eine grofse Rolle spielt auch der Menschenraub, wie im „Rudens" (Schiffstau). In diesem Stücke wird zugleich ein grelles Licht auf soziale Zustände geworfen, auf das traurige Los der Fischer, die hungernd, wenn das Meer grollt, goldenen Hoffnungen nachjagen, die nie sich erfüllen. Das Motiv der unerfüllten Hoffnung war in der neueren Komödie sehr häufig.

Das Gefüge der Plautinischen Stücke lockert sich sehr oft. Zwei Schiffbrüchige zanken sich im „Rudens" unter gegenseitigen Vorwürfen. Auf einmal bemächtigt sich ihrer der Galgenhumor. „O Binse, ich preise Dein Los, die Du immer Dir wahrst den Ruf der Trockenheit." Und nun reiht sich ein Scherz an den andern. — Daneben blüht der „Kalauer": „Der Vater hat Deine Geliebte gesehen! — Gesehen, weh mir Unglücklichem! Wie konnte er sie sehen? — Mit den Augen! — Auf welche Weise? — Mit geöffneten". Eine grofse Komik liegt ferner in der Zerstörung der Illusion. Was kann aber komischer sein, als wenn der Requisitenverleiher, der choragus, selbst auftritt, um Besorgnis zu äufsern betreffs des geliehenen Kostüms, wie es im „Curculio" der Fall ist.

Wir deuteten oben schon an, dafs die römischen Dichter gar manches in den griechischen Originalen als unbrauchbar für ihr Publikum beiseite lassen mufsten. Plautus fand am ehesten noch Ersatz durch eigene Zuthaten. Nicht so Terenz. Wie füllte man die entstehenden Lücken aus? Ein Hauptmittel war die sog. Kontamination, d. h. Zusammenschweifsung. Die Dichter fügten einige Rollen oder Scenen aus anderen griechischen Stücken ihrer Hauptvorlage ein. Bei der Beschränkung der Stoffe konnte es nicht ausbleiben, dafs mehrere sich gegenseitig in den Motiven berührten, ja sogar der einzelne

sich wiederholte. Über die ganze Frage spricht sich
Terenz, welcher überhaupt seine Prologe zur Wahrung
persönlicher Interessen seinen Feinden gegenüber benutzt,
im Prolog zum „Eunuchus" aus. Dem Widersacher war es
gelungen, einen Einblick in das Stück zu thun, nachdem es
in die Hände der Behörde gekommen war, und er be-
hauptete nun, die Rollen des Parasiten und des Soldaten
seien aus dem „Colax" des Naevius bezw. dem des Plautus
gestohlen. Terenz erklärt jedoch den Hergang folgender-
maſsen: Es gebe einen „Colax" des Menander, aus dem habe
er die beiden Rollen übernommen, ohne von jenen älteren
römischen Bearbeitungen etwas zu wissen. „Übrigens,"
fährt er fort, „wenn es nicht gestattet ist, dieselben Rollen
wieder zu gebrauchen, wie darf man da noch einen
eilenden Sklaven schildern oder gute Hausmütter, schlechte
Dirnen, den gefräſsigen Parasiten, den prahlerischen
Soldaten, Unterschiebung eines Kindes, Täuschung des
Alten durch den Sklaven, Liebe, Haſs und Argwohn?
Und auſserdem: kein Wort giebt's mehr, das nicht schon
früher gesagt ist. In der „Andria" hatte Terenz neben der
„Andria" des Menander dessen „Perinthia" benutzt. Der
Prolog beruft sich auf den Vorgang des Naevius, Plautus
und Ennius, deren „Nachlässigkeit" der Dichter lieber nachahmen wollte als die unklare Genauigkeit seiner Gegner.
Im „Hautontimorumenos" (Selbstpeiniger) bringt er einmal ein „unversehrtes Lustspiel" aus unversehrtem Original des Menander. Freilich fehlen hier die lebhaften
Scenen, welche das Wesen der Fabula motoria, der
bewegten Intriguenkomödie, ausmachen; der Dichter will
einmal die gewöhnliche Gesellschaft beiseite lassen und
ein ruhiges Charakterlustspiel, eine Fabula stataria, auf-
führen. Der „Phormio" war nach dem „Epidikazomenos"
des Apollodoros gearbeitet, die „Hecura" (Schwiegermutter) nach Menander, desgleichen die „Adelphoe"

(Brüder). Doch ist im Anfang die Entführungsscene aus den „Synapothneskontes" (den miteinander Sterbenden) des Diphilos eingelegt, da Plautus in seiner Bearbeitung dieses Stückes sie weggelassen hatte.

Zu einem Teile der Plautinischen Stücke sind auch Prologe erhalten, aber nur wenige haben mit Plautus etwas zu thun. Sie sollen den Zuschauer über das griechische Vorbild und den Inhalt des Stückes aufklären oder auch Stimmung machen. Dieser captatio benevolentiae im Anfange entspricht bisweilen eine Empfehlung am Ende. Mehrfach vereinigt sich die Gesellschaft zu einigen Schlußbemerkungen. Oft spricht die zuletztredende Person oder der „Sänger" nur ein Plaudite (Klatschet)!

Um das Gesagte zusammenzufassen, dürfen wir behaupten: Plautus schuf mit genialer Kühnheit, Terenz mit feinsinniger Überlegung; Plautus wandte sich gern an die Phantasie, Terenz vorwiegend an den Verstand. — Die Zahl der Plautinischen Stücke war groß, und unter diesem Namen liefen außer den echten viele unechte um. Terenz hatte sechs Stücke aufgeführt, da trieb es ihn, an der Quelle unmittelbar zu schöpfen. Mit reicher Beute kehrte er zurück aus Griechenland, ist aber unterwegs, wohl gerade 26 Jahre alt, gestorben. Plautus konnte sich als Greis seiner Erfolge freuen, das urwüchsige Publikum hatte er stets auf seiner Seite, Terenz dagegen die feineren Köpfe und die regelgläubige Kritik, die ihn ob seiner Vorzüge vor Plautus laut preist: „Seine Stücke" — so heißt es in einem alten Traktat — „zeigen vor allem Maß, indem sie gleichweit von tragischer Erhabenheit wie von possenhafter Niedrigkeit entfernt sind. In ihnen findet sich nichts, über das man erst die Litteratur nachschlagen müßte — wie es bei Plautus so oft der Fall ist. Der Dialog ist bei Terenz klar und durchsichtig, die Handlung auf das beste gefügt."

Die Fabula Togata.

Während Naevius und nicht minder Plautus bei aller Abhängigkeit von den griechischen Originalen ihren Bearbeitungen einen volkstümlichen Zug und einen Schimmer römischen Wesens zu geben gewufst hatten, hatte Terenz im Einklang mit dem hellenischen Kreise des Scipio sich wieder treuer an seine Vorbilder gehalten. Jedoch seinen Widersachern erschien er schon darin tadelnswert, dafs er der gröfseren Mannigfaltigkeit wegen mehrere Stücke zusammenschweifste. Man begann eben den Wert eines Stückes danach zu beurteilen, ob es gut griechisch war. Die Reaktion gegen diesen übertriebenen Hellenismus blieb nicht aus. Denn die Dichtung, welche im Stile der Palliata römische Stoffe behandelte, trat in dieser Zeit bedeutend hervor und erhielt von dem Nationalgewande den Namen fabula togata. Es war so manches, wogegen das römische Wesen sich auflehnte. Vor allem war die Verschmitztheit und Selbständigkeit der Sklaven vielen Römern ebenso zuwider, wie manchem von uns die naseweise Altklugheit und Geschwätzigkeit der aus der italienischen Komödie stammenden Lisetten und wie sie alle heifsen. Sodann ergab die ganz anders geartete, viel selbständigere Stellung der Frau Verhältnisse, die zu einer besonderen Behandlung herausforderten. Es kam dazu das scharf ausgeprägte Interesse des römischen Volkes für Rechtsverhältnisse. Die erste Ehescheidung ward vorgenommen um 230 v. Chr., als Naevius Stücke aufführte. Und so heifst ein Stück der Togata „Divortium" (Ehescheidung). Gleichfalls die Trennung von Mann und Frau behandelten die „Weggeführte" und „der sich Verstellende". Ein Stück ist betitelt „die Gatten". Die Handlung dreht sich um eine „Verdächtige", eine „Jungfrau", um die Wahl des Schwiegersohns, um einen „Zwilling". Besonders ausgebeutet ward das Stiefverhältnis: es gab einen „Stiefsohn" und eine „Stieftochter". Auf naheliegender Grundlage beruhte die „Schwiegermutter" und die „Schwiegertochter". Bei derartigen Verwickelungen spielten eine Rolle die zärtlichen Verwandten, die „Schwägerinnen", die „Tanten", die „Vettern". Den Knoten halfen schürzen die „Vermittlerin", der „Brief". Selbständig griff wohl ein die „Rechtsgelehrte". Auch das Verhältnis des Sohnes zum Elternhause ward behandelt z. B. im „Mündigen", im „Verschwender", im „Verratenen", in der „Schuld". Die „Citherspielerin" und die „Flötenspielerin" gehören gleichfalls in diesen Kreis. Gegenstand des „Ausgebers", des „Freigelassenen" war das Treiben des Gesindes. So hatte offenbar die Togata etwas Hausbackenes. Doch werden öffentliche Angelegenheiten mit hereingezogen. Der „Augur" scheint von der Verzückung eines solchen Sehers, die „Aedilenkomödie" von der Thätigkeit der Beamten vor den Festaufführungen gehandelt zu haben. Feste selbst bildeten den Hintergrund der Handlung, die Megalesien, die Compitalien oder die „Gratulatio", das Dankfest, oder das üppige Leben in einem Badeorte, jagar eine „Feuersbrunst". Noch ehe Titinius und Quinctius Atta († i. J. 77 v. Chr.) den Stoff. erschöpft hatten, geriet der hochbegabte Afranius wieder in das Fahrwasser der griechischen Komödie, so dafs er sich nicht scheute, bei Menander selbst wörtliche Anleihen zu machen, ja sogar griechischem Laster einen Platz einräumte. Aus dieser Neigung für das Griechische wird begreiflich, dafs er den Terenz für unübertrefflich erklären läfst.

Die Fabula Atellana.

Kampanien war der Sitz eines derben, genufsfrohen Bauerngeschlechts, und an festlichen Gelegenheiten fehlte es auch nicht, bei denen die Neigung zu ausgelassenem Scherz und Possenspiel sich bethätigen konnte. Die kampanische Zunge war berüchtigt: sie führt z. B. in Plautus' „Truculentus" der Bauer Strabax, welcher in einem Duett mit dem Miles Stratophanes um die Gunst einer Dirne unter Androhung von Ohrfeigen sehr unmanierlich sich streitet. In der sog. „Reise nach Brundisium" beschreibt Horaz ein während der Tafel aufgeführtes Possenspiel des Messius Cicirrus und des Sarmentus. Nachdem parodisch ihre beiderseitige Abkunft verkündigt ist, hebt Sarmentus an: „Du kommst mir vor wie ein Einhorn." Messius geht auf den Unsinn ein und will den Gegner stofsen. Nun spottet dieser über eine häfsliche Stirnwunde, den vermeintlichen Sitz des ausgeschnittenen Horns, und fordert den struppigen, ungeschlachten Osker auf, „den Kyklopen zu tanzen". Der Gefoppte entgegnet, mit Anspielung auf die unfreie Abkunft des Sarmentus, ob er denn seine Ketten schon den Laren geopfert habe; übrigens habe er Dürrlender, der nicht viel Kost brauche, keine Veranlassung zu fliehen gehabt. In beiden Fällen also . finden wir ein Streitgedicht, die Vorstufe des Dramas. So entstand die Fabula Osca oder Atellana; sie wucherte zunächst wild in Kampanien weiter, ward aber auch nach Rom verpflanzt und von L. Pomponius aus Bologna und von Novius gepflegt. Zu Grunde liegen ihr hauptsächlich gewisse stehende Charakterfiguren, wie sie im Landstädtchen Atella, dem Schilda des alten Italien, heimisch waren, zunächst Maccus. Er ist ein einfältiger Tölpel, ein Esel, der alles über sich ergehen läfst und ebenso stumpfsinnig sein Futter schrotet, wie er stumpfsinnig anderen Regungen sich überläfst. Das Tierische des Wesens tritt schon in der häfslichen Gestalt zu Tage. Ein gewaltiger Fresser war auch Bucco, genannt nach seinen wohl nicht nur von der Völlerei, sondern auch infolge der erhaltenen Ohrfeigen aufgeschwollenen Backen. In seiner Efslust liegt mehr Methode als in der des Maccus, er sucht überall einen guten Bissen zu erhaschen, und mit der angeborenen Beschränktheit verbindet sich eine gewisse Pfiffigkeit und die unverschämte Aufdringlichkeit des parasitischen Schwätzers. An diese jüngeren Rollen schliefst sich an der „alte Papa", Pappus. Obwohl über die Blüte des Lebens lange hinaus, hat er noch ein warmes Herz für weibliche Schönheit, möchte trotz seiner Hohlheit gern eine angesehene Rolle spielen, ein Ämtchen verwalten, ohne dafs es ihn etwas kostet, und dient mit diesen Schwächen zumeist dem Spotte als Zielscheibe. Aufserdem wird der Grimassenschneider Sannio genannt. Gegenüber diesen mehr oder weniger passiven Rollen steht der buckelige Dossennus, ein mit allen Hunden gehetzter Schelm, der alle möglichen und unmöglichen Berufsarten ergreift, die des Wunderdoktors, des Wahrsagers, des Schulmeisters, des Tempeldieners u. s. w., ja sich wohl auch aufschwingt zum Haruspex und zum Augur. Auch er erscheint in dem zweifelhaften Lichte des wollüstigen Genufsmenschen. In die von ihm in Scene gesetzten Beschwörungen u. dgl. gehören nun wohl die Spukgestalten, Pytho Gorgonius, ein greulicher Drache, und Mania, auf welche z. B. Juvenal anspielt in den Worten: „Wenn vor dem aufgerissenen Rachen der bleichen Larve das Bauernkind im Schofse der Mutter sich fürchtet." Wie tief diese Figuren im Volksbewufstsein hafteten, ergiebt sich daraus, dafs sie noch lange auf der italienischen Volksbühne in der commedia dell'arte weiterlebten. Pappus-Pantalone aus Venedig, Bucco-Arlechino aus Bergamo und Dossennus-Dottore aus Bologna entzückten nicht blofs Italien, sondern wurden durch Vermittelung von Gherardis „Italienischem Theater" auch in anderen Ländern eingebürgert. Trotz dieser wenigen Typen schufen doch die Atellanendichter eine reiche Fülle von Situationen, indem sie jeden einzelnen in allen möglichen Berufsarten auftreten liefsen. Ebenso ist es in der commedia dell'arte, in den Hanswurstiaden des vorigen Jahrhunderts und noch in unserem Kasperletheater. Auch Harlekin weifs sich in jede Lebenslage zu schicken und kommt auch viel in Gesellschaft von Zauberern, Gespenstern und noch schlimmeren Gesellen.

Die Fragmente jener beiden Dichter drehen sich meist um das Essen und um andere materielle Gelüste und die damit verbundenen niederen Geschäfte. Über Hunger wird geklagt, ganze Scharen betteln um Brot. Andere haben nicht, ihre Blöfse zu bedecken. Ein Stück hiefs geradezu „die Zerlumpten". Was thun in dieser Not? Nun, der Strick ist billig, der schnürt die Kehle zu. In einem Stücke wurden die Vorteile des Todes gegen die des Lebens abgewogen. Kein Wunder, wenn bei solchen Zuständen Dossennus durch vorgespiegelte, von Geistern bewachte Schätze viele Dumme fängt. Er stiehlt wohl gar und fordert für das Herbeizaubern Bezahlung. Der Dummkopf läfst sich von ihm abrichten für eine Kunst, von deren Wesen er nichts versteht. Als Weib wird er verkleidet, man verabredet Stelldicheins, zieht den Mantel über den Kopf und guckt verstohlen durch eine Ritze. Die Folgen solcher Intriguen treffen natürlich allemal den Dummen.

Andererseits werden die Vorbereitungen zu reichlichen Mahlzeiten geschildert. Die Moral dieser Menschen ist: was schert mich das Gerücht bei einem guten Gericht? Einberufen zum Militärdienste, balgt sich Maccus mit seinem Zeltgenossen um dessen Ration, da er für zwei zu essen sich berechtigt glaubt. Bucco kämpft als Fechter in der Arena und spöttelt protzig über eine ihm gebotene „Sperlingsmahlzeit". Einen Einblick in sein Herz eröffnen die Worte: „Gleich wie mit einem Bruder teil' ich mit Dir den Schweinsbauch". Wie ein Ratsbeschluſs der Schildbürger klingt die Verordnung: „Es werde auf öffentliche Kosten dem Dossennus und dem Walker, also dem schlimmsten Gesindel, Lebensunterhalt verabreicht!" Der Verzicht auf alle Logik wird hier Grundsatz. Ein möglichst dummes Gesicht war wohl die Hauptsache, wenn Maccus, eben tüchtig abgeprügelt, sich umsieht, ob nicht einer käme, ihn zuzudecken, oder wenn er rührend Abschied nimmt von der Thür, an der er oft den Kopf sich eingerannt und alle Finger gebrochen hat.

Der Mimus.

Mit den geschilderten Formen des Lustspiels scheinen alle Möglichkeiten erschöpft zu sein. Und doch tritt in den Zeiten des Diktator Sulla eine weitere Spielart hervor, der Mimus. Was konnte er Neues bringen? Inhaltlich wenig. Der Stoff war in der That aufgebraucht, und in den erhaltenen Bruchstücken finden wir manche Anklänge an die atellanische Posse. Auch im Mimus scheint die Verhöhnung der Dummheit eine groſse Rolle gespielt zu haben. Nur die Unsauberkeit und Frechheit der Geschichten ließ sich noch überbieten. Aber es lag noch ein anderer Reiz in diesem Spiele: Der Mimus beruhte zum groſsen Teile auf Improvisation. Das war es, was die verwöhnten Epigonen entzückte, die Gabe, aus dem Stegreife den Faden lustiger Scherzrede zu spinnen. Wahrscheinlich war nur die Handlung des Hauptakteurs ausgearbeitet — von dem es heißt, daſs er den Mimus spielt — während die Gegenspieler die Aufgabe hatten, ihn in ein Gespräch zu verwickeln. Dabei wird es auch an stehenden Intermezzi nicht gefehlt haben. Die Wirkung dieser Wortfechterei ist vom

Gladiatorenspiel nicht eben verschieden. Und wie man bald mit den Leistungen der gewerbsmäfsigen Fechter sich nicht mehr begnügte, sondern angesehene Leute in der Arena auftreten zu sehen wünschte, so auch beim Mimus. Ergreifend ist die Geschichte des Ritters Laberius, der zu seinem Vergnügen Mimen — d. h. Scenarien zu solchen Possen — gedichtet hatte und nun von Caesar veranlafst ward, mit seinem Rivalen Publilius aus Syrien, der durch seine Improvisationen glänzte, auf offener Scene sich zu messen. Er unterlag natürlich dem berufsmäfsigen Worthelden, und wenn er auch von Caesar in die durch sein Auftreten verlorenen Würden wieder eingesetzt wurde, der Schmerz über die im Alter verlorene Ehre gab ihm ergreifende Worte ein, die uns noch erhalten sind. Auch Drohungen stiefs er aus, und es verdient Bewunderung, mit welcher Kühnheit die Mimendarsteller die Frevelthaten der Machthaber zu geifseln wagten. Dieses Volk tanzte auf einem Vulkan. Die Dichter nicht nur, sondern auch die Darsteller hatten das Leben genossen und nach allen Seiten hin kennen gelernt. Daher jene reiche Fülle von Sentenzen, die ihre Wirkung auch auf ernste Zuhörer nicht verfehlten. Selbige hat von den Stücken des Publilius Syrus das Altertum auch fast allein für würdig gehalten, kommenden Geschlechtern aufgespart zu werden. Die Handlung ging oft in die Brüche, ohne dafs die Zuschauer sich deshalb grämten, und wenn man schliefslich nicht recht mehr wufste, wie weiter, so tönten die scabella — die hohen Sohlen, mit denen der Flötenspieler den Takt trat und die zugleich zum Signalgeben verwendet wurden — darauf liefen die Darsteller auseinander, und der Vorhang ging auf — die Farce war gespielt!

Die römische Tragödie.

Hatten die Römer der griechischen Komödie ein verwandtes Gewächs italischen Ursprungs an die Seite zu stellen, mufste ihnen somit die Komödie ihrem Wesen nach immerhin vertraut sein, so trat ihnen die griechische Tragödie als etwas ganz Fremdes gegenüber. Die römische Götterverehrung hatte eine ähnliche Dichtung nicht erzeugt, auch hätte die nationale Göttersage (Heldensage fehlt überhaupt) nicht Stoff genug für eine entsprechende Entwickelung geboten. Die Bekanntschaft mit griechischer Sage wurde den Römern durch Unteritalien vermittelt. Von dort stammte auch der Mann, welcher zuerst eine Tragödie in Rom aufführte, Livius Andronicus. Wie er in der Odysia latina den Römern das erste Schulbuch gab, so knüpfte er auch in seinen nach griechischen Originalen gearbeiteten Tragödien meist an Troja an, welches die Römer als ihre Mutterstadt verehrten. Sein Name blieb immer geachtet, aber in Ciceros Zeit waren seine Stücke nicht mehr geniefsbar. Ihm folgte Naevius, ein thatkräftiger Mann, der aber seinem ganzen Wesen nach mehr für die Komödie geschaffen war. Besondere Anlage für die Tragödie zeigte erst Ennius, welcher seine philosophischen Gedanken in einer Reihe von Schriften niedergelegt hat. Diese Neigung zur Philosophie führte ihn besonders auf Euripides. Er besafs Pathos genug, um der Leidenschaft einer Medea, eines Thyestes gerecht zu werden. Nach diesen Vorgängern führten die Tragödie auf ihre Höhe Pacuvius und Accius. An beiden wird gerühmt die erhabene Würde der Gedanken, die Wucht der Worte, die Vornehmheit der Personen. Doch besafs Accius mehr Kraft, Pacuvius mehr Gelehrsamkeit, mit deren Hilfe er in den Geist der griechischen Kunst und besonders auch in die

philosophischen Gedanken des Euripides eindrang gleich
Ennius, dessen Schwestersohn er war. Liefs ihm sein
Hauptberuf als Maler nur nebenbei Zeit zum Dichten,
so kam er ihm doch auch wieder bei seinen Schilde-
rungen zu statten. Die Beschreibung des Seesturms,
welche Teucer vor Telamon entwirft, ist hinreifsend.
Desgleichen glänzte er durch seine Botenberichte. Auch
zu rühren verstand er. Ergreifend war z. B. im „Chryses"
die Scene dargestellt, in welcher Orestes und Pylades
in edlem Wetteifer für einander zu sterben sich be-
mühen.

 Als Pacuvius sich nach Tarent zurückgezogen hatte,
kehrte der beträchtlich jüngere Accius, auf einer Reise
nach Asien, bei ihm ein, ward freundlich mehrere Tage
aufgenommen und las dem Altmeister auf dessen Wunsch
seine Tragödie „Atreus" vor. Das Urteil des Pacuvius ging dahin: Das Stück erscheine ihm zwar voll-
tönend und grofsartig, aber noch etwas zu hart und herb.
Accius gab ihm darin Recht, meinte aber, es thue ihm
dies nicht leid, mit der Zeit hoffe er schon Reiferes zu
schreiben. Und in der That, er brachte es zu einer
erstaunlichen Kraft und Schlagfertigkeit des Dialogs, so
dafs seine Bekannten meinten, er müsse auch ein voll-
endeter Gerichtsredner sein. Doch scherzend erwiderte
der Dichter, im Drama lasse er seine Personen sprechen,
was er selbst wolle, auf dem Forum würden seine Gegner
sagen, was ihm keineswegs behage. In Ciceros Zeit standen
folgende Stücke des Pacuvius auf dem Repertoire: das
Waffengericht, Teucer, Iliona, Niptra, Medus, vor allen
Antiopa, und wechselten mit den nicht minder geschätzten
des Accius: Eurysaces, Tereus, Epigonen, Philocteta, Oeno-
maus, Medea. Ein Zugstück war vor allen der „Atreus".
Schon im Altertum, nicht erst in der Sturm- und Drang-
periode, war der Stoff der feindlichen Brüder gewisser-

maſsen der Prüfstein tragischen Könnens. Nach Accius behandelte ihn Varius in seinem „Thyestes." Auch er hat nur ein Stück zur Welt gebracht, wie Leisewitz, aber gleichfalls „einen Löwen". Denn nach dem Urteile berufener Kenner im Altertum hielt dieser „Thyestes" den Vergleich mit jeder griechischen Tragödie aus. Das Verdienst hat nicht der Dichter allein. Der Zeitgeist war ein anderer geworden, vor allem durch das Eindringen der Rhetorik. Er äuſsert sich in einem Hervorkehren des Rührenden, Leidenschaftlichen, Unerwarteten, Effektvollen und in Anwendung spitzfindiger Dialektik. In diesem Geiste dichtete Ovid seine „Medea". Wie er ihre Seelenkämpfe darzustellen verstand, zeigen schon die Metamorphosen. Leider ist das Stück verloren wie der „Thyestes" des Varius. Jetzt war es nicht mehr schwer, römische Tragödien zu schreiben, Hervorragendes ward aber nicht mehr geleistet. Dilettantisch beschäftigte sich mit tragischen Stoffen der Bruder Ciceros, auch Caesar und selbst Augustus. Alles dies hat die Zeit hinweggerafft, erhalten sind nur neun Stücke unter dem Namen des Philosophen Seneca.

Was muſs dieser reichbegabte, hochgebildete Mann geleistet haben? wird man denken. Aber man fühlt sich enttäuscht, wenn man sie liest: diesen „rasenden Herkules", „Thyestes", „Oedipus", diese „Phädra", „Troerinnen", „Medea". Und wie kann es anders sein? Wer kann in kranker Zeit Gesundes schaffen? Gleich Herkules! Der Herakles der altgriechischen Welt war ein Dulder, aber zugleich ein siegesfroher Held, der den Genuſs mitnimmt, wo er ihn findet. Bei Seneca ist er eine Art ewiger Jude. Der Makel der Geburt drückt ihn, und finster drohend schwebt die Rache der Juno über seinem Haupte. Nur der Gedanke, daſs er den Weg zum Olymp sich emporarbeiten werde, hält ihn aufrecht. Sein Stolz hat etwas Über-

reiztes, seine Sprache etwas Gespreiztes. Als er seine
Waffen vermifst, ruft er: „Welchen neuen Sohn hat vom
Himmel steigend Zeus erzeugt, bei dessen Zeugung die
Nacht länger war als bei der meinen?" Allüberall die
Sucht, einen Gedanken zu übertreiben, Behagen an herzloser Grausamkeit, an ungeheuerlichen Thaten, Ausmalung gräfslicher Situationen, wie wenn Eltern die
zerstückelten Körper ihrer Kinder zusammenzusetzen versuchen. Die Natur ist im Aufruhr und leidet unter dem
Frevel des Jahrhunderts. Wohl findet sich mancher
kräftige Zug, aber es ist die Kraft des Fieberkranken,
manch treffliches Wort geht in leeren Phantasien verloren.
In gewisser Beziehung gleichen diese Epigonenstücke
dem „Schicksalsdrama". Selbst das Schicksalsschwert
des Oedipus kommt vor. Waren aber diese Stücke
blofse Ausgeburten einer überreizten Phantasie? Nein,
die Herrscher auf dem Throne krankten an demselben
Übel, die Welt sah Thaten, welche der Nachwelt unglaublich erscheinen, die Bande der Familie waren gelöst. Darum zucken wie Blitze durch die Tragödien
Mahnworte an die Tyrannen. Seneca starb durch Tyrannenhand. Dasselbe Schicksal traf wohl auch den freimütigen
Curiatius Maternus, der um die Zeit des Domitian aufser
einem „Thyestes" und einer „Medea" Praetextae dichtete, die er rezitierte. Für die Aufführung waren auch
die Dramen des Seneca nicht bestimmt.

Über die Praetextae nur ein Wort. Sie gleichen
den „Historien" des Shakespeare, indem sie bedeutende
Ereignisse der römischen Geschichte darstellen. Uns
werden fast nur Namen genannt: „Romulus", „Clastidium"
(Sieg des Claudius Marcellus i. J. 222) von Naevius,
der „Raub der Sabinerinnen" und die Einnahme von
„Ambracia" von Ennius, „Paulus" (Sieg des Aemilius Paulus
über Perseus) von Pacuvius, „Brutus" (Sturz der Tar-

quinier) und „Decius" (Opfertod des Decius bei Sentinum) von Accius.

Von anderen dramatischen Gattungen, besonders dem Pantomimus, wird im zwölften Abschnitte die Rede sein, wie denn überhaupt die später folgenden scenischen Erläuterungen nebenbei zur Vervollständigung unserer litterarhistorischen Übersicht beitragen.

V.

Die Feste mit scenischen Aufführungen und der Geschäftsgang bei denselben.

In Athen.

Ihrem Ursprung getreu, beschränkte sich in Athen die Aufführung von Dramen auf die dem Dionysos geweihten Feste. Dafs schon in alter Zeit die Weinlese den Bauern Anlafs bot zu froher Feier, zeigen die Homerischen Verse:

> Jünglinge nun aufjauchzend vor Lust und rosige Jungfraun
> Trugen die süfse Frucht in schöngeflochtenen Körben.
> Mitten auch ging ein Knab' in der Schar; aus klingender Leier
> Lockt' er gefällige Tön' und sang den Reigen von Linos
> Mit hellgellender Stimm', und ringsum tanzten die andern,
> Froh mit Gesang und Jauchzen und hüpfendem Sprung ihn begleitend.

Die Weinlese fiel im Altertum um die Zeit der Herbst-Tagundnachtgleiche oder etwas später. In den zweiten Teil des November oder in den ersten des Dezember, nämlich in den Monat Posideon, fielen die sogenannten Ländlichen Dionysien (*Διονύσια τὰ κατ' ἀγροῖς*), die man wohl unseren Kirmessen vergleichen kann. Da ward auf den Dörfern Kuchen gebacken und wahrscheinlich schon der gegohrene Most angezapft. Ein reizendes Bild der Hauptzüge des Festes malt uns Aristophanes in seinen „Acharnern".

Der Bauer Dikaiopolis geniefst hier allein im Kriege den Frieden. Die Prozession eröffnet seine Tochter mit dem Körbchen auf dem Kopfe, ihr auf dem Fufse folgend, trägt der Sklave Xanthias das Sinnbild der Fruchtbarkeit auf einer Stange. Die Hauptperson ist der Bauer selbst; er gebietet der Menge Schweigen, nimmt die Weihe des Opfers vor und wendet sich an den Gott mit der Bitte, dafs er dem Feste einen günstigen Verlauf bescheren möge. Köstlich macht es sich, wenn er der frischen Dirne noch guten Rat mit auf den Weg giebt, der Würde des Festes entsprechend, ein „sauertöpfisches" Gesicht aufzustecken und nicht etwa im Gedränge sich etwas von ihren goldenen Sächelchen nehmen zu lassen. Vervielfältigen wir uns die Zahl der Kanephoren und der Bauern, so haben wir ein Bild des Hauptteils dieser ländlichen Feier, wie sie in klassischer Zeit sich gestaltet hatte. Der Chor sang dann ein Phalloslied, das sich in derb urwüchsiger Weise über die Freuden des Landlebens erging.

Wie aus solchen Gesängen dramatische Darstellungen sich entwickelten, haben wir oben dargethan. — Bald bekamen auch die Städter Lust, die Ankunft des neuen Mostes durch ein Fest zu feiern. Erweitert wurde dieses vielleicht noch durch den Gönner des Thespis, Peisistratos, der es so gut verstand, die Gunst des Volkes zu erringen, und selbst einmal einen Mummenschanz aufführte, als er, von Pseudo-Athene, der schönen Phya nämlich, geleitet, zu Wagen seinen Einzug hielt in Athen. Von den Städtern ward diese Feier begangen in dem auf den Poseideon folgenden Monate, dem Gamelion, der in den Anfang des neuen Jahres fällt. Diese Hinausschiebung des

Festes ist ganz natürlich insofern, als die Städter den neuen Most später bekamen als die Bauern. Ein tieferer Sinn lag diesem Feste nicht zu Grunde. Deshalb ist auch von charakteristischen Gebräuchen nicht viel bekannt. Die Stätte der Feier war der nahe bei der Stadt gelegene heilige Bezirk des Gottes, die Niederung Limnai, wo sich auch sein Heiligtum befand, das Lenaion. Dieser Ort war das Ziel des Festzuges, der Pompé, in welcher die Opfertiere einhergeführt wurden. Daselbst sang man Dithyramben, wobei ein Epheukranz den Siegespreis bildete. Wahrscheinlich fehlte es auch nicht an allerlei volkstümlichen Belustigungen, wie sie an den ländlichen Dionysien üblich waren.

Als im 5. Jahrhundert an diesem Feste Dramen aufgeführt wurden, mag auch in Limnai ein Theater aufgeschlagen worden sein. Die alte Stätte tragischer Aufführungen war aber nicht hier, sondern, wie wir noch sehen werden, in der Stadt selbst, am Südabhange der Akropolis, wo sich auch ein Tempel des Dionysos befand.

Bevor wir aber zu dem Feste übergehen, welches recht eigentlich als Theaterfest betrachtet werden kann, ist ein drittes zu erwähnen, welches, älter als die beiden anderen städtischen Feste, eine tiefe symbolische Bedeutung hatte, trotzdem aber ohne scenische Aufführung — in älterer Zeit wenigstens — gewesen ist, vielleicht gerade deshalb, weil in die Fülle der gottesdienstlichen Gebräuche nicht leicht eine weitere Kulthandlung sich einfügen liefs: es sind die Anthesterien in unserem Februar. Das ist die Zeit, in der es sich schon schöpferisch und geheimnisvoll zu regen pflegt im Schofse der Erde, in der sie von neuem wieder sich mit Blumenschmuck bekleidet. Das Fest begann am 11. Tage des Anthesterion, des Blumenmonds, mit der Pithoigia, d. i. der Fafsöffnung. Er war ein Rüsttag und ward nur im

V. Die Feste mit scenischen Aufführungen etc. 83

Kreise der Familie gefeiert. Die Sklaven und Lohnarbeiter waren von Arbeit befreit und durften sich auch am Wein einmal gütlich thun. Die Schüler gingen in die Ferien, der Staat verteilte Geld. Was Wunder, wenn da ein Jahrmarkt stattfand, auf dem sich jeder mit allem Bedarf versehen konnte? Mit Bezug auf diese Sitte hat Aristophanes zwei urkomische Marktscenen aus den Anthesterien in die „Acharner" eingelegt. Brach dann der Abend herein, so begann ein neuer Festtag, die Choen, das Kannenfest. Das altehrwürdige Bildnis des Gottes war vorher in einen Tempel des äufseren Kerameikos gebracht worden. Von da aus bewegte sich der Festzug nach der Stadt. Dem Bildnisse des Gottes folgte die Festgemeinde auf Wagen, von denen herab die übrigen verspottet wurden, welche den Zug als Nymphen, Bacchen u. s. w. verkleidet umschwärmten. An einem gewissen Punkte machten die Festgenossen Halt. Die Frau des Archon König ward hier dem Gotte als seine Gemahlin zugeführt und zu ihm auf den Wagen gesetzt. Und nun bewegte sich der Hochzeitszug weiter zum Lenaion, wo 14 Ehrendamen feierlich vereidigt wurden. Der Gott ging ein in seinen Tempel wie ein Bräutigam, draufsen aber überliefs sich das Volk noch weiter der Fröhlichkeit. Die Krone derselben war der Festschmaus, der am anderen Tage, wohl im Theater, stattfand und den Aristophanes verlockend genug schildert:

    Zum Festmahl komm geschwind
    Und bring Dir Deinen Speisekorb und die Kanne mit,
    Denn es ladet Dich zu heut Dionysos' Priester ein.
    Doch spute Dich, denn es wartet das Mahl schon lang auf Dich.
    Es ist ja alles andre fertig und bereit,
    Die Tische, Lager, Polsterkissen, Teppiche,
    Festkränze, Salben, Tänzerinnen, Näscherei'n,
    Mustorten, Brezel, Sesamstriezel, Honigbrod,
    Zum Schlufs der schönste Gedanke aus dem Harmodiuslied.

Doch nicht leicht konnte ohne Wettkampf ein Fest von den Griechen gefeiert werden. Die wackersten Zecher gruppierten sich auf den Sitzplätzen, wo sie der Richter auf einmal überschauen konnte, und wer zuerst seine Kanne geleert hatte, erhielt als Lohn einen gefüllten Weinschlauch und einen Blätterkranz.

Unterdessen war eine ernste Wandlung mit dem Gotte vorgegangen, er war in den Hades hinabgestiegen. Darum weihte der heimkehrende Zecher den Kranz und den letzten Rest seiner Kanne dem gestorbenen Gotte. Der nächste Tag, die Chytren (Töpfe), trug einen durchaus ernsten Charakter. In Töpfen ward ein aus verschiedenen Sämereien bestehendes Gericht gekocht und an 14 neuerrichteten Altären von den Ehrendamen dem unterirdischen Hermes dargebracht. — Wer denkt hierbei nicht an unseren Karneval mit seiner allgemeinen Festfreude, mit seinen Wagen und Neckereien, an den Karneval, dem ja auch unmittelbar folgt die düstere Fastenzeit? Die Sage aber vom Tode des Gottes führt uns in den Kreis der orphischen Mysterien und zurück auf das S. 9 Besprochene.

Man sollte meinen, in den bisher genannten Dionysischen Festen hätte sich das Bedürfnis des athenischen Publikums erschöpft. Dennoch führte wohl die Einrichtung der Tragödie durch Thespis zu einer Erweiterung. Als dann im ernsten Wettkampfe Griechenland, allen Staaten voran Athen, die fremden Eroberer verjagt hatte, trat Athen an die Spitze eines mächtigen Bundes, der die meisten Inseln umfaßte. Wenn nun im März die Schiffahrt wieder begann, strömten die Bundesgenossen in Masse nach der Bundeshauptstadt. Darf es uns wundern, wenn die Athener das Bestreben hatten, den Fremden in allem Glanze sich zu zeigen? Und was konnte größeres Staunen erregen als die Dionysische Kunst, die damals gerade auf ihren Gipfel gestiegen war und, wie wir sahen, oft genug Gelegenheit nahm, im Halbdunkel der Sage die Gröfse Athens vorahnend zu zeigen? So wurden denn damals wohl die Grofsen Dionysien — im Gegensatz zu den Ländlichen die Städtischen (*Διονύσια τὰ ἐν ἄστει*) genannt — zwar nicht gestiftet, aber doch zu der uns bekannten Gestalt erweitert, in der alles auf gröfste Pracht abgesehen war. Deshalb schon die längere Dauer von mindestens 5 Tagen und die Leitung durch den ersten Archon. Eine Vorfeier fand statt an den Asklepien am 8. Elaphebolion. Nach Einbruch der Nacht wurde der durch ein Wunder neu erschienene Dionysos feierlich eingeholt, nicht jenes ärmliche Kultbild der Bauern, sondern ein kostbares Standbild von Meisterhand, welches unter Fackelglanz von den Epheben in das Theater gebracht ward, um dort als Spender der Festfreude gewissermafsen die Ehren zu erweisen. Am nächsten Tage sah Athen einen glänzenden Festzug, in dem es an Kanephoren, Opfertieren u. s. w. nicht fehlte. Derselbe bewegte sich über den Markt, wo den Altar der 12 Götter ein kyklischer Chor umtanzte. Daran schlofs sich der Festschmaus.

Auf die 4 folgenden Tage waren die Wettkämpfe (Agone) angesetzt, und zwar auf den ersten der von lyrischen Chören, für welche die gröfsten Lyriker der Zeit, auch Pindar, dichteten. Die nächsten drei Tage waren dem Schauspiele gewidmet, dergestalt, dafs — in alter Zeit wenigstens — jeden Tag früh eine Trilogie mit dem Satyrdrama, nachmittags eine Komödie aufgeführt wurde. Dafs es bei dieser Verteilung nicht blieb, haben wir schon gesehen (S. 20). Dafs aber die Zeit der grofsen Tragiker hindurch lange nur dieses eine Fest neue Tragödien brachte, mufs man mit Sicherheit daraus schliefsen, dafs die aus dieser Zeit uns erhaltenen Urkunden von Tragödienaufführungen schlechthin, ohne Nennung eines Festes, zu berichten wissen. Die Lenaen waren nach Einführung der Tetralogie an den grofsen Dionysien zunächst nur mit Komödien und alten Tragödien bedacht. Doch wurden später auch neue Tragödien an diesem Feste aufgeführt. Die oben genannte Neuerung des Sophokles brachte eine grofse Umwälzung mit sich. Jetzt ward an jedem Tage von jedem der drei Tragödiendichter nur ein Stück aufgeführt. Der Trilogie, die sich ohnehin ausgelebt hatte, ward dadurch vollends der Boden entzogen. Aber das Interesse an den Aufführungen steigerte sich allerseits. Die Dichter waren einer drückenden Fessel ledig, das Publikum und die Richter waren dreimal in der Lage, die wetteifernden Rivalen zu vergleichen. Vor allem wurden die Schauspieler entlastet und fühlten sich durch die unmittelbare Folge der Wettkämpfe an demselben Tage gleichfalls zu Einsetzung aller Kraft angespornt. Natürlich konnte nun an jedem Tage nur ein Satyrdrama von einem der drei Dichter aufgeführt werden. Aber der Zweck dieser Gattung, gegen die Aufregung der Tragödie eine Gegenwirkung zu üben, ward auch so erreicht. Im übrigen ermangelten diese Stücke zu sehr des inneren Wertes, als dafs sie für die Schätzung der Gesamtleistung erheblich ins Gewicht hätten fallen können.

Auch bei dieser Verteilung der Stücke ist es nicht geblieben. Wir hören z. B. aus späterer Zeit, dafs drei Dichter je zwei Tragödien aufführten, zugleich aber je ein Satyrstück und eine alte Tragödie gegeben wurden.

In diesen späteren Zeiten, als die scenische Kunst sich verbreitete, bekamen auch die ländlichen Gemeinden an ihrem Feste Dramen, aber nur schon aufgeführte, zu sehen. Noch jetzt übten die ländlichen Dionysien einen grofsen Reiz auf die Städter aus und wurden von diesen viel besucht.

Wir wären mit den Agonen fertig, wenn nicht eine den Griechen eigentümliche Sitte noch zu erwähnen wäre, die Schauspieleragone. Um diese recht zum Verständnis zu bringen, müssen wir etwas weiter ausholen. In der ältesten Zeit, wo noch der Dichter zugleich die einzige Rolle, oder als es zwei Schauspieler gab, die erste, die des Protagonisten, spielte, in dieser ältesten Zeit also war die Frage des Sieges sehr einfach. Es siegte der Dichter nicht nur als solcher, sondern zugleich als Darsteller der Hauptrolle; der Deuteragonist, beziehentlich später der Tritagonist, kamen nicht in Betracht. Verzichtete ein Dichter einmal auf die durch den Brauch ihm zufallende Aufgabe, so war es ihm unbenommen, einen Ersatzmann seiner Wahl in der ersten Rolle auftreten zu lassen. So erklärt sich auch die Notiz, daſs Aischylos bestimmte Schauspieler zur Verfügung hatte und Sophokles sogar seine Stücke auf die Anlagen und Fähigkeiten seiner Schauspieler zuschnitt, was — nebenbei bemerkt — bei uns auch noch vorkommt.

Je mehr der Dichter sich von der Aufführung zurückzog, desto mehr wurde das Selbstbewuſstsein des Schauspielers, wohlgemerkt des Protagonisten, gesteigert. Die Neuerung des Sophokles hinsichtlich der Tetralogie spornte, wie gesagt, nur noch den Eifer. Jetzt, wo immer neue Dichter auf dem Plan erschienen, wäre es ungerecht gewesen, dem natürlichen Zuge, demzufolge die besten Schauspieler sich immer den erprobtesten Dichtern zuwenden muſsten, freien Lauf zu lassen. Es trat also eine Zulosung ein. Dadurch wurde den neuauftretenden Dichtern, aber auch aufstrebenden Schauspielern ihr Recht. Der Übergang der Protagonistenrolle vom Dichter auf eine besondere Person hatte aber noch eine Ungerechtigkeit gegen letztere zur Folge gehabt: ein Stück konnte durchfallen trotz ausgezeichneten Spieles des Protagonisten, und auf den

Didaskalien (Aufführungslisten) wurde zunächst nur der Protagonist der siegreichen Stücke genannt, auch wenn er vielleicht gerade weniger gut gespielt hatte. Von selbst ergab sich nun der weitere Schritt, dafs man auch den Protagonisten, der am besten gespielt hatte, auf den Didaskalien angab. Nur billig war es ferner, dafs man dem Sieger das Recht zugestand, das Jahr darauf ohne weiteres sich mit zur Verlosung an die Dichter stellen zu dürfen.

Der weitere Bedarf ward aus den durch eine „Krisis" Ausgesonderten gedeckt. Wir hören, dafs ein „Agon" komischer Schauspieler fiel auf die Chytren, den letzten Tag der Anthesterien, die, selbst ohne Aufführungen, den grofsen Dionysien um kurze Zeit vorausgingen. Der Gang der Prüfung war von unserem Spielen auf Engagement völlig verschieden. Wahrscheinlich hatten alle Bewerber dieselbe Partie nacheinander zu spielen. Auf diese Aussonderung bezieht sich auch folgende Anekdote: Hermon war ein Schauspieler der Komödie. Da er der Auslosung gemäfs erst nach vielen anderen zur Prüfung kam, entfernte er sich vom Theater, um seine Stimme noch einmal zu probieren. Nachdem nun alle seine Vorderleute in rascher Folge durchgefallen waren, rief der Herold den Hermon. Der aber hörte es nicht, ward deshalb bestraft und gab zugleich Veranlassung, dafs hinfort die Schauspieler mit der Trompete aufgerufen wurden. Dieser Agon hatte schon in älterer Zeit bestanden, war aber, wir wissen nicht wie, in Wegfall gekommen. Der Staatsmann Lykurg, der sich vielfach um das Theater verdient gemacht hat, führte ihn wieder ein und gab ihm die praktische Wirkung, dafs der Sieger ohne weiteres an den städtischen Dionysien verwendet werden sollte. Den andern für tüchtig Befundenen ward nur die Befähigung, an diesem Feste aufzutreten, zugesprochen; ob sie verwendet wurden, hing noch von der Auslosung ab. Von selbst drängt sich die Vermutung auf, daſs entweder an demselben Tage der Anthesterien oder am Tage vorher, den Kannen, ein ähnlicher Wettkampf der tragischen Schauspieler stattgefunden hat.

Ein Drama zur Aufführung zu bringen, war im alten Athen noch schwerer als bei uns. Denn wenig Gelegenheit war geboten; auch wurden wohl die erprobten Dichter immer in erster Linie berücksichtigt. Hatte einer sein Stück fertig, so „erbat er sich einen Chor" vom ersten Archon. Eine Prüfung der konkurrierenden Stücke fand sicher statt, vielleicht daſs die Dichter sie einem Ausschuſs von Sachverständigen vorlasen. Wann die Auswahl der Stücke erfolgte, ist nicht bekannt. Doch schlugen schon im Monate nach den groſsen Dionysien, im Munichion, die Vorsteher der Phylen aus der Mitte derselben die Choregen für lyrische Agone vor.

Bekanntlich wurden in Athen gewisse Bedürfnisse des Staates durch Leistungen einzelner aufgebracht. Zu den bedeutendsten dieser Liturgien gehörte die Choregie, d. i. die Chorführung, und zwar verursachte die tragische Chorführung noch mehr Kosten als die komische. Ein Zeitgenosse des Lysias (um 400) hatte für zwei Choregien in Tragödien für sich und seinen Vater binnen 4 bis 5 Jahren 5000 Drachmen (ca. 3750 M.) ausgegeben. Zunächst galt es, sich Sänger zu verschaffen. Diese wollten bezahlt sein. Auch erhielten sie freie Verpflegung und nicht die schlechteste. Lieſs es ein Choreg hierin fehlen, so schlug sich die Behörde ins Mittel. Ferner bedurfte es eines Raumes, in dem der Chorodidaskalos die Choreuten einüben konnte. Das erforderte wieder Dienstpersonal. Den Flötenbläser wie auch den Chorlehrer erhielt der Choreg übrigens erst einen Monat vor dem Feste zuerteilt, indem das Los entschied, in welcher Reihenfolge jeder von den Beteiligten zu wählen hatte. Zur Aufführung selbst erschien der Choreg in kostbarer, der gottesdienstlichen Feier entsprechender Kleidung. Auch die Ausstattung der Sänger war kostbar und gediegen. Als durch den Ausgang des peloponnesischen Krieges der Wohlstand Athens gebrochen war, fing es an, an Choregen und dementsprechend an Chören zu fehlen. Darunter hatte schon der „Reichtum" des Aristophanes zu leiden. An Stelle der zum Drama gehörigen Chorlieder traten beliebige Gesangseinlagen, deren Ausführung besonderen Aufwand nicht erforderte. Unter anderem Unglück nennt ein Komiker das Los, zum Choregen gewählt zu werden. Indem dieser den Chor in goldenen Gewändern paradieren läfst, ist er selbst in Lumpen gekleidet. Zunächst hatte man sich damit zu helfen gesucht, dafs zwei eine Choregie übernahmen. Der komische Chor fiel bald weg, der tragische bestand noch fort. Später war der Staat selbst Choreg, die Kosten aber trug ein jährlich gewählter Spielgeber, ein Agonothetes.

Wie die Honorierung der Dichter, so lag dem Staate, und zwar schon in älterer Zeit, auch die Besoldung und Ausstattung der Schauspieler ob. Die Ausgaben für Opferhandlungen auf der Bühne wie auch für Statisten hatte aber der Choreg zu bestreiten. Knauserte er, so drohte ihm Spott. So rät Trygaios im „Frieden": „Trag' ihn (den Schöps) hinein und schlacht' ihn da, lös' aus die Schenkel und bring' sie her, damit dem Choregen doch der Schöps erhalten wird."

Dafs als Abschlufs der vielen Übungen eine Generalprobe stattgefunden hat, ist selbstverständlich. Doch ging dieselbe unter Ausschluss der Öffentlichkeit vor sich. Das Wort Proagon d. i. Voragon bedeutet aber etwas ganz anderes. Am Asklepienfeste, dem Rüsttage auf die grofsen Dionysien, zogen die Dichter mit dem ganzen Gefolge der Schauspieler, Choreuten u. s. w. in das

Dionysostheater, um sich dem Publikum vorzustellen. Da pochte wohl dem jungen Dichter das Herz, wenn er sein Erstlingswerk den Vertretern von Hellas ankündigen liefs; wohl auch stieg ihm die Röte in die Wangen, dem Publikum sichtbar, denn er war ohne Maske, wie auch sein Gefolge. Später, als der Glanz der Aufführungen abgenommen hatte, schrumpfte dieser Proagon in eine einfache Ankündigung des Stückes und des Dichters durch einen Ausrufer zusammen, die der Aufführung unmittelbar voranging, aber nicht mit dem Prolog zu verwechseln ist. Doch kam es auch jetzt noch vor, dafs während dieser Ankündigung die Schauspieler mit ihrem Gefolge sich dem Publikum vorstellten.

Eigentümliche Fragen knüpfen sich an die Aufführung der Stücke des Aristophanes. Wir hören, dafs er nur einige von seinen Komödien unter eigenem Namen aufgeführt hat. Zuerst fühlte er sich noch zu jung und zu unerfahren, um selbst die mannigfaltigen Geschäfte des Regisseurs übernehmen zu können. Deshalb übertrug er die Aufführung der ersten Stücke einem gewissen Kallistratos, der wohl die nötige Routine besafs, von eigenen Leistungen aber sich vielleicht zu wenig Erfolg versprechen durfte. Wegen der Aufführung der „Babylonier" hatte Kleon einen Prozefs angestrengt, weil der Dichter in Anwesenheit der Bundesgenossen das Volk und die Behörden beleidigt hätte. Schon aus der Möglichkeit einer solchen Beschwerde erkennt man, dafs mit der Annahme eines Stückes der Archon die Verantwortlichkeit für den Inhalt nicht übernahm. In unserem Falle betrafen die Folgen der Anklage den verantwortlichen Regisseur, doch wird natürlich Aristophanes die vermutlich verhängte Geldstrafe aus seiner Tasche bezahlt haben. Erst die „Ritter" brachte er selbst auf die Bühne und bewies damit, dafs er nicht aus Furcht vor Kleon sich hinter Kallistratos gesteckt hatte. Weiterhin machte er es sich häufig wieder bequem; er befand sich in guten Verhältnissen und lebte nur seiner Dichtung. Die geschäftlichen Mühen überliefs er neben Kallistratos einem Dichter Philonides, dem namentlich die von Sokrates und Euripides handelnden Stücke zugefallen sein sollen. Übrigens ging bei diesem Verfahren Aristophanes des Dichterruhmes nicht verlustig, denn das wufste natürlich jeder, wer der wirkliche Vater der aufgeführten Stücke war.

Seine letzten beiden Stücke übergab er zur Aufführung seinem Sohne Araros, um diesen beim Publikum einzuführen. Denn eine gewisse Empfehlung war gut, wenn man Anerkennung finden wollte. Jedoch waren die staatlichen Einrichtungen mit Ernst darauf gerichtet, Beeinflussungen der Richter zu verhindern. Zunächst wurde, wenn das Fest herankam, in geheimer Sitzung des Rats der 500 von den Vertretern der einzelnen Phylen eine Anzahl Leute aus jeder Phyle vorgeschlagen, die Aufführungen von Amts wegen zu besuchen. Die Urnen, in welche deren Namen gelegt waren, wurden von den Vorstehern signiert, von den Choregen versiegelt und standen auf der Akropolis unter Aufsicht der Schatzmeister. Trotz der Strenge des Gesetzes wagte es doch in Isokrateischer Zeit (um 400) einmal jemand, diese Urnen zu öffnen. Kam nun der Tag der Aufführung heran, so wurden die Namen gezogen und die zur Prüfung Berufenen feierlich vom Archon vereidigt, dafs sie nach bestem Wissen und Gewissen ihre Stimme abgeben wollten. Hierauf nahmen sie in einem bestimmten Teile des Theaters Platz. Waren sie bisher unbehelligt geblieben, so baten die Komiker wenigstens von der Bühne herab in scherzenden Worten um Berücksichtigung. Von der anderen Seite suchte das Publikum durch laute Beifallsbezeugungen oder das Gegenteil die Entscheidung der Prüfenden zu bestimmen.

Geradezu Forderungen, dem und keinem andern die Stimme zu geben, wurden laut. „Demgegenüber," meint Platon, „muſs der Richter sich bewuſst bleiben, daſs er für die Menge Lehrer ist und nicht Schüler, und muſs ungeziemenden Äuſserungen des Beifalls entgegentreten."

Waren die einzelnen Aufführungen des Agons zu Ende, so zogen die Prüfenden jeder die vom Staate ihm übergebene Schreibtafel und zeichneten den Namen dessen ein, dem sie den Preis zuerkannten. Damit stand eines jeden Urteil unwiderruflich fest. Aber nicht alle kamen in die Lage, die entscheidende Stimme abzugeben. Denn der Archon loste jetzt aus der Gesamtzahl einen engeren Kreis von Richtern aus, wohl 5 auch für die Tragödie, wie es für die Komödie bezeugt ist. Die Kritik dieser Richter war nicht einseitig auf den poetischen Wert der Stücke gerichtet, sondern auf den Gesamteindruck. Besondere Sachverständige waren also nicht nötig, wohl aber Leute, die einen offenen Kopf und Herz im Leibe hatten. So wird ein eigenartiger Vorgang begreiflich, der sich abspielte, als im Jahre 468 neben dem Altmeister Aischylos zum ersten Male der junge, schöne, liebenswürdige Sophokles eine Trilogie aufführte. Stürmisch wandten sich die Herzen der Menge dem aufgehenden Sterne zu, und dem Archon Apsephion schien es zweifelhaft, ob auf dem gewöhnlichen Wege ein unparteiisches Urteil zustande kommen würde. Er übertrug daher die Entscheidung den aus den 10 Phylen gewählten 10 Feldherrn, Kimon an der Spitze, die eben aus der Fremde heimgekehrt waren und also für den Neuling noch nicht voreingenommen sein konnten. Sie gaben Sophokles den Preis, und so ward er mit dem Epheukranze gekrönt. Bekränzung ward auch dem Choregen zu teil. Dem siegreichen Dichter aber winkte auſser dem Kranze noch ein Ehrenhonorar. Der Dichter, welcher an zweiter Stelle genannt ward, galt schon für unterlegen, umsomehr natürlich der dritte. Die Phyle des Choregen hatte am dramatischen Siege keinen Anteil. Auch stiftete der Staat dem Sieger keinen Dreifuſs zur Aufstellung in der Straſse der Dreifüſse, wie es bei Siegen in lyrischen Agonen der Fall war.

Schon aufgeführte Stücke wurden, wie erwähnt, wieder aufgeführt, aber eben als alte. Etwas ganz anderes war es, wenn die „Frösche" des Aristophanes solchen Beifall erregten, daſs sie bald nach der ersten Aufführung wieder gegeben werden muſsten. Und für die Tragödien des Aischylos insgesamt wurde von staatswegen angeordnet, daſs jeder, der sie — wie neue — zur Aufführung bringen wollte, einen Chor erhalten solle.

Schon während des peloponnesischen Krieges hatte man zu sparen gesucht. So beschränkten die Vorstände der athenischen Finanzen, Archinos und Agyrrhios, den Ehrensold der komischen Dichter. Sie sollen es gethan haben, um für erlittenen Spott sich zu rächen; nun aber hatten sie erst recht Angriffe zu erleiden. Das führt uns auf die staatlichen Verbote des zu herben Spottes. Schon unter dem Archon Morychides (440) wurde ein solches erlassen, aber bald wieder aufgehoben. Ferner hören wir, daſs ein gewisser Antimachos ein Gesetz gegen namentliche Verspottung eingebracht hat. Auch scheint derselbe sich knickerig gegen die Choreuten benommen zu haben. Die von ihm durchgesetzte Verordnung hatte wohl wiederum keinen langen Bestand. Was Kleon schon für unstatthaft hielt, daſs die mit staatlicher Autorität ausgestatteten Männer angesichts der Bundesgenossen verspottet wurden, scheint später auf Anregung eines gewissen Syrakosios geradezu verboten gewesen zu sein.

In Rom.

Ganz andere war das Verhältnis des Bühnenstücks zum Feste bei den Römern. Wir sahen: abgesehen von dem urwüchsigen Volksspiele, war das Drama ein exotisches Gewächs. Fremde Künstler hatten es heimisch gemacht, Nichtrömer zumeist übertrugen die griechischen Stücke ins Latein. Dementsprechend hängt das Bühnenspiel mit den Festen nur lose zusammen; wir können uns also über diese kürzer fassen.

Tarquinius Priscus, der Etrusker, dessen Vaterlande die Römer, wie wir noch sehen werden, die ersten Schauspieler verdankten, richtete im September die Ludi Romani, auch Magni genannt, ein. Circensische Spiele herrschten allein, bis i. J. 364 scenische dazukamen, die nach dem Auftreten des Livius Andronicus in raschem Fluge den Beifall sich eroberten. Eine Erweiterung der letzteren trat i. J. 214 und vielleicht wieder 188 ein, so dafs also jedenfalls fast die ganze Plautinische Zeit hindurch die Bühnenspiele allein mindestens viertägig waren Immer aber blieben diese von den circensischen scharf gesondert. Nach Ausweis der erhaltenen Kalender dauerte später dieses Fest 15 und seit Cäsars Tode 16 Tage (4.—19. September).

Es folgten im November die Ludi Plebeii, wohl gestiftet 220, sicher auch scenisch und schliefslich von einer Dauer von 14 Tagen (4.—17. November).

Die Ludi Apollinares wurden i. J. 212 zuerst und zwar gleich mit scenischen Spielen gefeiert, dann an nicht feststehenden Tagen jährlich wiederholt, später aber regelmäfsig vom 6.—13. Juli abgehalten.

Im Jahre 204 ward der Kultus der grofsen Göttermutter, der Magna Mater (vgl. S. 2), aus Phrygien nach Rom verpflanzt. Der Grundstein zu einem prächtigen

Tempel wurde gelegt und ihr zu Ehren neue Spiele, die
Ludi Megalenses, eingesetzt. Zehn Jahre vergingen, ehe
Bühnenaufführungen bei dieser Gelegenheit stattfanden;
besonders glänzend aber gestaltete sich das Fest drei Jahre
später bei der Einweihung des Tempels. Am Ende der
Republik nahm es 7 Tage, vom 4.—10. April, in Anspruch.

Das waren denn die ältesten Feste, an denen die
römischen Dichter ihre Werke dem Publikum vorführen
konnten. Plautus wird mit seinen frühesten Stücken noch
auf die beiden ersten in der Hauptsache angewiesen gewesen sein. Es war eine kriegerische Zeit, und es soll
vorgekommen sein, daſs die Männer aus dem Theater fortstürmten, den Feind vor der Stadt schlugen und dann zum
Schauspiele zurückkehrten.

Unter den übrigen Festen der Republik verlangen die
Floralien noch eine kurze Betrachtung, weil hier doch ein
gewisser innerer Zusammenhang besteht zwischen dem
Charakter des Festes und den aufgeführten Stücken. Aus
den für unberechtigte Benutzung des Ager publicus eingezogenen Strafgeldern hatten die Aedilen des Jahres 240
oder 238 der Flora einen Tempel und ein Fest geweiht,
welches seit 173 jährlich begangen ward, schlieſslich vom
28. April bis zum 3. Mai. In dieser Zeit, wo Italiens Boden
im üppigsten Blumenflore prangt, wo auch in dem lebenden
Geschöpfe die junge Kraft sich mächtig wieder regt, ward
ein Fest voll tollsten Übermutes, von überschäumender
Ausgelassenheit gefeiert. Ziegen und Hasen, deren Üppigkeit sprichwörtlich ist, wurden im Circus ins Garn
gejagt, und die Aufführungen, mit denen das Fest begann, lieſsen an Zügellosigkeit und Natürlichkeit nichts
zu wünschen übrig. Ein ganz dem Feste angepaſstes
Bühnenspiel fand sich in dem Mimus, der besonders
durch den Diktator Sulla eine Förderung erfuhr.

V. Die Feste mit scenischen Aufführungen etc.

Für die bald nach den Plebejischen eingerichteten Spiele der Ceres (12.—19. April) sind erst aus der Kaiserzeit scenische Aufführungen ausdrücklich bezeugt. Man übertrage also ja nicht die griechischen Verhältnisse auf die römischen. Von 66 Spieltagen der römischen Republik waren im ganzen 48 den Bühnenspielen geweiht. Dabei sind die bei feierlichen Bestattungen üblichen und sonstigen aufserordentlichen Aufführungen noch nicht gerechnet. Die genannten Feste bestanden aber noch im 4. nachchristlichen Jahrhundert, und welche Fülle kam unter den Kaisern hinzu! So betrug unter Tiberius die Zahl der Spieltage schon 87, schwoll aber immer mehr an, so dafs Nerva sie zu beschränken für gut befand. Von 175 Spieltagen endlich im 4. Jahrhundert wurden 101 durch Aufführungen im Theater gefeiert. Und wie wurden diese an sich hohen Zahlen noch verstärkt zu allen Zeiten durch aufserordentliche Feste! Man höre und staune, dafs Titus ein Fest von 100, Trajan ein solches von 123 Tagen anstellte. Man kann danach getrost behaupten, dafs der römische Bürger der Kaiserzeit, auch der ärmere, viel mehr Theaterstücke gesehen hat, als ein gewöhnlicher Bürger unserer Tage.

Das Verhältnis des Staates zu den Aufführungen war in Rom ein ganz anderes als in Griechenland. Um seine Götter zu ehren und seine Bürger zu belustigen, gab der römische Fiskus gewissen Beamten ein Spielgeld (lucar), welches mit der Zeit immer bedeutender wurde. Es betrug z. B. für die Ludi Romani i. J. 51 n. Chr. 760 000 Sesterzen (der Sesterz zu 21 $^3/_4$ Pfennig). Die Beamten mufsten nun sehen, wie sie mit dem Gelde die Spiele möglichst reichhaltig und glänzend ausrichteten. Den curulischen Ädilen lag seit ihrer Einsetzung die Besorgung der anfangs von den Konsuln angestellten

Ludi Romani ob, ebenso auch die der Megalenses und der Florales. Die plebejischen Ädilen besorgten die Ludi Plebeii, der Stadtprätor die Ludi Apollinares. Mit dem Spielgelde kamen die Festgeber niemals aus; traten doch zu den Ausgaben für die Spiele selbst noch Spenden an das Volk und Aufwand aller Art. Mancher richtete sich dabei zu Grunde, wenn er nicht gute Freunde hatte oder wenn er zu ehrlich war, eine Provinz für seinen Schaden aufkommen zu lassen. Es geschah auch, dafs bedrängte Festgeber durch Sammlungen im Volke in die Lage gesetzt wurden, ihren Verpflichtungen anständig nachzukommen.

Da die Beamten sich öfter auf Rennpferde besser verstanden, als auf den dramatischen Teil des Festes, so bedienten sie sich fremder Hilfe, um eine gelungene Aufführung zu sichern. Als Terenz den Ädilen seine „Andria" anbot, wiesen sie ihn an Statius Caecilius. Dieser behandelte den jungen Kollegen wegen seiner dürftigen Tracht zuerst etwas von oben herab; nachdem er aber wenige Verse gehört hatte, lud er ihn freundlich ein, mit ihm zu speisen. In Ciceros Zeit war Spurius Maecius Tarpa, den auch Horaz erwähnt, der Sachverständige für alle Aufführungsangelegenheiten. Um sicher zu gehen, bedienten sich die Festgeber auch der Vermittelung der Theaterdirektoren, welche natürlich ihre Leute sich ansahen, da sie beim Mifslingen das verlegte Honorar nicht ersetzt bekamen. Für ihr Risiko dagegen hatten sie den Vorteil, schon aufgeführte Stücke an anderen Festen neu aufgeputzt nochmals verkaufen zu dürfen. Alte Stücke, namentlich die des Plautus, sah man sehr gern wieder, und die Provinzialstädte Italiens empfanden gewifs auch grofses Verlangen, das in der Hauptstadt Gebotene kennen zu lernen. Diese vom Staate konzessionierten Direktoren, welche ihre Truppe (grex, caterva) sich selbst zu bilden hatten, gewannen somit grofsen Einflufs, und es verdiente alle Anerkennung, dafs L. Ambivius Turpio den infolge einiger Mifserfolge verzagten Terenz nicht fallen liefs, sondern seiner Kunst erhielt. Mit Hinweis darauf, dafs er auch in den Stücken des Caecilius häufig genug nicht reüssiert habe, tritt er in dem einen Prolog der „Hecura" warm und nachdrücklich für seinen Schützling ein. Den „Eunuchus" brachte Terenz auf allgemeines Verlangen an demselben Feste zweimal zur Aufführung und bekam so den bis dahin unerhörten Preis von 8000 Sesterzen dafür. Auch in Rom scheint später eine Art Schauspielagon bestanden zu haben. Eine Preiserteilung an den besten Schauspieler fand sicher statt.

Schliefslich ging es in Rom wie in Griechenland: es fing an zu fehlen an solchen, welche die grofsen Leistungen für das Volk tragen konnten. Unter Augustus wurden die Spiele anderen Beamten überwiesen. Der Kaiser schofs oft aus seiner Tasche zu, wie er auch ganze Feste auf seine Kosten ausrichtete. Eine Eigentümlichkeit der Kaiserzeit sind ferner die Aufführungen vor einem gewählten Publikum, etwa den Senatoren. Die Massenhaftigkeit der Spiele verlangte in späterer Zeit die Einsetzung eines Generalintendanten. So wird denn noch in der Zeit des Theoderich ein tribunus voluptatum, ein Vergnügungsrat, genannt.

VI.

Der Theaterbau.

Wie das Wort der Mimen verklungen ist, welche einst zum griechischen Volke sprachen, so sind auch die Stätten ihres Auftretens zerfallen. Nicht blofs der Zahn der Zeit hat sein ruheloses Geschäft gethan, auch der Erderschütterer Poseidon stützte Säulen und Wände, von den Bergen ergossen sich Bäche, rissen die Sitzplätze mit fort und bedeckten die tiefer gelegenen Stellen mit Schutt. Und aus den Ruinen sprofsten Bäume und sprengten das noch zusammenhaltende Gebäu. Gelegentlich ward ein am Hügel sich hinziehendes Theater als Kastell hergerichtet. Meist aber verwendete man die Quader zu Neubauten, und hie und da ward ein christliches Kirchlein von den Steinen errichtet, welche reden konnten von den Mysterien des Heidentums. So ist denn unsere Kenntnis der alten Theater im allgemeinen eine spärliche. Emsig sucht man die vorhandenen Zeugnisse zu vermehren: der Bädeker des Altertums, Pausanias, macht gelegentlich eine hierher gehörige Bemerkung, da zeigt eine Münze den Aufrifs eines Theatergebäudes, dessen Vorbild sich noch erraten läfst, oder eine mittelalterliche Zeichnung wird ans Licht gezogen. Immer von neuem werden die Trümmerstätten selbst von Sachkundigen, Archäologen und Architekten, durchforscht, und so mancher schöne Wahn wird zerstört. Die Mauern, die man früher ausgab als in der Blütezeit des Dramas gegründet, sie stammen aus der Zeit des Niedergangs, wenn nicht gar aus römischer Kaiserzeit.

Gar mancher verdankt wohl seine erste Kenntnis des griechischen Theaters jenen Schillerschen Versen: „Denn Bank an Bank gedränget sitzen, es brechen fast der Bühne Stützen, herbeigeströmt von fern und nah, der Griechen Völker wartend da", und mancher Eingeweihte hat wohl schon über diese naive Darstellung gespöttelt. Und doch, es ist so: die Zeitgenossen des Aischylos und Sophokles in Athen saſsen auf schlichten Holzbänken, die zu der betreffenden Aufführung erst errichtet waren. Ja, welche Schaulust! Eine Schwarzpappel stand in der Nähe, von der aus solche, die einen besseren Platz nicht erlangen konnten, der Aufführung zusahen. Wuſste aber Schiller vielleicht, daſs einmal die Sitzplätze unter der Last der Zuschauer gebrochen waren, wie die Sage geht, damals, als Aischylos mit Choirilos und Pratinas in die Schranken trat (um 500 v. Chr.)? So wird in der That überliefert und sogar erzählt, daſs aus diesem Anlasse das steinerne Theater errichtet worden sei. Ja, den Vorsatz dazu faſste man wohl, aber es blieb nachweislich beim Alten bis weit in das 4. Jahrhundert hinein, bis zur Zeit des Staatsmannes Lykurg, unter dessen Verwaltung Athen eine zweite Blüte erlebte. Wir machen also hier schon die Erfahrung, daſs die Höhe der dramatischen Kunst im umgekehrten Verhältnis zum Glanz der Theatereinrichtung steht.

Schon die Athener des 6. Jahrhunderts hatten die geeignete Lage des südlichen Burgabhanges erkannt, und allemal, wenn die Festzeit nahte, bedeckte sich derselbe mit leichtgezimmerten Sitzplätzen. So auffällig scheint dies nicht. Pflegen doch auch die Circus bei uns oft nur für Zeit von Holz errichtet zu werden. Zu Füfsen des Abhanges lag die kreisrunde Orchestra d. i. Tanzplatz, von der sich noch heute Spuren, die auf die Zeit vor den Perserkriegen deuten, erkennen lassen. Kreisrund war sie deshalb, weil die ersten Chöre sog. kyklische d. h. runde waren. Ursprünglich umtanzten nämlich die Chöre den Altar, indem sie ihre Weisen sangen. Wahrscheinlich standen oder safsen auch die Festteilnehmer in ältester Zeit rund herum. Als aber jene Gesänge zu dramatischen Vorstellungen wurden, namentlich als ein Schauspieler eingeführt war, der auch während des Stückes abtreten und wieder auftreten mufste, da war unmittelbar hinter dem hölzernen Podium, dem Schauplatze seiner Thätigkeit, ein Zelt, eine Bude nötig, welche griechisch den Namen Skene führt. Auch diese war nur für Tage errichtet. Bot doch der damals schon südwestlich nicht weit von der Orchestra bestehende, wahrscheinlich aus vorpisistratischer Zeit stammende Tempel des Dionysos, dessen Fundamente sich noch erkennen lassen, einen zur Aufbewahrung der Gewänder und sonstigen Ausstattung der Schauspieler und Choreuten geeigneten Ort. Dadurch aber, dafs der Raum hinter dem Podium der Skene zufiel, wurde natürlich der Chor auf die entgegengesetzte Seite gedrängt, nach dem Burgabhange zu, der nun allein als Platz für die Zuschauer diente. So entwickelte sich aus der kreisrunden Orchestra, die, kurz gesagt, halbkreisförmige. In Wirklichkeit geht sie im griechischen Theater über den Halbkreis hinaus.

Wir haben von einem erhöhten Tritt (Bema), einem Sprechplatze (Logeion), auf dem der Schauspieler auftrat, gesprochen, nicht blofs, weil die Grammatiker und Scholiasten einen solchen bezeugen, sondern auch, weil uns zur Voraussetzung des Theaterspiels notwendigerweise das zu gehören scheint, daſs die Schauspieler herausgehoben und gleichsam auf eine Basis gestellt werden. Jener erste Schauspieler, der vom Chore sich absonderte, trat, wie wir sahen, auf einen Tisch. Wie aber, wenn jene Annahme Täuschung wäre, wenn bei den Griechen die Schauspieler sowohl wie der Chor in der obengenannten Orchestra erschienen wären? Dies behauptet der bedeutende Architekt Dörpfeld*) auf Grund seiner Untersuchung der alten Theater, namentlich der zu Athen und Epidauros. Sehen wir zu, wie es damit steht! Insofern sich alte Grundmauern für einen derartigen Bau auf der Orchestra des Dionysostheaters in Athen nicht gefunden haben, läſst sich eins allerdings annehmen: daſs diese Bühne nicht steinern gewesen sein kann. Weiter aber nichts! Es handelt sich ferner um die Bestimmung einer Mauer, die im Theater zu Epidauros das in Gestalt eines langgestreckten Rechtecks errichtete Scenengebäude nach der Orchestra zu abschlieſst (Fig. 17). Dieselbe, mit ionischen Halbsäulen geschmückt und von einer Thür unterbrochen, hat die Höhe von 3,55 m und steht von den eigentlichen Bühnenräumen 2,41 m ab. Der durch den Abstand beider Wände gegebene Raum kann, so behaupten neuere Forscher, nicht Bühne gewesen sein, er ist zu schmal und liegt zu hoch über der Orchestra. Was den ersten Punkt anlangt, so muſs man sich doch hüten, moderne Anschauungen auf das Altertum zu übertragen. Eine tiefe Bühne war schon durch die Rücksicht auf Sichtbarkeit des Dargestellten ausgeschlossen. Für gewöhnlich war die Zahl der zu gleicher Zeit auf dem Sprechplatz Befindlichen gering. Die groſse Länge der Bühne ermöglichte aber, bei der der griechischen Kunst eigenen

---

*) Mit Spannung erwarten wir die längst angekündigte Veröffentlichung seiner Untersuchungen.

Anordnung der Figuren, auch das gelegentlich nötige Auftreten von mehr Personen. Man liebte nämlich, auch auf der Bühne wie auf Friesen und Giebelfeldern die Körper reliefartig zu sehen und vermied das unruhige Gedränge des Gruppenbildes. An einer wechselseitigen Beeinflussung der bildenden Kunst und der Bühnendarstellung kann nicht gezweifelt werden. Den zweiten Einwand, die zu grofse Höhe der Bühne, suchte man bisher zu entkräften durch die Annahme, dafs auch der Chor nicht auf dem Sand- oder Steinboden der Orchestra, sondern gleichfalls auf einem gedielten Gerüste erschienen sei. Aber dafs man die Architektur der Stirnseite des Sprechplatzes durch eine Zwischenbühne horizontal durchschnitt, scheint vielleicht unannehmbar? Und doch, wenn man die oft sehr kunstvoll verzierte Bühnenhinterwand zum Zwecke der einzelnen Vorstellung mit einem Behang bekleidete, so liefse sich denken, dafs auch die oberen Säulenteile der Bühnenvorderwand nur während der Vorstellung verdeckt worden wären, um nach derselben wieder enthüllt zu werden. Das Theater ward ja auch in nicht dekoriertem Zustande oft benutzt. Also dieser Einwand ist nicht stichhaltig. Ebensowenig aber besagt ein zweites Bedenken: „Warum machte man eigentlich die Bühne so hoch, wenn man doch genötigt war, diese Höhe durch Erhebung der Orchestra wieder zu vermindern?" Denn durchaus nichts steht der Auffassung entgegen, dafs die Griechen das Bedürfnis gehabt hätten, auch die Choreuten, wie Statuen, auf einer Basis zu sehen, und dafs erst daraus die Höhe der Bühne sich ergeben habe. Übrigens besafs auch das alte deutsche Theater vor dem eigentlichen Spielplatze eine niedrigere Vorderbühne, auf welcher wahrscheinlich die sogenannten „Zwischengesänge" gesungen wurden.

Wenn wir trotz alledem nicht wagen, die hergebrachte Theorie von dem hölzernen Zwischendeck in der Orchestra beizubehalten, so liegt der Grund darin, dafs sie zu mangelhaft bezeugt ist. Indessen das eine nehmen wir als sicher an, dafs für die Schauspieler ein hölzernes Podium zu jeder Vorstellung aufgeschlagen worden ist. Entfernt mufste es werden können, um nicht bei anderen Gelegenheiten die Orchestra zu verengen. Wir geben also der neuesten Forschung zu, dafs die gedachte Wand, die übrigens nicht aus der Zeit des ältesten Baues stammt, vielmehr als Bühnenhinterwand gedient habe, und dafs auch der römische Architekt Vitruv, der von einer hohen griechischen Bühne redet, sich im Irrtum befindet.

Die Annahme einer Bühne überhaupt scheint uns nicht blofs vom künstlerischen Standpunkte aus geboten, sondern es sind aufser den schon genannten noch weitere Anhaltspunkte dafür vorhanden. Zunächst lassen gewisse Andeutungen in den Stücken selbst eine höhere Stellung der Schauspieler erkennen, ferner setzen noch zu erwähnende Maschinen ein solches Gerüst voraus, dann aber zeigen uns ein Podium in verschiedenen Graden der Vollkommenheit mitsamt einer Treppe, welche Orchestra und Bühne verbindet, schon die im elften Abschnitt näher zu erörternden unteritalischen Vasenbilder des 3. vorchristlichen Jahrhunderts. Erst in römischer Zeit, als das Schauspielwesen in höchster Blüte stand, ging man daran, eine Bühne von Stein für die Dauer zu errichten. Doch diese kleine Auseinandersetzung im voraus! Wir kehren zu Athen zurück.

Eine durchgreifende Veränderung erfuhr das Dionysostheater zu Athen, wie gesagt, unter der Verwaltung des Lykurg um 330. In jener Zeit der Ermattung dramatischer Dichtkunst, zur Zeit Alexanders, hatte die Schauspielkunst einen grofsen Aufschwung genommen. An anderen

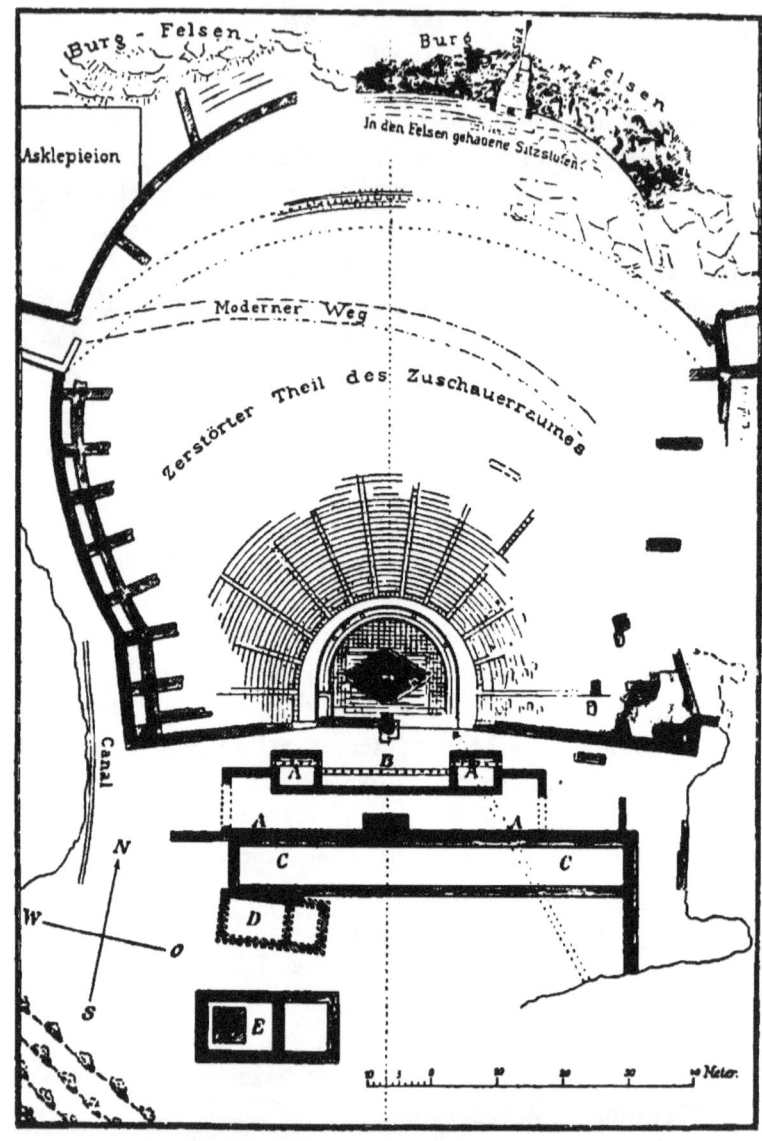

Fig. 14. Plan des Dionysostheaters zu Athen.
(Nach Baumeister, Denkmäler.)

*AA Bühnengebäude des Lykurg. B Späteres Proskenion. CC Späterer Anbau.
D Älterer, E Jüngerer Dionysostempel.*

Orten gab es schon steinerne Theater, auch Athen konnte sich der Notwendigkeit nicht länger entziehen. Und so entstand denn aus den schon vorhandenen Anfängen in den Hauptpunkten das Theater, wie es noch heute in seinen Ruinen uns vorliegt. Einen Plan enthält Fig. 14.

„Der Zuschauerraum bildet einen nach Süden geöffneten Kreisabschnitt von ca. 250 Graden, an dessen Enden sich schwach konvergierende gerade Mauern ansetzen." Starke Futtermauern aus Konglomeratstein begrenzen diesen Hohlraum. „Nur im Süden und Südwesten, wo die Grenzmauer zur äufseren Erscheinung kommt, ist sie mit schön bearbeiteten Porosquadern verkleidet." Die Abschlufsmauern dieses Schauraumes, d. i. Theatron, nach dem Bühnengebäude zu, die sog. Analemmata, gehen etwas einwärts, so dafs sie, geradlinig fortgesetzt, in der Orchestra unter stumpfem Winkel zusammenstofsen würden. Das so abgegrenzte Theatron wird strahlenförmig von Treppen durchzogen, deren Anlage nach Vitruvius mit dem Orchestrakreis zusammenhängen mufs. Wir wollen diese Konstruktion, die aber vielfach Theorie geblieben ist, nur kurz erwähnen. In einen Kreis, befiehlt der römische Architekt etwa, zeichne man 3 Quadrate so, dafs die 12 Eckpunkte derselben gleichweit von einander entfernt sind. Dann bildet eine Quadratseite die Bühnenvorderwand, die parallel dazu gelegte Tangente an dem kleineren Kreisabschnitt die Bühnenhinterwand. Die Verlängerungen der durch die Quadratecken des grofsen Kreisabschnittes gehenden Radien geben die Richtung der Treppen an, welche schnurgerade durch den Zuschauerraum hindurchgehen. Indessen finden sich im Dionysostheater statt der 8 Treppen 14, welche den ganzen Raum in 13 Kreisausschnitte oder Keile (Kerkides) zerlegen. Die Treppenstufen hatten für gewöhnlich die halbe Höhe der Sitzstufen, nur in Athen waren sie

mit diesen gleich hoch. Doch hatte man sie, um das
Ersteigen zu erleichtern, nach der Vorderkante zu um
0,10 m geneigt; vor Ausgleiten schützte ein Quergerille.
Die an den Umfassungsmauern aufwärts führenden Treppen
waren mit besonderen Schutzvorrichtungen versehen.
Diese Treppen, welche aus gutem Bedacht nur für eine
Person Raum boten (0,70 m), konnten gröfserem An-
drange nicht genügen. Darum hatte jedes Theater ein
bis zwei breitere Umgänge, welche parallel zum Um-
fassungskreis liefen. Die Spuren von einem solchen
Diazoma sind im oberen Teile des Dionysostheaters erhalten, da, wo jetzt ein Weg sich hindurchzieht. Da
aufser der oberen auch die mittlere Partie heutzutage
verfallen ist, so läfst sich nicht bestimmen, ob weiter
unten sich noch eins befunden hat. Die durch die
Treppen gebildeten Kerkides hatten nun öfters Namen
von berühmten Leuten oder mythischen Personen, deren
Statuen weithin sichtbar prangten und die Plätzesuchen-
den nach der Abteilung wiesen, zu deren Besuch sie die
mit entsprechendem Bildnis und Vermerk versehene Theatermarke berechtigte. Solche Inschriften befinden sich
z. B. im Theater von Syrakus, nämlich Königin Philistis,
Zeus Olympios u. a. Besonders ins Auge fällt im Dionysostheater noch heute dem Beschauer die Einrichtung
der untersten Sitzreihe. Hier stehen nämlich auf Platten,
welche im ganzen dem Rund der Orchestra folgen, in
jeder Kerkis 5 Thronsessel aus pentelischem Marmor,
„meist zu 2 oder 3 aus einem Stücke gearbeitet", nur
in den beiden äufsersten Kerkides stehen 6. (Vergl.
Fig. 15.)

Doch welches Prachtstück ragt dort in der Mitte des
Mittelkeils aus diesen gleichförmigen Sesseln hervor?
Geräumiger als die übrigen, so dafs man die angrenzenden
entsprechend verengert hat, für eine wohlbeleibte Person

also berechnet, dazu mit den Attributen des Weingottes geschmückt: es war der Sitz des Dionysospriesters. (Vgl. Fig. 16.)

Fig. 15. Die untersten Sitzplätze des Dionysos-Theaters zu Athen.

Wohl damit niemand vor dem Angesicht der bevorzugten Besucher vorbeizulaufen brauchte, folgt auf

VI. Der Theaterbau.

diese Sesselreihe ein Umgang in der Breite von 0,81 m. Die folgende Reihe bestand aus gewöhnlichen Sitzplätzen

Fig. 16. Sitz des Dionysospriesters im Dionysos-Theater zu Athen.

mit besonderem Absatz zum Aufstemmen der Füfse. Weiterhin war dieser Raum mit dem unteren Sitzplatz verbunden. Auf diesen kam 0,33 m Raum; ein vertieftes Stück von 0,42 m diente als Umgang; dabei blieb auch noch ein Raum von 0,10 m unmittelbar an dem nächsthöheren Sitze zum Aufstemmen der Füfse übrig. Die allerobersten Sitzplätze, östlich von der Längenaxe, sind aus dem Felsen selbst herausgehauen. Die Plätze pflegten keineswegs numeriert zu sein, wohl aber finden wir im Dionysostheater Breiten von je ein drittel Meter durch Striche an der Stirnseite der Stufen abgeteilt.

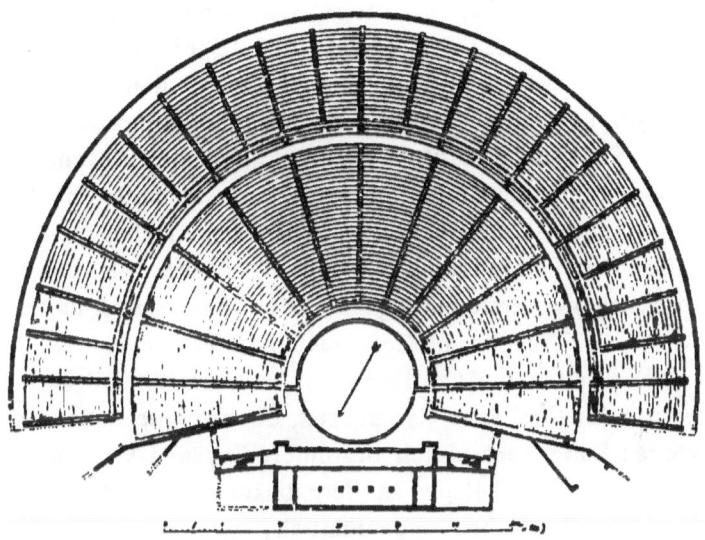

Fig. 17. Grundrifs des Theaters in Epidauros.

Besser noch läfst sich die Einrichtung des Zuschauerraums im Theater zu Epidauros erkennen. Pausanias nennt als Baumeister Polykleitos und bezeichnet es als ein Muster an Pracht und Gröfse. Es ist kein Grund, an der Erbauung durch den älteren Polykleitos zu zweifeln, am wenigsten deshalb, weil Athen zu dessen Zeit noch kein steinernes Theater hatte. Die Athener waren eben konservativ in Theatersachen und zugleich stolz auf ihre alte Einfachheit. Epidauros aber war ein berühmter Kurort und mufste sein Theater mit allem Komfort der Neuzeit ausstatten. Hier bildet das Theatron eine Ellipse.

Während das untere Stockwerk 12 Keile enthält, weist das obere 22 auf, indem hier zu beiden Seiten den unteren Eckkeilen nicht je 2, wie bei den übrigen Keilen, sondern nur je einer von etwa der halben Breite des unteren entspricht. Demnach hat der obere Teil seine besondere Abschlufsmauer, die mit der des unteren nicht parallel geht. Der die beiden Ränge scheidende Umgang ist 1,90 m breit. Die Sitze sind hier leicht nach hinten geneigt, doch ist nur im ersten Range der Raum für die Füfse in vertieften Umgang und erhöhte Hinterkante geteilt. Für hochgestellte Patienten hatte man besondere Vorkehrungen getroffen, indem die untersten Stufen beider Ränge mit geschmackvollen Lehnsitzen versehen waren. Aufserdem finden sich einfachere Lehnsitze als oberer Abschlufs des ersten Ranges. Alle diese Sessel hatten, wo sie an Treppen stiefsen, auch Armlehnen.

Die Seiteneingänge längs der Analemmata sind in der kreisrunden Orchestra 5,30 m breit, doch könnte man in den zweiten Rang auch durch besondere Zugänge von aufsen gelangen. Die Anlage an Bergabhängen ist dem griechischen Theaterbau eigentümlich, wie denn für das epidaurische Theater der Abhang des Kynortion benutzt ist. Der zwischen Theatron und Bühnengebäude auf beiden Seiten freibleibende Raum, die sogen. Parodoi, konnten verschlossen oder wenigstens verhängt werden. In Epidauros und in Pergamon ist eine solche Verbindungsthür erhalten. Parallel mit den Parodoi laufen in Epidauros Rampen nach der Höhe der oben besprochenen Säulenwand, welche an den Ecken um ein und dreiviertel Meter rechtwinklig vorspringt. In der Nähe dieser Vorsprünge führen unter den Rampen nach den Parodoi

Thüren, aus denen jedenfalls der Chor erschien, wenn er in die Orchestra einzog.

Was nun das eigentliche Bühnengebäude anlangt, das sich im Laufe der Zeit aus der Skene, dem Zelt, entwickelt hatte, so waren natürlich besondere Vorschriften darüber nicht zu beobachten. Es mußten aber Räume für Aufbewahrung der Requisiten vorhanden sein und zugleich ein Ankleidezimmer für Schauspieler und Chor. In Epidauros bildete den Mittelpunkt ein Saal, dessen Decke auf fünf parallel der Bühne stehenden Säulen ruhte. Symmetrische Räume lagen zur Seite. In Athen sind auch seitlich an die Bühne grenzende Gemächer, die sog. Paraskenia, zu erkennen. Im Gegensatz dazu hießen die Räume hinter der Bühne Hyposkenia, welche Bezeichnung häufiger allerdings für die Räume unter der Bühne, den Sitz der noch zu erörternden scenischen Apparate, diente. Hyposkenion nannte man endlich aber auch die Vorderwand dieser unteren Räume nach der Orchestra zu. Was ist nun aber Proskenion? Das Wort bezeichnet die Skenenfront und den Raum vor der Skene, deckt sich also auch mit Logeion.

Um ein Bild von dem Aussehen der Skenenfront in undekoriertem Zustande zu bekommen, betrachten wir zunächst das aus der ersten römischen Kaiserzeit stammende Theater zu Aspendos in Kleinasien (Fig. 18). Den Abschluß nach oben, doch überragt von Pfeilern, bildete hier ein Pultdach, dessen Spuren an der Seitenwand noch sichtbar sind. Die darunter hervorstehenden Giebel entsprachen den im zweiten und im ersten Stockwerke aufgestellten Säulen, von denen aber nur noch die Basen sich vorfinden. Die Fenster sind bloße Nischen; den fünf von der Mitte aus an Größe abnehmenden Thüren des unteren Stockwerks stehen im zweiten Stockwerke drei entgegen. Eine Thür und zwei

Fenster darüber führen in die Seitengebäude, in denen sich vier Räume übereinander befanden.

Einen Einblick in die innere Einrichtung gewährt das Theater der Velia im lykischen Patara, dessen Bühne im 2. Jahrhundert n. Chr. von Velia Procula und ihrem Vater umgebaut worden ist (Fig. 19). Die Sehweiten in diesem Theater veranschaulicht Fig. 20.

Um endlich den Gesamteindruck zu vergegenwärtigen, geben wir die Rekonstruktion des Theaters zu Segesta in Sicilien (Fig. 21).

Ein Fortschritt in der Ausstattung gegenüber der alten Bauweise läfst sich im Theater zu Aspendos erkennen in der Anlage von Säulengängen auf der Höhe des Theatron. Damit sorgte man für das Wohlbefinden der Theaterbesucher, wie auch durch die Errichtung von Arkaden hinter dem Bühnengebäude (vgl. Fig. 19). Auch der Akustik widmete man grofse Sorgfalt. Doch wissen wir darüber und namentlich über die in Nischen angebrachten Schallgefäfse (Echeia) nichts Genaues. Das Theater in Aspendos ist aber aus noch einem Grunde bemerkenswert. Es zeigt uns nämlich den Einflufs des römischen Theaterbaues darin, dafs der Zuschauerraum mit dem Bühnengebäude unmittelbar zusammenstöfst. Damit fielen die den griechischen Parodoi entsprechenden Eingänge in die Orchestra nicht weg, sondern man stellte einen tunnelartigen Eingang her, über dem bis unmittelbar an das Bühnengebäude heran sich Sitzplätze befanden.

Zu den besser erhaltenen Theatern gehören auch die beiden Theater in dem aus der Lava erstandenen Pompeji, das gröfsere und das bedeckte kleinere. Das gröfsere lehnt sich nach griechischer Sitte an den Stadthügel an. Beschaffenheit der Orchestra und Höhe der Bühne stimmen zum römischen Gebrauche, wie denn eine griechisch-römische Mischung in den unteritalischen

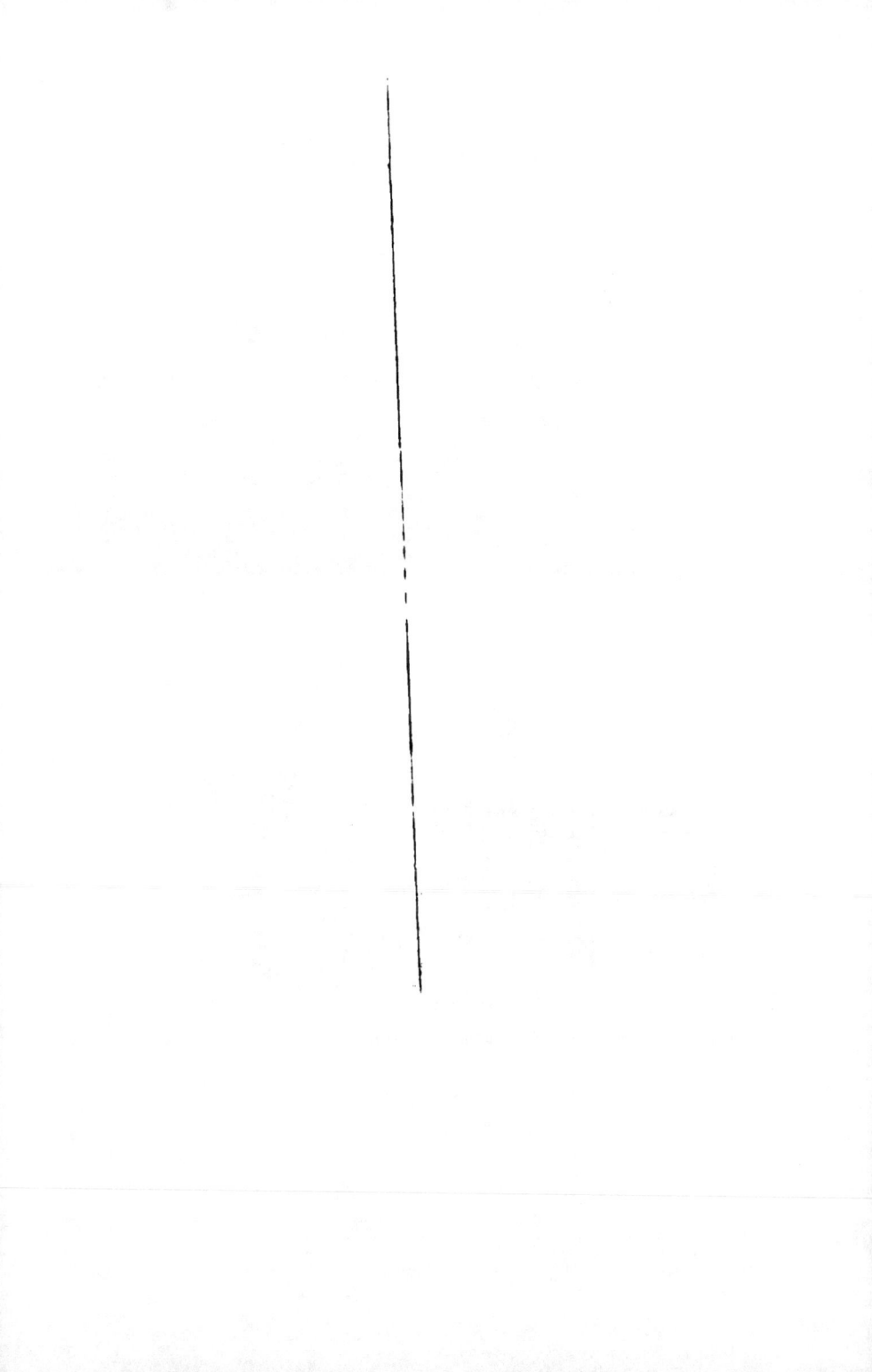

Fig. 18. Theater in Aspendo

Theater der Velia (Paestum)

Fig. 19. Durchschnitt der Bühne des Theaters der Velia. (Rekonstruktion.)

Kleinasien (Durm). Zu S. 113.

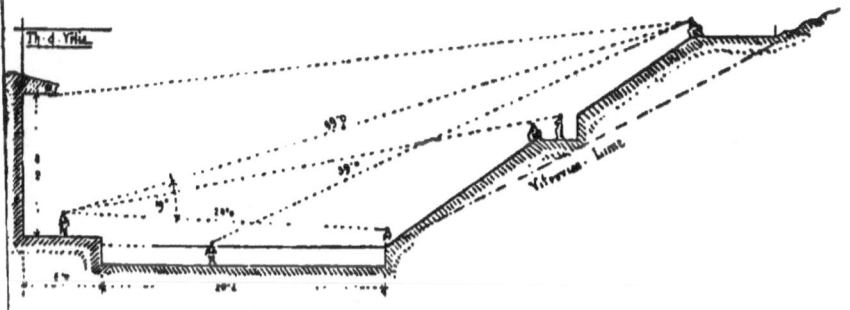

Fig. 20. Sehweiten des Theaters der Velia. Zu S. 114.

Fig. 21. Theater von Segesta. Restaurierte Ansicht, nach Strack.

Städten auch sonst häufig genug ist. Der Abstand zwischen Orchestra und Bühne (pulpitum) soll nach Vitruv nicht mehr als 5 Fufs betragen. Die theoretische Vorschrift des Architekten über eine geringere Höhe und eine gröfsere Tiefe der römischen Bühne gegenüber der griechischen findet im allgemeinen an den erhaltenen Theaterresten ihre Bestätigung. Die gröfsere Tiefe war wegen der gröfseren Zahl der Auftretenden und wegen des in späterer Zeit namentlich beliebten Prunkes geboten, die

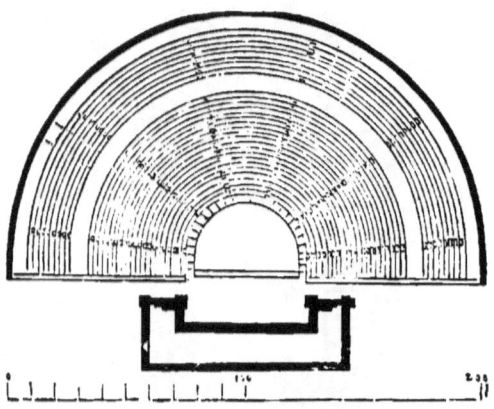

Fig. 22. Grundrifs des Theaters zu Segesta.

geringe Höhe aber deshalb erforderlich, weil auch die Orchestra mit Zuschauern besetzt wurde.

Drei Ränge lassen sich im Zuschauerraum (cavea) des grofsen Theaters zu Pompeji unterscheiden: der erste (infima cavea), nicht durch Sitzstufen gebildet, sondern durch niedrigere, aber breitere Platten, auf denen Ehrensessel stehen konnten. Eine niedrige Marmorbrüstung bildete den Abschlufs gegen den ersten Umgang (praecinctio), hinter welchem die media cavea mit ihren 20 Sitzreihen begann. Wie im Dionysostheater waren hier z. T. die einzelnen Plätze durch Linien von einander getrennt. Auf einen zweiten, schmalen Umgang folgten als summa

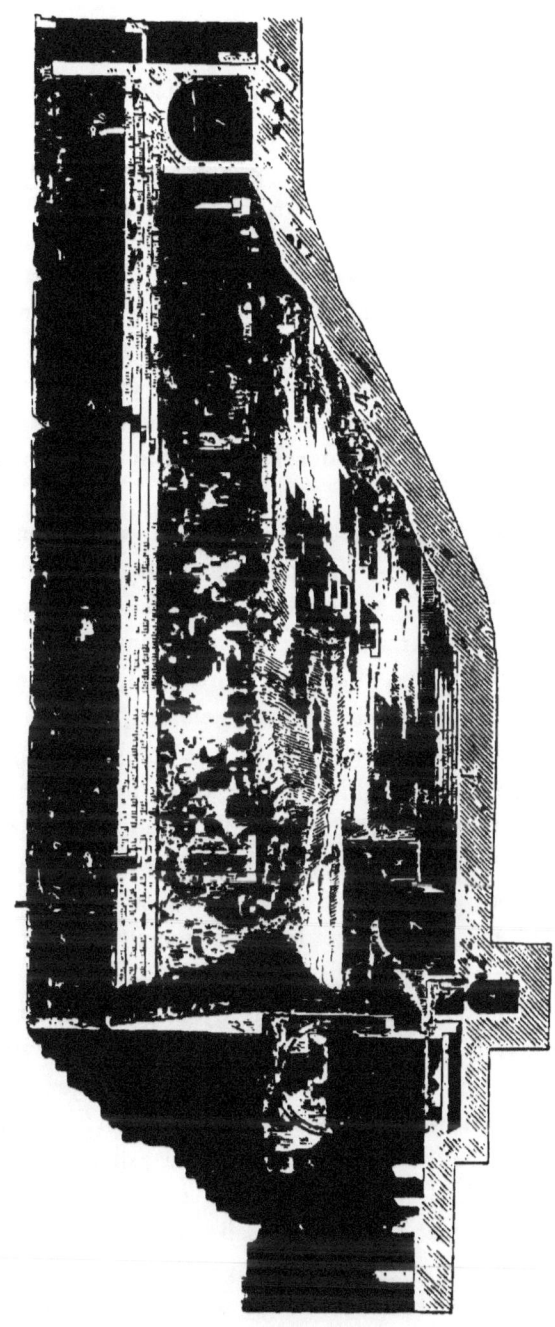

Fig. 23. Durchschnitt des grofsen Theaters zu Pompeji. (Nach Overbeck, Pompeji.)

cavea 4 Sitzreihen. Diese befanden sich auf einem gewölbten Gange, dessen 6 Ausgangsthüren nach der zweiten praecinctio mit 6 Treppen (scalae) korrespondierten. Solche Thüren — weil sie das Publikum gleichsam ausspien, vomitoria genannt — mündeten auch auf die summa cavea. Hinter dieser und dem Gange darunter liefen aufsen um die Umfassungsmauer zwei übereinander stehende Arkadenreihen. Von der ersten Praecinctio führte je eine gewölbte Thür auf beiden Seiten durch einen gewölbten Gang nach dem Orchestraausgange. Diese Einrichtung veranschaulicht der Durchschnitt des Theaters auf Fig. 23.

Stimmten die bisherigen Angaben wenigstens im allgemeinen mit den Einrichtungen des griechischen Theaters zusammen, so sind nun noch einige speziell römische Dinge zu verzeichnen. Das römische Theater hatte seit 133 v. Chr. den Vorhang (aulaeum), welcher am Schlusse des Stückes nicht heruntergelassen, sondern hinaufgezogen wurde. Derselbe ruhte in einer Vertiefung vor der Bühnenvorderwand (Fig. 23 p). Von dem zum Aufziehen nötigen Apparate hat man sich noch keine klare Vorstellung machen können. Diese Vorhänge waren auch, wie die modernen, kunstvoll verziert. Daher benutzt Ovid das allmähliche Sichtbarwerden der gemalten Figuren in einem Vergleiche.

Die Geduld der alten Griechen im Ertragen der Unbequemlichkeiten beim Theaterbesuche war grofs gewesen. Die Italiker, an sich für das Theater weniger eingenommen als für die Spiele der Arena, bedurften besonderer Erleichterungen. Über die Bühne sahen wir schon in Aspendos ein Dach gelegt. Die restaurierte Ansicht des kleineren Theaters von Pompeji zeigt uns diese Überdachung noch in weiterem Umfange (Fig. 24). Hier sei auch auf die nur von der Bühne aus zugänglichen Sitze über dem Orchestraeingange hingewiesen, welche den Namen tribunal führten.

Fig. 24. Kleines Theater zu Pompeji. (Rekonstruktion nach Strack.)

Bei gröfseren, nicht überdeckten Theatern bestanden die Erleichterungen für die Zuschauer darin, dafs mächtige

Zelttücher zur Abhaltung der Sonne über den ganzen
Raum ausgespannt werden konnten. Diese Sitte hatte in
Kampanien ihren Ursprung, und im grofsen Theater zu
Pompeji sind an der Hinterwand der cavea viereckig durch-
bohrte Steine noch zu sehen, in welche Balken gesteckt
wurden (Fig. 23 d). An diese Masten die mächtigen Tücher
zu befestigen, mochte keine kleine Aufgabe sein, weshalb man Schiffsleute damit beauftragte. Das Purpurvelum
findet sich als Zeichen des Feldherrnschiffes. Q. Catulus
führte es im J. 78 zu Rom im Theater ein. Vela aus
feiner Leinwand soll zuerst Lentulus Spinther an den
apollinarischen Spielen (60) aufgebracht haben. Wer kann
den unsinnigen Luxus beschreiben, der damit getrieben
wurde in Stickereien, Nachahmung des gestirnten Him-
mels u. dergl.? — Pompejus war der erste, der die Sonnenglut dadurch verminderte, dafs er Wasser über die Gänge
herabrieseln liefs. Dabei blieb man aber nicht stehen. Ein
Gemisch von Wein und Wasser, in dem Krokus aufgelöst
war, wurde durch Druckwerk auf die Höhe des Theaters
geleitet und sprühte da gleich einem Regen erfrischend
hernieder. Auch Blumen durften später nicht fehlen,
welche mit würzigem Hauch die erschlafften Nerven
wieder reizten.

Besonders gut erhalten ist von aufseritalischen Theatern das römische Theater zu Orange in Südfrankreich
(Fig. 25), so dafs es in der Hauptsache sich rekonstruieren
läfst. Auf unserem Bilde (Fig. 26) sehen wir das hoch-
ragende, prächtig verzierte und mit reichgetäfeltem Dach
bedeckte Bühnengebäude, dicht an die Seitenflügel stofsen
die Sitzreihen an, von einem Säulengang gekrönt. Nach
der Praecinctio führt auf beiden Seiten je eine Thür aus
dem Bühnengebäude.

Die Entwickelung des Theatergebäudes in Rom
selbst gleicht der in Athen, insofern ein steinerner, auf

Fig. 25. Theater zu Orange. (Zu S. 120.)

Fig. 26. Theater zu Orange. (R

Fig. 28. Scaena des Theaters zu Here

nstruktion nach Caristie.) Zu S. 120.

ieum. (Restaurierte Ansicht.) Zu S. 121.

Dauer berechneter Bau erst sehr spät geschaffen ward. Zwei Strömungen stiefsen hier immer auf einander, das Streben der spielgebenden Beamten, dem Publikum Annehmlichkeiten zu verschaffen und vor ihm zu prunken, und die Furcht altväterischer Leute, die Einführung griechischer Einrichtungen möchte einen Abfall von der alten Männlichkeit herbeiführen. Diese Gegensätze gerieten mehrfach aufeinander. Im Jahre 174 hatten die Censoren gewagt, wenigstens die Bühne (scaena) in Stein zu errichten. Indes

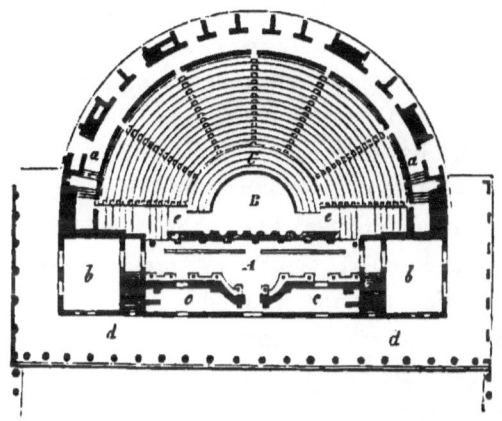

Fig. 27. Theater zu Herculaneum.
A Scaena. B Orchestra. C Sitzplätze. aa Eingang. bb Ankleidezimmer. cc Raum hinter der Scene. dd Arkaden. ee Treppen.

ist von deren Vorhandensein später nicht mehr die Rede. 154 nahmen die Censoren einen umfassenden Theaterbau in Angriff, aber auf Betrieb des vorjährigen Konsuls Scipio Nasica wurde das schon Errichtete wieder abgebrochen. Zugleich ward durch Senatsbeschlufs der Besuch des Theaters erschwert. In alter Zeit hatten nämlich alle Besucher stehend oder auch sitzend auf blofsem Rasen den Spielen zugeschaut, dann war es Sitte geworden, dafs die Vornehmeren einen Stuhl sich mitbrachten oder am Orte der Vorstellung mieteten. Diese Sitze zogen sich naturgemäſs einen leichtansteigenden Hügel hinan und waren mit einer Planke umzäunt. Jetzt, also im Jahre 154, ward untersagt, weiterhin einen Sessel zu stellen. 99 Jahre hat es noch gedauert, ehe ein steinernes Theater gebaut wurde. Inzwischen war die Neuerung durchgedrungen, hölzerne Sitzstufen für das Publikum herzurichten nach griechischem Muster, wahrscheinlich an den Spielen, die Mummius mit aller Pracht im Jahre 145 veranstaltete.

Erst 55 erbaute Pompejus in seinem zweiten Konsulate auf dem Marsfelde das erste steinerne Theater, ohne die Bedenken altfränkischer Kreise zu überwinden. Stolz schaute von dessen Höhe ein Tempel der Siegerin Venus herab. Es faſste nach Plinius 40000 Zuschauer und behielt den Namen „steinernes" oder „Marmortheater". auch nachdem andere gleicher Art hinzugekommen waren. Mehrfach eingeäschert, wurde es immer wieder erneuert und erhielt sich bis ans Ende der römischen Kaiserzeit. Schon drei Jahre vor diesem Bau erregte ein hölzernes Theater allgemeine Bewunderung. Darüber mag der ältere Plinius uns belehren: M. Scaurus errichtete im Jahre seiner Ädilität (58 v. Chr.) das gröſste Werk von allen, die jemals von menschlicher Hand und nicht für zeitweiligen Gebrauch, sondern mit der Bestimmung für die Ewigkeit geschaffen worden sind. Die Scene, dreiteilig von unten nach oben, wies 360 Säulen auf. Der unterste Teil war aus Marmor, der mittelste — eine auch später unerhörte Art der Verschwendung — aus Glas, der oberste aus vergoldeten Platten. Die untersten Säulen waren 38 Fuſs hoch, die Zahl der ehernen Figuren zwischen den Säulen betrug 3000. Der Hohlraum allein faſste 80000 Menschen. Es schwindelt einem — meint der biedere Plinius — bei der Betrachtung solcher Verschwendung, aber es sollte noch schlimmer kommen. Da C. Curio, der Parteigänger Cäsars, an den beim Tode seines Vaters veranstalteten Leichenspielen den Scaurus an Aufwand nicht überbieten konnte, mufste er Scharfsinn aufwenden. Er schuf zwei sehr geräumige Theater aus Holz nebeneinander, welche beide, auf Angeln drehbar, im Gleichgewicht schwebten. Bei dem Schauspiel am Vormittage waren sie einander abgewandt, damit nicht die beiden Bühnen sich gegenseitig übertäubten.

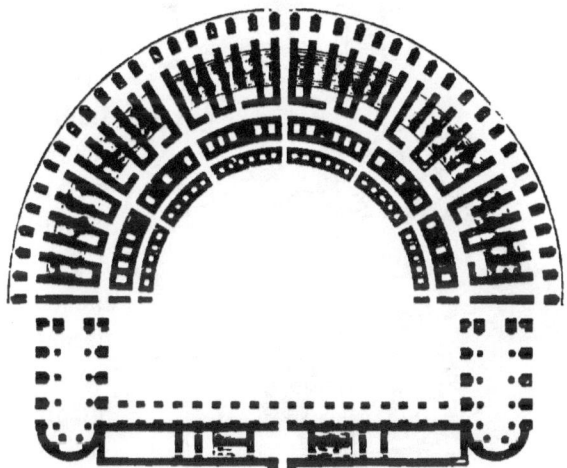

Fig. 29. Theater des Marcellus in Rom.

Plötzlich aber liefs er sie umdrehen, so dafs sie einander gegenüberstanden. Als nun das Holzgerüst schwand und die Enden sich schlossen, hatte er ein Amphitheater und liefs Gladiatoren auftreten. Über die Tollkühnheit, mit der Curio das Leben des Volkes aufs Spiel setzte, ist Plinius ganz empört.

Im Jahre 13 v. Chr. weihte Augustus in demselben Teile Roms, wo schon das Pompejustheater stand, also in der Nähe des Marsfeldes, ein steinernes Theater mit

20500 Plätzen unter dem Namen seines Neffen Marcellus. Den Plan dieses Baues stellt Fig. 29 dar.

Nach mannigfachen Schicksalen hat er in seinen herrlichen Resten noch moderne Verwendung gefunden, indem der Palazzo Orsini hineingebaut ist.

Augustus ermahnte aber auch die Vornehmen, nach Kräften die Stadt zu verschönern. So weihte Cornelius Balbus in der Nähe des Marcellustheaters ein steinernes Schauspielhaus mit 11510 Sitzplätzen. Davon ist nichts erhalten. Mehr als diese drei steinernen Theater hat Rom nie besessen. Wohl aber wurden öfter fliegende Bühnen in den einzelnen Quartieren der Stadt aufgeschlagen.

Fig. 30. Vom Marcellustheater in Rom.

VII.
Der Chor und die Gliederung des antiken Dramas.

Der Chor hat seinen Namen vom Tanzen. Zu tanzen aber pflegen in der alten Mythe die Begleitschaften der Götter und Göttinnen. Um Poseidon tummeln sich in lustigem Durcheinander die fünfzig Nereiden, Diana freut sich, wenn auf des Kynthos mondbeglänzten Höhen oder am Ufer des Eurotas der Chor der Nymphen sich in kunstvollem Reigen schwingt. Und durch die Wälder und über Höhen fährt Dionysos im sausenden Zuge mit seinen Thyiaden. So feiert denn auch der Dionysospriester die Gottheit nicht stillstehend, sondern in lebhafter Bewegung. Desgleichen scheinen die Tempeldienerinnen (Hierodulen) zu Ehren ihrer Gottheit getanzt zu haben. Eine Art Waffentanz war die Pyrrhiche, bei welcher zwei Reihen Jünglinge Scheinkämpfe gegeneinander ausführten (Fig. 32). In ältester Zeit

Fig. 31. Tanzende Hierodule.

finden wir kreisförmige oder kyklische Chöre und zwar auch von fünfzig Personen. In Sikyon, wo als Vorgänger des Thespis Epigenes genannt wird, erschollen solche Lieder zu Ehren eines Dionysischen Heros Adrastos. Der Tyrann Kleisthenes aber gab, wie es heifst, diese Chöre an Dionysos, dem sie von Rechts wegen gebührten. Die Heimat des Chorgesangs überhaupt war die Peloponnes, und ein Zeichen dieses Ursprungs hat dem Chore der Tragödie immer angehaftet, indem seine Mundart stark dorisch gefärbt blieb.

Dieser Tragödien-Chor bestand zunächst aus zwölf Mann, und der Gedanke liegt sehr nahe, dafs zwischen dem kyklischen Chor von fünfzig Personen und der Aufführung von vier zusammengehörigen Stücken mit je zwölf Choreuten und insgesamt zwei Schauspielern ein innerer Zusammenhang vorhanden ist. Genaueres darüber wissen schon die Alten nicht zu berichten. Auch blieb es nicht immer bei diesem Verhältnis. Wie Sophokles den dritten Schauspieler hinzufügte, so soll er auch die Zahl der Choreuten auf fünfzehn erhöht haben. Der Grund dieser Verstärkung ist unschwer zu erkennen. Da nachweislich der Chorführer (Koryphaios) und wohl auch seine Nebenmänner bisweilen getrennt vom übrigen Chore agierten, so schmolz letzterer auf neun Personen zusammen, für die ausgedehnte Orchestra eine zu kleine Zahl. Wahrscheinlich klangen auch die mächtigen Lieder bisweilen etwas dünn. Mit Rücksicht auf den Kostenpunkt ging man nur zur nächst höheren Einheit vor. Man unterschied nämlich zwei Arten des Aufmarsches, erstens in drei Rotten (Stoichoi) zu je vier Mann und zweitens, was jedoch seltener vorkam, in vier Gliedern (Zygá) zu je drei Mann. Man fügte also ein neues Glied hinzu, so dafs jetzt drei Rotten zu je fünf Mann, oder fünf Glieder zu je drei Mann sich bilden konnten. Die Rottenaufstellung ergiebt folgendes Bild:

Fig. 32. Chorführer und

Fig. 33. Kyklischer Chor

Phichistenchor. (Zu S. 125.)

 d Chorführer. (Zu S. 126.)

VII. Der Chor und die Gliederung des antiken Dramas.

Bühne

```
          11    12    13    14    15
  <—       6     7     8     9    10
           1     2    (3)    4     5
```
               Zuschauerraum.

Die Aufstellung in Gliedern sah so aus:

Bühne.

```
          13    14    15
          10    11    12
  <—       7     8     9
           4     5     6
           1    (2)    3
```
               Zuschauerraum.

Der Aufmarsch in Rotten war der bei weitem häufigste, und zwar erschienen die Choreuten meist aus der Orchestrathür rechts vom Zuschauer; denn die rechte Seite bedeutet die Heimat, und die Personen des Chores sind gewöhnlich am Orte der Handlung zu Hause. Demnach war die linke, dem Publikum zu stehende Rotte die ehrenvollste. Natürlich suchten die Choregen nicht blofs gute Sänger, sondern auch schöne Leute für den Chor zu gewinnen. Indes überstieg die Nachfrage öfter das Angebot. Die minder Stattlichen steckte man dann in die mittelste Rotte, wo sie wie im Bausch des Gewandes verschwanden, und nannte sie „Gassensteher". Zu solchen Kunstgriffen sind ja auch unsere Regisseure noch genötigt. Ein weiterer Vorzug des vermehrten Chors lag darin, dafs der Chorführer bei jeder Aufstellungsform in der Mitte stand. Er war gewifs ein hervorragend schöner Mann und hatte seinen Platz gewöhnlich in der Mitte der Linkssteher (Nr. 3); neben ihm standen die

Parastatai (2 und 4). Die Benennungen berühren sich mit denen des Ruder- und Kriegswesens. Wie hier, so hießen auch in der Orchestra die den Saum bildenden Flügelmänner der drei Stoichoi (1. 6. 11. 5. 10. 15) Kraspeditai. Durch diese feste Ordnung, deren Bewahrung auch durch Linien auf der Orchestra erleichtert wurde, war dem Gelüste, sich vorzudrängen und so der Eitelkeit zu fröhnen, ein Zügel angelegt.

Bevor die Choreuten ihre Garderobe verließen, kredenzte man ihnen auf Staatskosten einen Labetrunk, wie sie auch nach der Leistung mit Speise und Trank gestärkt wurden. Ein Flötenbläser in prächtiger Kleidung, den Kranz auf dem Haupte (Fig. 36), schritt voran und nahm seinen Platz auf der Thymele, dem Altar inmitten der Orchestra. Nachdem der Chor seinen Standort erreicht hatte, verblieb er meist in der Orchestra. Um aber an der Handlung teilnehmen zu können, mußte er durch eine Wendung oder Schwenkung der Bühne sich zukehren. Von seinem Standort aus sang er die Standlieder, Stasima, die aber keineswegs als Gesänge ohne Bewegung aufzufassen sind.

In dem dramatischen Tanze unterschied man wieder drei Arten, die schwere und ernste Emmeleia für die Tragödie, die rasche, lebhafte Sikinnis für das Satyrdrama und den burlesken Kordax für die Komödie. Welche Tanzbewegungen für die einzelnen Chorgesänge in Anwendung kamen, sind wir nicht mehr in der Lage festzustellen. Nur im allgemeinen läßt sich behaupten: der Einmarsch in die Orchestra (Parodos) wurde gelegentlich von Tanz unterbrochen, während der Abzug (Exodos) fast ausnahmslos des Tanzes entbehrte. Die gewöhnlichen Stasima sind vielleicht weniger getanzt als geschritten worden. Denkbar ist auch, daß bisweilen nur ein Teil des Chores zum Gesange des anderen getanzt hat. Doch

VII. Der Chor und die Gliederung des antiken Dramas. 129

läfst sich dies auch für das sog. Hyporchem nicht beweisen. Ein solch freudig aufjauchzendes Lied ist z. B. der Chorgesang im „Aias": „Ich schaure vor Verlangen und freudig will ich springen, io io Pan, Pan, o Pan, am Meere streifender Pan, erscheine vom schneegepeitschten, felsigen Bergjoch Kyllene, o Reigenführer der Götter." Und so finden sich auch noch andere Lieder, in denen durch lebhafteren Tanz orgiastische Begeisterung ausgedrückt wird.

Fig. 34. Chorodidaskalos und tanzende Mädchen.

Was nun die Bestandteile der Tänze anlangt, so sind zu unterscheiden die Tanzschritte (Phorai), die eine Gemütsstimmung ausdrücken und in Tanzfiguren endigen. Letztere, die sog. Schemata, ahmen Gestalt und Wesen jemandes nach. Wieder etwas anderes ist es, wenn die Tanzenden geradezu auf etwas zeigen. Die überlieferten Namen geben nur eine unvollkommene Vorstellung: der Schwerttanz, bei dem man den Arm wie ein Fechter ausstreckte, die „gekrümmte Hand", das „Wollkörbchen" (Kalathiskos) u. s. f. Die Bewegung der Hände (Cheironomia) spielte eine grofse Rolle beim Tanze. Schöne Arme waren darum ein Haupterfordernis.

Welches Leben die Aufführung der Tragödie durch

die Verbindung der Tanzkunst mit der Poesie erhält, wird oft zu wenig beachtet. In alter Zeit hatte die Tragödie noch viel mehr orchestischen Charakter gehabt, die alten Dichter waren förmliche Tanzmeister gewesen. So rühmt sich Phrynichos selbst, so viel Tanzfiguren erfunden zu haben, wie in grausiger Winternacht der Sturm Wellen erregt. Seine Tanzweisen waren sehr lebhaft, und der alte Philokleon in den „Wespen" hüpft und springt in Nachahmung derselben wie ein Böcklein. Noch Aischylos ersann solche Figuren, Sophokles war ein Meister im Tanz. Später fiel die Komposition der Tänze meist dem Chorlehrer zu.

Fig. 35. Kalathiskostänzerin.

Der Tanz der Komödie war ausgelassen, ja sogar unanständig. Zu allen Chorgesängen paßte der Kordax jedenfalls nicht. Außerhalb des Theaters in nüchternem Zustande tanzt diesen nur einer, der allen Schamgefühls bar ist. Wir hören da von Nachahmung verschiedener Tierarten, von „Eule", „Löwe", „Kauz". Bei letzterem Tanze legte man die rechte Hand, die innere Fläche nach unten gekrümmt, an die Stirn, so daß Zeigefinger und Daumen die Augenbrauen berührten. Man kauert ferner, schlägt Burzelbäume, springt auf und kreuzt die Füße, ehe man sie niedersetzt. Man schleudert die Beine nach vorn oder hinten hoch empor, berührt mit der Handfläche oder Ferse den hinteren Teil des Körpers. Besonders wild war der „Kreisel", das „Entfliehen", das „Abschütteln" und der „Mörser", bei dem die Hüfte gleich der Mörserkeule bewegt wurde.

In allen Fällen tanzte der Koryphaios dem gespannt auf ihn schauenden Chore vor, wie er auch die Lieder anstimmte. Den Takt hielt der Flötenspieler durch ein unter der Schuhsohle befestigtes Instrument, die sog.

VII. Der Chor und die Gliederung des antiken Dramas.

Krupeza. Ist das Stück zu Ende, so verschwinden die Choreuten mit langsam abgemessnem Schritte in der entgegengesetzten Parodos, wie es Schiller uns beschreibt. Jedoch ist zu bemerken, dafs gerade in den „Eumeniden" des Aischylos eine erhebliche Abweichung von dem gewöhnlichen Brauche stattfand. Im Anfange finden wir den Chor auf der Bühne schlafend. Er entfernt sich später — welcher Abgang Metastasis genannt wird — um nochmals zu erscheinen in der Epiparodos, und zwar, was selten vorkam, ganz vereinzelt, nicht in geschlossener Schar. Bisweilen befindet er sich beim Beginne des Stückes schon in der Orchestra, wie in Aischylos' „Schutzflehenden." Oder er zieht stillschweigend ein. Indessen blieb immer das Gewöhnliche, dafs er nach dem Prolog unter Gesang in die Orchestra einmarschierte. Er mufste nicht immer aus Leuten derselben Art, sondern konnte z. B. aus Herrinnen und Dienerinnen bestehen. Der eben erwähnte Ausdruck Epiparodos kommt noch für eine andere Erscheinung vor. Bisweilen gesellt sich nämlich zu dem Hauptchore ein Nebenchor — so der Chor der Areopagiten in den „Eumeniden" — der natürlich, und zwar als Parachoregema, in der Choregie besondere Kosten verursachte. Dann standen sich also zwei Chöre in der Orchestra gegenüber. Etwas ganz anderes ist die Antichorie. Gestützt zunächst auf Andeutungen in den erhaltenen Texten und auf Angaben der Grammatiker, nimmt man an, dafs auch der tragische Chor bisweilen in zwei Abteilungen zu je sieben Mann, in sog: Hemichoria, sich gespalten habe. Die Kleinheit der so gebildeten Halbchöre scheint, ganz abgesehen von anderen Bedenken, die Annahme, dafs diese Teilung Regel gewesen sei, zu verbieten.

Der Gesang des Chores zerfällt gewöhnlich in drei Teile. Nach unglaubhafter Überlieferung sang der Chor die Strophe, indem er nach rechts, die Antistrophe, indem er nach links den Altar umtanzte, die Epodos (Zugesang), indem er stillstand. Vielmehr bedeuten die Worte ein Hin- und Herwenden der Melodie. So kommt es, dafs Strophe und Antistrophe in parallelen Gedanken sich ergehen; ja es kehren sogar an gleicher Versstelle dieselben Ausdrücke wieder. — Der Chor der Komödie bestand nicht aus 12, bezw. 15, sondern aus 24 Choreuten. Weshalb dieser Vorzug? Nun, zu dem Wesen der Komödie gehörte auch der für die Tragödie wohl nicht gewöhnliche Vortrag in Halbchören. Es ist nicht möglich, die Komödie in das von Aristoteles überlieferte Schema der Teile der Tragödie zu zwängen, dem zufolge diese, wenn wir von Prologos, Parodos und Exodos absehen, in einem steten Wechsel dialogischer (Epeisodia) und chorischer Partien (Chorika) besteht. Kann man in der Tragödie demnach von einer epeisodischen Komposition reden, so weist die Komödie die epirrhematische Komposition auf, deren charakteristisches Merkmal die unmittelbare Verbindung von gesungenen und gesprochenen Teilen ist. Der ursprüngliche Kern der Komödie bestand aus drei Teilen: der Parodos, dem Agon und der Parabase.

Wie überall im Griechenvolke die Neigung zum Wettstreit sich findet, so bestand ein Hauptteil der Aristophanischen Komödie in einem Wortgefechte zweier Parteien, an dem der Chor Anteil nimmt. Der Ursprung ist klar; wir denken sofort an die Jambendichtung des alten Archilochos und an jene Ausfahrten, bei denen die auf Wagen Fahrenden und die zu Fufse Gehenden sich gegenseitig neckten. Den alten einfachen Charakter wird dieser Teil sich noch in der Dichtung des Kratinos gewahrt haben, Aristophanes brachte die Würze der Dialektik und Gnomik hinzu, eine Würze, welche den Zeitgenossen des Euripides bekanntlich ganz besonders mundete. Der **Agon** vollzieht sich in ganz bestimmten

VII. Der Chor und die Gliederung des antiken Dramas.

metrischen Formen, die freilich, den jeweiligen Umständen entsprechend, gewisse Veränderungen erleiden. Wir geben das Beispiel aus den „Wespen". Der Chor singt zuerst die „Ode", in der er den Alten auffordert, etwas Neues, abweichend von der Art der Jugend, vorzubringen. Denn,' wenn er im Agon unterliege, würden die Greise von den Knaben auf der Strafse verspottet werden. Alsbald erteilt der Chor seinem Fürsprech in einem anapästischen Distichon das Wort zur Eröffnung des Gefechts. Philokleon sucht daraufhin darzuthun, wie des Geschworenen (Heliasten) Einflufs der Königsgewalt nicht nachstehe. Gleich wenn er sein Lager verlassen hat, passen ihn an den Gerichtsschranken hochgestellte Herren ab und ergreifen seine grobe Hand mit ihren zarten Händen, die — am Staatsgute sich vergangen haben. Und wenn er dann, schon milder gestimmt, das Gerichtshaus betritt, so suchen die Angeklagten durch Bitten oder Scherzworte ihn vollends zu erweichen. Hilft all dies nichts, so führen sie ihre Söhnchen und Töchterchen herbei, die durch Wehklagen das Herz des Richters bestürmen. Mancherlei bekommt ferner der Geschworne in Kommissionen zu sehen, manchen Kunstgenufs verschafft er sich als Preis der Freisprechung, er greift eigenmächtig in Familienverhältnisse ein und das alles ohne jede Verantwortlichkeit. Der Rat selbst überweist den Richtern wichtige Fragen, und die allmächtigen Volksführer wagen nicht, jenen zu nahe zu treten. Aber das schönste Glück winkt doch dem Heliasten zu Haus, wenn die Tochter ihm unter Liebkosungen das Triobolon, den Preis seiner Bemühung, aus dem Munde langt und die sorgliche Gattin ihm gute Bissen vorsetzt. Da fühlt er sich als Gott. — Jetzt kommt die Kehrseite, der zweite Teil des Agons. Der Chor triumphiert über die durchschlagende Beweisführung des Vorredners und stellt dem Gegner seinen ganzen Zorn in Aussicht, falls er im Redeturnier unterliege. Bdelykleon, der Sohn des Alten, weist zunächst nach, daſs von den riesigen Einnahmen des Staates nur ein verschwindend kleiner Teil an die Heliasten fiele; den Löwenanteil verschlängen die vorgeblichen Freunde der Demokratie, die auſserdem aus Bestechungen reiche Einkünfte sich zu verschaffen wüſsten. Ist es nicht, so fährt der Redner fort, eine groſse Knechtschaft, von solchen Leuten mit einigen wenigen Groschen sich abspeisen zu lassen, nicht geradezu empörend, als alter Mann von weichlichen Gecken über rechtzeitiges Kommen sich Vorschriften machen oder gar drohen zu lassen? Bei der groſsen Zahl der tributpflichtigen Städte könnte jeder aus dem Volke in Hülle und Fülle leben, wenn eben nicht die Führer des Volkes diesem sein Recht vorenthielten. Durch diese Darlegung ist der Chor völlig umgestimmt und preist die Wahrheit des Spruches, daſs man nicht urteilen soll, ohne beide Parteien gehört zu haben. Er spricht dem Bdelykleon den Sieg zu. So endigt der Agon. Den Starrsinn des Alten bricht vollends die verlockende Schilderung, in welcher der Sohn alles aufzählt, was er als Entschädigung ihm bieten will.

Wie in diesem Beispiel pflegt auch sonst derjenige, dem der Dichter die Niederlage zugedacht hat, den Streit zu eröffnen, der Sieger aber an zweiter Stelle zu reden. Dem Chore kommt nur die Rolle des Heroldes zu. Da aber der Agon gewöhnlich ernsten, ja herben Inhalts ist, so ist es für die Wahrung der heiteren Stimmung nötig, daſs eine „lustige Person", die bisweilen zugleich die Rolle des Richters spielt, die Auseinandersetzungen der Gegner durch muntere Glossen begleitet. Naturgemäſs legt der Dichter dem siegreichen Redner seine eigne Anschauung in den Mund, jedoch verfehlt er nicht, auch

VII. Der Chor und die Gliederung des antiken Dramas.

der siegreichen Ansicht durch Übertreibung den Stempel der Komik aufzudrücken.

Unter Parodos versteht man, wie in der Tragödie, so auch in der Komödie, die sämtlichen Bewegungen des Chores von seinem Erscheinen an den Eingangsthüren der Orchestra bis zur Einnahme eines festen Standpunktes auf derselben, und ebenso die während dieser Zeit vorgetragenen Gesänge. Der Einzug des Chores wird durch Worte des Textes angedeutet. In den Aristophanischen Parodoi herrscht grofse Mannigfaltigkeit, so dafs keine einer anderen gleicht. Nach Einführung eines einleitenden Teils, des Prologs, bestand für den Dichter eine Schwierigkeit darin, den Schauspieler vom Chore, dem eigentlich der alleinige Vortrag der Parodos zukam, getrennt zu halten. So zieht sich wiederholt der Hauptdarsteller beim Nahen des Chores freiwillig zurück oder er wird eingeschlossen, wie Philokleon in den „Wespen", wo die anderen Bühnenpersonen einschlafen. Diese Parodos der Aristophanischen Komödie beschränkt sich keineswegs auf die Orchestra, sondern erstreckt sich auch auf die Bühne. In den „Rittern" freilich war es unthunlich, dafs 24 berittene Choreuten die Bühne erstiegen; auch in den „Acharnern" begnügen sich die anrückenden Kohlenbrenner von der Orchestra aus Steine nach der Bühne zu schleudern. In mehreren anderen Stücken aber ist ein Aufstieg des Chores über Treppen nach der Bühne wohl kaum zu bezweifeln. Schon die Angriffswaffen der Wespen und der Vögel (Griffel und Schnäbel) verlangen eine unmittelbare Annäherung an die Schauspieler. Diesem Aufstieg entsprach dann natürlich eine Rückkehr. Auf diese Weise gewann die komische Parodos an dramatischem Leben, und es lassen sich in ihrer Entwickelung im ganzen drei Perioden — mit einer Blütezeit in der Mitte — unterscheiden.

Wir kommen zur **Parabase**, dem dritten Grundpfeiler der altattischen Komödie. Das Wort bedeutet „Hintritt" und bezeichnet die Wendung, welche der Chor an einer gewissen Stelle des Stückes dem Zuschauerraume zu macht. Die Handlung hat einen vorläufigen Abschlufs erreicht. Der Dichter gedenkt gewöhnlich in einem Gebete der Götter, daneben spricht er meist von seinen eigenen Angelegenheiten. Dabei kann man staunen über das Geschick, mit dem er die von alther überkommene Einrichtung, die einem gewöhnlichen Dichter eine lästige Fessel sein mufste, stets handhabt. Aus sieben Teilen pflegt die Parabase zu bestehen: aus drei einfachen, Hapla, nämlich dem Kommation, der Parabase im engeren Sinne und dem Pnigos, welch letzteres aus einer Reihe in einem Atem vorgetragener anapästischer Dimeter gebildet wird — und zwei doppelten, Dipla, unter sich korrespondierenden: Ode, Epirrhema, Antode, Antepirrhema. Die wirkliche Aussprache des Dichters erfolgt in der eigentlichen Parabase. So verteidigt in diesem Teile der „Acharner" der Chor den Dichter, der mutig den Lobhudlern des Volkes entgegengetreten sei, in den „Rittern" klärt er die Zuschauer darüber auf, weshalb jener nicht schon vorher Komödien unter seinem Namen aufgeführt habe. In den „Wolken" spricht er die zuversichtliche Hoffnung auf günstige Beurteilung aus, nachdem die erste Aufführung durchgefallen sei, eine Auseinandersetzung, welche an die des Terenz im Prolog zur „Hecura" erinnert. Auch in der Parabase der „Wespen" läfst er Klagen über Hintansetzung hören. In der des „Frieden" hebt er hervor, dafs der Dichter die niedrigen und geistlosen Possen von der Bühne verscheucht habe. In den „Vögeln" und in den „Thesmophoriazusen" spricht er zur Sache: während wir dort die Ornithogonie dargelegt finden, werden hier die

Vorzüge der Frauen vor den Männern dargethan. Bisweilen sind zwei Parabasen vorhanden, bisweilen auch gar keine, so dafs wir auch in der Entwickelung dieses Hauptteils drei Perioden unterscheiden können. In die erste fallen die sechs ersten Komödien, welche aufser einer Hauptparabase eine verkürzte Nebenparabase enthalten. In der zweiten findet sich nur eine und zwar nicht einmal vollständige Parabase. Die dritte Periode ist parabasenlos.

Wohl mit Recht wird neuerdings von dem ausgezeichneten Forscher, dem wir auch in unseren Angaben über die Teile der altattischen Komödie gefolgt sind, behauptet, dafs wir in der Parabase das ursprüngliche Schlufswort, den Epilog der Komödie, vor uns haben. Stimmt dies, so erklärt sich der Umstand leicht, dafs es für die Abzugslieder des Chores, die Exodia, anfangs feste Formen nicht gegeben hat. Auch hier unterscheiden wir eine Zeit, in welcher der Dichter zu genanntem Zwecke beliebige Hymnen singen liefs; dann eine Blütezeit, in der er den chorischen Glanz durch besondere Abzugslieder noch erhöhte, endlich auch hier eine Periode des Verfalls.

So macht sich denn überall ein materieller Zug geltend, der Kostenpunkt tritt gebietend hervor, und so sinkt dann der Hauptteil des Dramas, der Chor, aus dem es sich erst entwickelt hat, zu einem bedeutungslosen Schein herab, und keineswegs blofs in der Komödie; auch in der Tragödie lockerte sich, wie wir sahen, der Zusammenhang des Chores mit der Handlung; auch hier liefs der Dichter schliefslich an den üblichen Stellen einen Platz für beliebige Gesangsvorträge. Der Chor verlor überhaupt den Schwung. Früher, so meint ein zeitgenössischer Komiker, war es ein Schauspiel, wenn einer gut tanzte; jetzt aber thun sie nichts, sondern heulen wie gelähmt, indem sie an einem Flecke stehen bleiben. Aber es war nicht blofs der Gesichtspunkt des Kostenaufwands, welcher den Chor in der Komödie beseitigte, nein, sein Verfall hängt auch mit den Wandelungen der Komödie selbst eng zusammen. Die bürgerliche Komödie konnte mit dem politischen Chore nichts mehr anfangen. Nur insofern sie in ihrer sozialpolitischen Richtung bisweilen auch ganze Bevölkerungsklassen in einer Anzahl von Vertretern auf die Bühne brachte, kann man von einem komischen Chore auch in späterer Zeit reden. Als Beispiel sei der Fischerchor in des Plautus „Rudens" genannt. Doch ist derselbe weit vom Chore der alten Komödie verschieden.

Wichtige und noch lange nicht befriedigend gelöste Fragen sind die nach der Verteilung der einzelnen Chorpartien unter die Choreuten und die nach der Vortragsweise der Dramen überhaupt. Fest steht zunächst, dafs der Koryphaios, bezw. der Führer des zweiten Halbchores bei Antichorie selbständig einzelne Partien vortrugen. Sicher ist auch, dafs zur Belebung des Wechselgesangs einzelne andere Choreuten gesondert ihre Stimme erschallen liefsen; dafs aber für gewöhnlich alle 15, bez. 24 Choreuten in ermüdender Reihenfolge einzeln gesprochen hätten, ist an sich unglaublich und läfst sich nicht beweisen.

Was nun die Metrik und die Musik anlangt, so geben wir zunächst ein Beispiel: „Der trochäische Tetrameter ist das Versmafs des Laufes und Tanzes, der jambische dasjenige der Eile, der anapästische dasjenige des feierlichen Prozessionsschrittes. Nirgends kommt dieser Unterschied besser zur Geltung, als in der so überaus kunstreichen Parodos der „Wespen". Der erste Teil ist in Jamben geschrieben; der Chor hat es eilig, er will so rasch als möglich den Bestimmungsort erreichen und braucht vorläufig auf niemand Rücksicht zu nehmen. So gelangt er zum Hause des Philokleon. Die beiden Oden haben die Aufmerksamkeit des Alten erweckt, er bittet die Freunde, ihm bei der Flucht behilflich zu sein; das Versmaſs schlägt um, und während die Musik pianissimo spielt, schleicht der Chor leise und langsam von der Orchestra auf die Bühne dicht vors Haus selbst; zur selben Zeit läſst sich der Alte sacht am Seile herunter. Das ist der zweite, anapästische Teil. Aber alle Vorsicht ist umsonst: Bdelykleon wacht auf, weckt die Sklaven, diese erfüllen die Bühne und fangen den Flüchtling auf, und nun schlägt das Versmaſs zum zweiten Mal um; der ganze folgende Tumult ist in Trochäen geschrieben. Die Sklaven greifen die Choreuten an und treiben sie in wilder Flucht von der Bühne zur Orchestra zurück" (Zielinski).

Wahrscheinlich haben schon die Alten die vier Vortragsweisen, welche uns geläufig sind, gekannt, als gewöhnlichste einfache Deklamation, als höchste Gesang, dazwischen aber das Recitativ und wohl auch das Melodram. Wenn wir freilich diese vier Vortragsweisen auf die einzelnen Versarten zu verteilen suchen, so schwindet uns der Boden unter den Füſsen. Nur das sei noch einmal hervorgehoben, daſs der Chor im griechischen Drama durchaus musikalischen und orchestischen Charakter hatte, wie auch der Vortrag der Dialogpartien in der Tragödie wenigstens mehr musikalisch als deklamatorisch gehalten war.

Im römischen Drama, Tragödie wie Komödie, wurden — die nur in jener häufigeren Beispiele abgerechnet, wo ein wirklicher Chor sang — vom Schauspieler mit Musikbegleitung gesungen jene lyrischen Partien, die in verschiedenem Metrum verfaſst waren (Cantica). Der gewöhnliche Dialogvers, der jambische Senar, ward einfach deklamatorisch vorgetragen (Deverbium). Dazwischen gab es noch eine Mittelstufe, die recitativische Vortragsweise mit Musikbegleitung, welche trochäischen Septenarscenen zukam.

Fig. 36.   Griechischer Flötenbläser.

Das begleitende Instrument war wie bei den Griechen die Doppelflöte, von der man zwei Arten unterschied, „rechte", d. i. lydische, deren sich Terenz für ernsteren Vortrag mit Vorliebe bediente. Den weniger

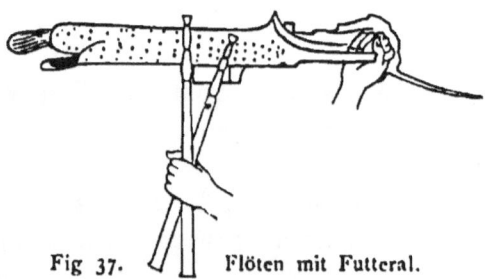

Fig 37.   Flöten mit Futteral.

getragenen Stellen waren die „linken" Flöten angemessen.

Die Musiker, welche die Gesänge komponierten, änderten auch innerhalb derselben die Musik, welcher Wechsel durch M.M.C., d. i. Wechsel in der Melodie des Canticums, bezeichnet wurde. Man unterschied überhaupt vier Arten der Komposition: „in gleichen", „in ungleichen", „in sarranischen" und „in zwei rechten" Flöten. Doch fehlen uns darüber klare Vorstellungen.

Die Pausen in der Handlung, welche durch Leerwerden der Bühne entstanden, füllte im antiken Drama der Chor, soweit er vorhanden war, mit seinen Gesängen aus. Im römischen Lustspiel, wie vielleicht auch schon im späteren griechischen, diente demselben Zwecke der Flötenspieler, der z. B. im „Pseudolus" von dem abtretenden Schauspieler geradezu angekündigt wird. Zu dieser Einrichtung bewog die Dichter nicht etwa blofs das Streben, die Zuschauer immer angenehm zu unterhalten, sondern auch das richtige Gefühl, dafs die zur Ausführung einer geraume Zeit erfordernden Handlung bestimmten Pausen, welche weniger in der Tragödie als in der alten Komödie vorkommen, auch durch etwas wirklich Geschehendes ausgefüllt werden müfsten. Ähnlich findet sich in einem altdeutschen Drama zu der Scene, wo jemand ein Buch eifrig studieren soll, vom Verfasser angemerkt: „Unterdes singet man etwas." Und Hans Sachsens Schüler Puschmann fügte am Ausgange der actus hinzu: „instrumentum, dafs man alsbald auf ein Instrument schlagen soll". Man sieht also, dafs die auch heute noch vorkommende Zwischenaktsmusik ihren tieferen Sinn und historische Berechtigung hat.

Mit diesem Gebrauche hing schon im antiken Drama die Akteinteilung zusammen. Indessen nicht jedes augenblickliche Leerwerden der Bühne beschliefst einen Akt.

Und so machte den späteren Dramaturgen die Bestimmung der Akte im altrömischen Drama da, wo ausdrückliche Andeutungen der Dichter fehlten, viele Mühe. Der Polyhistor Varro schrieb ein eigenes Buch über diesen Gegenstand. Bekannt ist die Vorschrift des Horaz in der „Dichtkunst": Das Stück sei weder kürzer noch länger als fünf Akte.

Die Bühnenpersonen sprachen zunächst unter sich, ferner einzeln für sich in den sog. Gesängen „von der Bühne herab". In der Zeit des Euripides spielten solche Bravourarien (Monodiai) eine grofse Rolle. Sodann aber traten die Schauspieler mit dem Chore in Verbindung in Klagegesängen (Kommoi). In den Dialogpartien des griechischen und römischen Dramas läfst sich häufig eine beabsichtigte Symmetrie nicht verkennen (vgl. S. 17). Oft spitzt sich das Zwiegespräch zur sogenannten Stichomythie zu, bei welcher Vers um Vers der Sprecher wechselt; wird das Gespräch noch lebhafter, so treten schliefslich die Antilabai ein, indem die Spieler in die einzelnen Verse sich wiederum teilen. Der gewöhnliche Dialogvers war im antiken Drama der jambische Trimeter. „Man fand, er schicke sich zum Dialog am besten, sei zur Handlung wie gemacht, und übertöne leichter als ein andrer das Volksgetös' im hallenden Theater" (Horaz). Dieser Vers gewann durch Häufung kurzer Silben bei den Griechen in der Tragödie immer mehr an Lebhaftigkeit und hat den höchsten Grad derselben in der Komödie erreicht. Die alten scenischen Dichter der Römer machten von diesen Freiheiten Gebrauch und ersetzten andererseits nicht blofs die ungeraden Füfse, sondern auch die geraden durch den Spondeus. Nur kurz angedeutet sei, dafs diese Verse dem Nichtkenner leicht unbeholfen erscheinen, weil sie nicht auf die spätere Schriftsprache, sondern auf die volkstümliche Umgangssprache sich gründen.

VIII.

Die Schauspieler.

Bei den Griechen.

Noch nicht lange ist es her, dafs bei uns der Schauspielerberuf zu den entehrenden Berufsarten zählte, dafs dem „Komödianten" die Sakramente auf dem Sterbebette verweigert wurden, wenn er nicht sein sündhaftes Leben widerrief, und in China werden noch heutzutage die Schauspieler mit Sklaven, Kurtisanen u. dgl. Leuten in die Klasse der Nichtehrbaren gerechnet. Bei uns hatte namentlich der niedere Stand der Kunst in den sich selbst überlassenen, keiner künstlerischen Oberaufsicht unterworfenen Schauspielergesellschaften und die mit der Armut und dem Wanderleben verbundene Zügellosigkeit dem Schauspieler ein Brandmal aufgedrückt. Wie stand es in dieser Beziehung bei den Griechen und Römern? Gemäfs dem Ursprunge des Bühnenspiels finden wir hier einen Gegensatz, wie er schärfer nicht gedacht werden kann. Der griechische Schauspieler war ursprünglich ein Diener des Dionysos und hat nie aufgehört, als ein solcher zu gelten. Der römische war und blieb, mit ganz wenig Ausnahmen, ein verächtliches Werkzeug, und nur Sklaven fröhnten der Schaulust der stolzen Quiriten. Erniedrigte ein freier Mann aus Not oder Neigung sich zu solcher Dienstleistung, so verlor er Rang und Würden, oder, wenn er solche nicht zu verlieren hatte, die Ehre, ward schliefslich mit Diebsgesindel in eine Klasse geworfen.

Die gröfsten Dichter Aischylos und Sophokles hatten, wie später Shakespeare und Molière, selbst die Bühne betreten; kein Wunder also, wenn sie mit ihren besten Schauspielern auf vertrautem Fufse standen, wenn Sophokles sogar dieselben in einen den Musen geweihten Thiasos zusammenschlofs zum Zwecke gegenseitiger Förderung in der erhabenen Kunst. Bestimmte Verhältnisse zwischen Lehrer und Schüler werden erst aus späterer Zeit uns genannt. Aischylos hatte sich zunächst des Kleander bedient, später nahm er den Mynniskos hinzu. Von den Schauspielern des Sophokles ist nichts Sicheres bekannt, wohl dessen „Niobe" war es, die Oiagros gespielt hat. Der zweite Sohn des Euripides, Mnesilochos, trat selbst als Schauspieler auf. Von Kephisophon erzählt die böse Fama, dafs er nicht blofs die Stücke seines Meisters aufgeführt, sondern auch mit dessen Frau schön gethan habe. Als Darsteller des „Phoinix" in Euripideischer Zeit wird z. B. Molon genannt, den Erfolg des „Orestes" verdarb der im nächsten Abschnitt noch zu besprechende Hegelochos. Komische Schauspieler aus der Blütezeit des Dramas sind uns nur wenige bekannt. Der Dichter der alten Komödie Krates soll in Stücken des Kratinos mitgespielt haben; von einem Hermon, der vielleicht auch einer besonderen Maskengattung den Namen gegeben hat, war oben (S. 88) die Rede.

Mit der Loslösung vom Dichter gewannen die Schauspieler bedeutend an Selbstgefühl und wandten sich einflufsreichen Männern zu, wie dem Alkibiades. Als dieser im Jahre 408 nach seiner Heimat zurückkehrte, stand

Kallipides in der ganzen Bühnenpracht auf dem Schiffe und kommandierte den Ruderschlag. Demosthenes nennt Kallipides und einen gewissen Nikostratos als die bedeutendsten Tragöden. Beide waren einst von einem Befehlshaber aeolischer Kastelle zu einer Aufführung engagiert worden. Der Ruf ihres Namens lockte alles Volk aus den umliegenden Ortschaften herbei. Als aber das Theater gedrängt voll war, nahm der schlaue Mann alle mit Weib und Kind gefangen und gab sie nur gegen ein hohes Lösegeld wieder frei. Etwas ernüchtert wurde unser Kallipides bei einem Zusammentreffen mit Agesilaos. In der Erwartung, freundlich begrüfst zu werden, drängte er sich an den Spartanerkönig. Da dies aber nicht wirkte, rief er: „Kennst du mich nicht, o König?" Der aber sah ihn an und sprach: „Ja, bist du nicht der Spafsmacher Kallipides?" Dabei brauchte er das Wort Deikeliktes, durch welches die Lacedämonier die dilettantenhaften Darsteller der bei ihnen heimischen plumpen Possen bezeichneten. Und als der Virtuos sich anheischig machte, die Stimme der Nachtigall nachzuahmen, lehnte der Lakone es ab mit den Worten: „Ich habe sie selbst gehört."

Innig mit den bedeutendsten Schauspielern seiner Zeit war Demosthenes verflochten in guter und in schlimmer Beziehung. Jeder weifs, wie sehr er mit Mängeln seiner Sprechwerkzeuge zu kämpfen hatte. Da soll er denn im Anfang einmal, als er eine Rede vor dem Volke hielt, ausgepocht worden sein. Alles schien verloren, aber der Tragöde Satyros ging dem Betrübten nach und erbot sich, dem Übelstande abzuhelfen, falls Demosthenes ihm von den Reden aus Euripides oder auch Sophokles eine frei hersagen wollte. Und das Mittel half. Nach anderem Berichte hat der Schauspieler Andronikos den Redner zuerst in der Kunst des Vortrags unterwiesen. Neoptolemos wieder soll ihn gelehrt haben, ganze Perioden in einem Atem zu sprechen, und endlich soll Polos alledem die Krone aufgesetzt haben. Eins geht aus diesen verschiedenen Nachrichten mit Sicherheit hervor, dafs Demosthenes viel von Schauspielern gelernt hat, und dankbar erkannte er selbst die Wichtigkeit der Schauspielkunst für seinen Beruf an, indem er auf die Frage: „Was ist Redekunst?" antwortete: „Schauspielkunst." Freilich wollte sein tragisches Geschick, dafs aus demselben Stande sein grimmigster Gegner ihm erwuchs. Aischines war, unterstützt durch einen kräftigen Körper und eine volltönende Stimme, in seiner Jugend Schauspieler gewesen, hatte es aber nicht weiter als zum Tritagonisten gebracht. Der Beruf ward ihm jedoch verleidet. Im Dienste des Macedonierfürsten Philipp wufste der abgefeimte Mensch sich leichter, wenn auch nicht den Epheukranz, so doch vollwichtige Philippdors zu verdienen. Nun überschüttet ihn Demosthenes mit seinem ätzenden Spotte. Kein Tritagonist wird als solcher uns sonst genannt, auch Aischines wäre zu dieser Ehre nicht gekommen, wenn er Schauspieler geblieben wäre. Immer und immer wieder hält Demosthenes ihm vor, dafs er ein verächtlicher Tritagonist gewesen sei. Er erinnert ihn an die Zeit, wo er mit Schauspielern wie Simylos und Sokrates nach Vagantenart auf den Dörfern sich umhergetrieben und Feigen, Trauben und Oliven eingeheimst habe. Einst spielte Aischines mit Ischander den „Oinomaos". Als er in der Titelrolle den Pelops verfolgte, kam er schmählich zu Fall und konnte sich nur mit Hilfe des Chorlehrers Sannion wieder erheben. Deshalb nannte ihn Demosthenes bitter den „ländlichen Oinomaos". In der „Hekabe" spielte er den Schatten des Polydoros, ferner wirkte er mit im „Thyestes", spielte aber hier wie dort schlecht, so dafs die Zuschauer ihn auspfiffen, an die Luft setzten und — so erzählt wenigstens Demosthenes —

beinahe steinigten. Diese Mifserfolge brachten ihn eben dahin, seinen Beruf mit einem dankbareren zu vertauschen. Und er war nicht der einzige, der sich Philipp in die Arme warf. Was hätten er und seine Genossen dem Vaterlande nützen können durch ihre Gewandtheit im Führen von Unterhandlungen, aber die Könige der Bühne — und das waren oft die Tritagonisten — fühlten sich mehr hingezogen zu den Königen der Erde. Sie schwelgten an Philipps Tische und sonnten sich in seiner Macht, vor allem an den Olympien, die er nach der Einnahme Olynths feierte. Ihr Beruf gab ihnen die Freiheit, auch in Kriegszeiten aufser Lands zu verkehren. So erhielt Aristodemos' Auftrag, die in Olynth gefangenen Athener loszukaufen. Er erreichte sein Ziel und wufste den Demosthenes so geschickt über seine wahre Gesinnung zu täuschen, dafs dieser ihn mit vorschlug für jene Gesandtschaft, die das Interesse Athens so schmählich verraten sollte, und sogar beantragte, dafs der Staat durch Gesandte die Verpflichtungen des Schauspielers in einigen Orten rückgängig machte. Denn wenn Aristodemos nicht erschien, mufste er das Aufgeld als Konventionalstrafe doppelt zurückerstatten. Während jener Gesandtschaft spielte er mit seinem früheren Tritagonisten Aischines ein verräterisches Spiel. Ferner stand auf Philipps Seite Neoptolemos. Mit nichtigen Ausreden suchte er seinen Verkehr mit dem Feinde zu bemänteln, aber Demosthenes hatte ihn rechtzeitig erkannt. Als Philipp die Hochzeit seiner Tochter Kleopatra feierte, sang Neoptolemos bei Tische tragische Verse, die man zunächst auf den Tod des Perserkönigs bezog. Wie aber der König am folgenden Tage das Theater betrat, in dem Neoptolemos spielte, fiel er von der Hand des Pausanias.

Alexanders Leidenschaft für Schauspieler war noch gröfser. Hinter dem Rücken seines Vaters sandte er den

Tragöden Thessalos zum Satrapen von Karien, um die
Verheiratung seines Stiefbruders mit der Tochter desselben zu hintertreiben. Philipp forderte dann die
Korinther auf, ihm den Zwischenträger in Fesseln zuzu-
schicken. Aber Alexander bewahrte ihm seine Zuneigung.
Sogar auf seine fernen Züge nahm er der Künstler an
3000 mit sich. Bei einer Aufführung, die er nach der
Besiegung Ägyptens in Phönicien veranstaltete, spielten
sie vor einem Parterre von Fürsten. Kyprische Könige
führten den Chor: Nikokreon aus Salamis bekam durchs
Los den Thessalos, Pasikrates aus Soloi den Athenodoros zugewiesen. Alexander hielt seine Gefühle zurück,
bis die Richter — die berühmtesten seiner Feldherrn —
den Sieg zusprachen dem — Athenodoros. Obwohl er die
Entscheidung billigte, gestand er doch, dafs er einen
Teil seiner Herrschaft hingegeben haben würde, wenn
er den Thessalos nicht hätte besiegt sehen müssen. Für
Athenodoros bezahlte er übrigens später die Strafsumme,
die diesem die Athener auferlegt hatten, weil er nicht
zu den Dionysien erschienen war. Beide Künstler ver-
herrlichten nachmals in Susa die Hochzeit des Königs durch
ihr Spiel. Reicher Lohn ward ihnen zu teil. Und als
einst der Komiker Lykon aus Skarphe in ein Stück einen
Vers eingelegt hatte, der die Bitte um 10 Talente enthielt, schenkte der freigebige Fürst auch diese ihm
lachend.

Demosthenes hatte soviel mit Schauspielern zu thun
gehabt, die bitterste Stunde sollte ihm ein Schauspieler
bereiten. Als er verfemt im Poseidontempel auf Ka-
lauria safs, nahte der Tragöde Archias, der im Dienste
des Antipater sich den Namen „Flüchtlingsjäger" erworben hat. Demosthenes hatte die Nacht vorher ge-
träumt, dafs er im tragischen Wettkampf das Publikum
zwar durch sein Spiel gefesselt habe, aber doch wegen der

mangelhaften Choregie dem Archias unterlegen sei. Darum schenkte er den süfsen Worten desselben keinen Glauben. Als aber das Gift, das er genommen hatte, zu wirken anfing, rief er dem Elenden zu: „Nun kannst du den Kreon spielen und mich unbeerdigt hinwerfen."

Durch die wachsende Freude am Bühnenspiel und die daraus folgende Vermehrung der Spiel-Gelegenheit wurde die Zahl der Schauspieler beträchtlich gesteigert, in demselben Mafse sank aber das Niveau der Kunst. Da die Künstler nach den entferntesten Weltteilen mitgeschleppt wurden, verloren sie das Heimatsrecht. Um diesen Verlust zu ersetzen und um überhaupt ihre Interessen zu wahren, schlossen sie sich zu Innungen zusammen als οἱ περὶ τὸν Διόνυσον τεχνῖται, d. i. die Künstler um den Dionysos. Die Zustände, welche nun entstehen, erinnern an die Wanderungen der englischen Schauspieler durch Deutschland im 17. Jahrhundert. Die Erteilung von Konzessionen aber findet sich auch in Frankreich zur Zeit Molières, in Deutschland im 18. Jahrhundert noch. Wie wir jetzt aus den Archiven die Notizen über die englischen Komödianten auskramen, so erhalten wir aus versprengten Dekreten u. dgl. auch spärliche Kunde, wie es 2000 Jahre früher gewesen ist.

Die Mitglieder dieser Genossenschaften waren zusammengewürfelt aus aller Herren Ländern, auch waren es keineswegs blofs eigentliche Schauspieler, sondern ebensogut Musiker, Tänzer, Chorlehrer, Dichter, ja sogar Kostümverleiher. Possenreifser hingegen waren ausgeschlossen, auch dürften die Herolde und die Trompeter nicht eigentliche Mitglieder gewesen sein. Diese Künstlerrepubliken waren wie wirkliche Staaten organisiert. Sie hielten ihre Beratungen, stimmten ab und fafsten Beschlüsse, die sie durch gewählte Gesandte überbringen liefsen. In einzelnen Staaten hatten sie Proxenoi, die

ihren Vorteil wahrten. Die Ämter waren möglichst
verteilt. An der Spitze steht gewöhnlich der Priester.
In Teos wird als Beamter des Bundes der Agonothetes
(Spielordner) genannt, welchem die Choregie und die
Beaufsichtigung des Kostenaufwandes zufiel. In der attischen Genossenschaft finden wir den Epimeletes (Verwalter) erwähnt. Das Rechnungswesen hatte seine eigenen

Fig. 38. Agonothetes.

Beamten. Gewöhnlich geschah die Wahl für ein Jahr,
aber die Zunftgenossen waren klug genug, solche, die
freigebig gegen den Bund sich zeigten, wieder und wieder
zu wählen. Aufser den genannten gab es auch Kollegien
für Theben, für den Isthmos und Nemea. Den gröfsten
Einflufs gewann aber die Künstlergenossenschaft zu Teos an
der kleinasiatischen Küste, wie denn überhaupt Ionien in
hellenistischer Zeit den Mittelpunkt der scenischen Kunst
bildete. Die Vaterstadt des weinfrohen Anakreon mit ihrem

prächtigen Dionysion war ganz dem Kultus des Dionysos geweiht. Deshalb war sie geehrt in allen Landen, und ihre Synodos, umfassend die Künstlerschaft „aus Ionien und dem Hellespont", war zugelassen an den Agonen des pythischen Apollo, an denen der helikonischen Musen und des Herakles: in Delphi an den Pythien und Soterien, in Thespiae an den Museen, in Theben an den Herakleen. Dieser Bund blühte eine Zeitlang unter der Leitung eines Kraton, der sich vom einfachen Flötenspieler emporgeschwungen hatte zum Priester und Agonotheten und die ausgezeichnetsten Ehren erntete. Auch sonst kargten diese Gesellschaften nicht mit Lobeserhebungen und Dankesbezeigungen ihren Wohlthätern gegenüber. Ihre Dekrete enthalten in hochtrabendem Tone Belobigungen, das Versprechen jährlicher Abkündigung durch den Herold an gewissen Festen, Verleihung von Kränzen, Aufstellung von Statuen u. dgl. Jede Gesellschaft besafs ihre Regisseure, die auch Hypodidaskaloi genannt werden. Ja, die in Teos scheint sogar eine Künstlerschule unterhalten zu haben. An gewissen durch Glanz ausgezeichneten Festen z. B. in Oropos, in Thespiae, in Orchomenos entspann sich auch ein Wettbewerb um den Preis zwischen den Mitgliedern verschiedener Truppen.

Bei guter Verwaltung war es solchen Vereinen möglich, helfend einzugreifen, wo der Kultus eines Gottes oder der Zustand eines Tempels und Altares es erheischte. Gewöhnlich wurden die Bundesglieder mit allem scenischen Apparat gegen entsprechende Besoldung auf Beschlufs des Bundes verschickt. Einen hervorragenden Beweis aber edler Uneigennützigkeit gab gerade jener ionische Bund. Einst war es den Bürgern von Iasos nicht möglich, in gewohnter Weise die vaterländischen Feste zu begehen. In ihrer Bedrängnis wandten sich die Väter der Stadt an den Vorstand der Künstlerschaft, und diese beschliefst denn zu helfen. In einer grofsen Urkunde — die uns verstümmelt noch erhalten ist — werden zunächst die vielen Verdienste erwähnt, die jene Stadt um den Bund sich erworben. In Anbetracht derselben will die Gesellschaft diesmal unentgeltlich die scenischen Feste geben: 2 Flötenspieler, 2 Tragöden und 2 Komöden, d. h. je 2 Protagonisten mit den entsprechenden Hilfskräften, ein Cithersänger und ein Citherspieler sollen mit dem erforderlichen Gerät und der Bedienung die Agone ausrichten und sogar auf Kosten der Gesellschaft in Iasos leben. Zugleich wird eine hohe Geldstrafe dem angedroht, der sich zur Zeit nicht einfinde, es sei denn, dafs er durch Krankheit oder Unwetter verhindert werde.

Darin liegt eine hohe Bedeutung dieser Genossenschaften, dafs sie die edelsten Erzeugnisse altgriechischen Geistes der ganzen Welt bekannt machten. Beachte man ferner, dafs sie in erster Linie zur Weiterführung altererbter feierlicher Opfer und Feste berufen waren, und man wird sich nicht wundern, dafs ihnen stets Ehrfurcht bezeigt wurde. Sie genossen gewisse Rechte, die dem Kollegium Dionysischer Künstler zu Athen ums Jahr 200 v. Chr. durch eine Verordnung der Amphiktionen in Delphi noch ausdrücklich in erweiterter Fassung verbrieft werden, als da sind: Unverletzlichkeit und Steuerfreiheit, Befreiung vom Militärdienst zu Land und zu Wasser. Auch soll es nicht gestattet sein, ein Mitglied zur Haft zu bringen, es sei denn, dafs es zum Schaden der Stadt oder in eigennütziger Absicht Schulden gemacht hat. Auf Antrag der Künstler ward, nachdem die Einmischung der Römer in griechische Verhältnisse begonnen hatte, dieser Beschlufs erneuert, wohlweislich mit dem Zusatze: „wenn es den Römern nichts verschlägt". Nun, die römischen Imperatoren hatten nichts dagegen. Suchten sie doch möglichst den Schein zu wahren, als ob sie Griechenland die Freiheit zurückgegeben hätten. Die Künstler ihrerseits wandten sich der neu aufgehenden Sonne freudig zu. In der Kaiserzeit wuchs das geschäftige Treiben dieser Genossenschaften ins Unglaubliche. Noch Nero begünstigte die griechischen Techniten, dann wieder Hadrian. Und die Künstler liefsen es an Dekreten und Lobhudeleien gegen den „neuen Dionysos" nicht fehlen. Die einzelnen Gesellschaften schlossen sich jetzt zusammen zu einer einzigen, welche für den ganzen Erdkreis berechtigt war. Ja, es scheinen sogar die unter den Auspicien des Herakles bestehenden Athletengesellschaften damit verschmolzen zu sein. Die Sucht, mit Siegen, erlangten Bürger- und Ehrenrechten zu prunken, erreicht die Grenzen des Glaublichen. Titel wie Hieronikes, Pleistonikes, d. i. Sieger an heiligen, an den meisten Spielen, waren etwas Alltägliches. Wer in den olympischen, pythischen, nemeischen und isthmischen Spielen zusammen gesiegt hatte, nannte sich Periodonikes. Einen Sieg über alle Mitbewerber bezeichnete der Zusatz Diapanton. Beiworte wie „unbesiegt", „alleiniger und erster aller Zeiten" gehören nicht zu den Seltenheiten. Stattliche Preise winkten an den Festen. So wurden z. B. dem ersten Tragöden einmal 2500 Denare, dem zweiten 800, dem dritten 400 gezahlt, den drei Komöden 1500, 500, 300. Der Dichter erhielt für eine neue Tragödie nur 750, für eine neue Komödie 500, für schon aufgeführte Stücke 350 und 150.

Die Verfassung der Gesellschaften hatte sich inzwischen gelockert, indem eine gröfsere Abhängigkeit vom Kaiser eintrat und die Hauptgeschäfte ein aufserhalb des Kollegiums stehender Logistes (Rechnungsführer) besorgte. Derselbe verwaltete nicht nur die Kassen, sondern regelte auch die Verwendung der einzelnen Künstler, bei der starken Nachfrage ein nicht leichtes Geschäft. In den spätesten Zeiten nahm das Interesse an Aufführungen eher zu als ab, so dafs ein Aufgeben des von den Eltern ererbten oder einmal gewählten Künstlerberufs nur in gewissen dringenden Fällen gestattet war.

Und doch, trotz dieser äufseren Anerkennung fanden die Schauspieler bei den Gebildeten nur bedingte Wertschätzung. Schon Aristoteles wirft die Frage auf: „Aus welchen Gründen sind die scenischen Künstler meistens sittlich schlecht?" und beantwortet sie folgendermafsen: „Weil sie, ihr Leben lang mit Übung ihrer Kunst beschäftigt, für die Weisheit keine Zeit haben und bald in Zügellosigkeit, bald in Dürftigkeit dahinleben." Natürlich bezieht sich die letztere Bemerkung mehr auf die Schauspieler zweiten und dritten Ranges als auf die Koryphäen der Kunst.

Die Schauspieler haben gelegentlich auch Stücke gedichtet. Öfter tragen die uns überlieferten Texte Spuren von schauspielerischer Überarbeitung. Ein interessantes Beispiel liegt im „Orestes" des Euripides vor. Hier sollen Schauspieler ein paar Verse eingeschoben haben, um einen vom Dichter gewünschten Sprung von oben herab, der ihnen gefährlich schien, zu umgehen. Namentlich gab wiederholte Aufführung Gelegenheit, moderne Beziehungen einzufügen. Gegen derartige Gelüste suchten die Athener wenigstens die Werke ihrer gröfsten Meister zu schützen. Lykurg (S. 101) verordnete nämlich, dafs von den Originalen ihrer Schöpfungen genaue Abschriften genommen und im Staatsarchiv niedergelegt würden. Bei jeder neuen Aufführung verglich der Staatssekretär den Text der Schauspieler mit dem Originale und gab nur bei völliger Übereinstimmung die Erlaubnis zur Aufführung. Jene wertvollen Urkunden liefs sich Ptolemaeus Euergetes gegen ein Pfand von 15 Talenten nach Alexandria schicken, um für die grofse Bibliothek eine gute Ausgabe der Tragiker zu gewinnen. Aber er schickte nicht die Originale zurück, sondern nur Kopien, indem er auf den hohen Einsatz verzichtete.

Die Schauspieler bei den Römern.

Die klassische Stelle über die Entwickelung des Schauspielwesens bei den Römern steht bei Livius im 2. Kapitel des 7. Buches. Hier wird ungefähr folgendes berichtet: Im Jahre 365 v. Chr. und auch im nächsten wütete

Fig. 39. Etruskische Tänzerin.

eine Pest in Rom. Eine Göttermahlzeit ward veranstaltet. Als aber trotzdem die Krankheit um sich griff, sollen scenische Spiele, für das kriegerische Volk eine ganz neue Erscheinung, eingerichtet worden sein. Doch waren diese Anfänge sehr bescheiden. Ohne Gesang, ohne ein auf Nachahmung von Gesängen berechnetes Gebärdenspiel machten aus Etrurien herbeigerufene Spieler (ludiones) nach der Sitte ihres Landes nicht unziemliche Bewegungen, indem sie zur Melodie der Flöte tanzten. Die einheimischen jungen Leute fanden daran Gefallen und begannen in kunstlosen Versen sich zu necken, zugleich aber ihre Worte mit den entsprechenden Bewegungen zu begleiten. Mit der Zeit bürgerte sich die Sache ein, und nach dem etruskischen Ausdrucke hister nannte man den Schauspieler histrio. Unterdessen waren an Stelle der rohen Improvisationen schon sog. Saturae, von Flötenspiel begleitete Gesänge mit dazu passenden Bewegungen, getreten. Beträchtliche Zeit sollte vergehen, bis jemand ein wirkliches Stück mit bestimmtem Inhalt dichtete, eben jener Livius Andronicus (S. 75), der natürlich, wie alle damals, Darsteller seiner eignen Dichtung war. Jetzt, wo das Spiel eine Kunst wurde, überliefsen die jungen Leute die Aufführungen des eigentlichen Dramas den Berufsschauspielern, sie selbst beschränkten sich auf das alte Scherzspiel und führten Intermezzi (exodia) auf im Anschlufs an die regelrechten Darstellungen. Ihre Farcen konnten sie besonders gut in den Atellanen anbringen, und so belegten sie denn diese ganze Gattung, liefsen sie nicht „von den Schauspielern entweihen". So kommt es, dafs die Darsteller der Atellanen (S. 69) Kriegsdienste thun dürfen und nicht aus der Tribus gestofsen werden. „Ich glaubte", so schliefst Livius, „unter den geringen Anfängen anderer Dinge auch den ersten Anfang der Spiele erwähnen zu müssen, damit klar werde, von wie verständigem Anfange aus die Sache zu diesem auch mächtigen Staaten kaum erträglichen Wahnsinn gelangt ist."

Vom Dichter ging auch hier die scenische Leitung in andere Hände, nämlich in die des Theaterdirektors (dominus gregis) über, der später geradezu scenicus principalis genannt wird. So spielte den ‚Stichus' des Plautus ein gewisser Publilius Pellio. Bitter heifst es von ihm in den „Bacchides": „Obgleich ich den „Epidicus" wie mein Leben liebe, sehe ich doch kein Stück so ungern, wenn ihn Pellio giebt." Terenz verdankte, wie wir oben sahen, das Durchdringen seiner Stücke zum grofsen Teile der unermüdlichen Thätigkeit des Ambivius Turpio. Spätere Truppen wie die des Minucius Prothymus führten die Terenzischen Stücke von neuem und zwar in Masken auf.

Eingehender sind wir über die Stellung der Schauspieler erst aus Ciceros Zeit unterrichtet. Es ward Mode, dafs die Besitzer geeigneter Sklaven diese zu Schauspielern ausbilden liefsen. Die Einnahmen derselben bestanden zunächst in der Gage (merces), die nach den Spieltagen berechnet ward. Dazu fügte die Freigebigkeit des Festgebers eine Art Trinkgeld (corollarium) in Gestalt von goldenen Kränzen u. dgl. Wohl deshalb, weil diese Ehrengeschenke regelmäfsig schnell versilbert wurden, kam der jüngere Kato, als er im Jahre 53 v. Chr. für einen Freund Spiele besorgte, darauf zurück, diese Gabe in Naturalien: Mangold, Lattich, Rettig und Birnen an die griechischen, und in Weingeschirr, Schweinefleisch, Feigen, Gurken, Holzbündel an die römischen Schauspieler auszuzahlen. Bei des Mannes allgemein bekannter Trefflichkeit nahm das Publikum diese Schrulle ruhig hin.

Seines Sklaven herrlicher Gliederbau, der später auch dichterisch verherrlicht wurde, mochte wohl jenem Roscius in Lanuvium den Gedanken eingegeben haben, den jungen Gallus (Quintus Roscius) zum Schauspieler ausbilden zu lassen. Derselbe widmete sich dem Lustspiel, und nicht lange sollte es dauern, so hatte er sich von seinen Einnahmen für eine hohe Summe freigekauft. Er brachte es in seiner Kunst soweit, dafs sein Name sprichwörtlich gebraucht ward für Virtuos überhaupt. Nach

Ciceros Urteil verdiente er allein auf der Bühne gehört zu werden, und der Redner fand es geradezu unverschämt, dafs andere Schauspieler in seiner Gegenwart zu spielen wagten. Nur die Einführung der Maske durch ihn wollte nicht allen Zuschauern behagen. Im übrigen war er der erklärte Liebling. Spielte er einmal weniger gut, so hiefs es: „Roscius wollte heute nicht spielen, Roscius hatte Migräne." Als Lehrer war er gesucht. Wir wissen das aus der noch erhaltenen Prozefsrede, in der Cicero den Komöden verteidigte. Das war so gekommen. Ein gewisser Fannius Chaerea hatte seinen Sklaven Panurgus dem Meister in die Lehre gegeben mit der Zusage, dafs er das zu erwartende Spielhonorar mit ihm teilen werde. Nun war Panurgus von einem gewissen Flavius getötet worden, und Fannius wollte später aufser der Entschädigung, die er selbst von dem Thäter empfangen hatte, noch die Hälfte der Roscius zu teil gewordenen Abfindungssumme von diesem heraushaben. Cicero macht dem Kläger klar, wieviel mehr Roscius bei dem Vertrage eingesetzt habe. Denn welche Erwartungen mufste Panurgus erregen, schon als er die Bühne betrat! Wer den Roscius liebte, begünstigte jenen; wer den Roscius bewunderte, spendete seinem Schüler Beifall. Wer nur des Meisters Namen gehört hatte, hielt den Panurgus für wohl unterrichtet und vollkommen. So ist einmal das Volk. Wenig urteilt es nach Thatsachen, viel nach der Einbildung. Wenn er von Statilius käme, könnte ihn, und wäre er tüchtiger als Roscius, niemand ersehen. Denn niemand glaubt, dafs aus der Schule eines so schlechten Schauspielers ein so guter hervorgehen könne. Weil er von Roscius kam, schien er noch mehr zu verstehen, als er in der That verstand. War's doch gerade so bei dem Komöden Eros. Als dieser von der Bühne nicht blofs mit Zischen, sondern auch mit Schimpf ausgepocht worden war, nahm er seine Zuflucht zum Namen und Unterricht des Roscius. Und in kurzer Zeit gelangte der, welcher nicht einmal zu den letzten Schauspielern gezählt hatte, unter die ersten Komöden. Was war es, was ihn erhob? Allein die Empfehlung des Meisters. Roscius hat jedoch den Panurgus nicht blofs pro forma in sein Haus aufgenommen, sondern ihn mit viel Mühe und Ärger unterwiesen. Denn je tüchtiger und gescheiter einer ist, desto hitziger und peinlicher ist er beim Lehren, es wurmt ihn, von anderen so langsam erfafst zu sehen, was er selbst sich spielend angeeignet hat. Und so war Roscius durch die Leistungen seiner Schüler, wenn sie auch gut waren, nie zufrieden gestellt, weil er selbst auch den kleinsten Fehler nicht ertragen konnte.

Roscius war auch grofs als Mensch, und Cicero meint, dafs er ebensogut eine Zierde des Senats hätte sein können wie der Bühne. Übrigens hatte ihm schon Sulla den goldenen Ring verliehen, der ihn in den Senatorenrang erhob. Des Künstlers Uneigennützigkeit war grofsartig. Er soll allein für einen Spieltag 1000 Denare (d. i. ca. 700 Mark) bekommen haben, so dafs schon im Altertum seine Jahreseinnahme auf 500 000 Sesterzen, etwa 100 000 Mark berechnet wurde. In der Zeit seines Prozefses hatte er aber seit 10 Jahren das Spielhonorar dem Staate geschenkt. Auch gelehrt wird er genannt. Cicero wetteiferte mit ihm z. B. darin, ob der Mime denselben Gedanken durch Gesten oder er selbst durch die Fülle der Beredsamkeit häufiger variieren könne. Dieses Spiel war dem Roscius dann Anlafs, ein Werk zu schreiben, in dem er die Beredsamkeit mit der Schauspielkunst verglich. Von allen betrauert starb dieser Mann, der durch die Lauterkeit seines Wesens und durch die Erhabenheit seiner Kunst die bestehenden Vorurteile durchbrochen hatte, im oder kurz vor dem Jahre 62 v. Chr.

Ihn überlebte Clodius Aesopus, gleichfalls ein Freigelassener, welcher als tragischer Schauspieler ähnlichen Ruhm sich erwarb. Seine Hauptrollen waren der Atreus des Accius, ferner Teucer im „Eurysaces", Andromache im gleichnamigen Stücke des Ennius, Agamemnon in desselben „Iphigenia", Eurypylus, weniger aber Ajax. Als Mensch kommt er dem Roscius nicht gleich. Es ist, als ob er im Leben für die erzwungene Würde seiner Bühnenthätigkeit sich hätte entschädigen wollen. Mit seinen reichen Einkünften führte er ein verschwenderisches Leben. Soll er doch auf kostbarer Schüssel einst die Zungen teurer Vögel, die singen und sprechen konnten, auf die Tafel gebracht haben, um sich aus dieser Nachahmung eine Vorstellung von dem Geschmacke menschlicher Zunge machen zu können. Dennoch hielt Cicero auch mit ihm Freundschaft, und Aesop erwies sich dankbar, als der Staatsmann verbannt war. Die Aufführung des „Eurysaces" des Accius gestaltete er nämlich zu einer grofsen Kundgebung für den Verbannten, indem er in geschickter Weise Anspielungen auf die Leiden und Verdienste desselben anzubringen wufste. Die Hauptstellen wurden da capo verlangt. Das ganze Volk war gerührt, selbst die Gegner konnten sich der Thränen nicht erwehren. Aesop erfreute sich nicht derselben Rücksichtnahme wie Roscius, sondern wurde ausgepocht, wenn er etwas heiser war; er überlebte auch seinen Ruhm. An den grofsen Spielen, welche Pompejus im Jahre 55 gab, versagte ihm bei einem feierlichen Schwure die Stimme. Trotz seiner Verschwendung hinterliefs er seinem liederlichen Sohne noch ein grofses Vermögen.

Sollte man es glauben, dafs die vielgerühmte Kunst eines Roscius schon in der Zeit des Tacitus für altmodisch gelten konnte? Und doch ist es so. In der Kaiserzeit hat sich eben die Anschauung über das Schauspiel vollständig geändert. Es war eine Zeit des Raffinements. Ein schöner Körper, eine elegante Beweglichkeit sicherte am ehesten den Erfolg. Die Schauspielerinnen treten nun in den Vordergrund. Sie wirken nicht mehr blofs im Mimus, sondern auch in anderen dramatischen Gattungen. Zur Zeit des Donat, wenn nicht früher, wurden auch in den Terenzischen und Plautinischen Stücken die weiblichen Rollen von Frauen gespielt. Durch diese Veränderung wurde der Standpunkt des Zuschauers zum Darsteller verschoben, indem nun ein Interesse sich einmischte, welches mit der Kunst nichts zu thun hat. Im deutschen Drama vollzieht sich diese Wandlung erst 1685, während in der Oper notwendigerweise auch schon früher Frauen hatten zugelassen werden müssen. Wuchs auch äufserlich der Einflufs und die Besoldung, so ward doch der Stand in den Augen der Edleren verächtlich und entfesselte später den Zorn der Kirchenväter.

Schon zu Ciceros Zeit begann das zweideutige Treiben der Künstlerinnen. In seinen Briefen und anderwärts begegnen uns öfter Theaterberichte, so auch einer aus dem Jahre 54. Cicero hat den Apollinarischen Spielen beigewohnt. In der „Andromache" hat ein gewisser Antipho geglänzt, im Mimus hat Arbuscula Beifall errungen. Wie sich diese der Gunst der Vornehmen erfreute, so wufste Cytheris, eigentlich Volumnia, einige der einflufsreichsten Männer Roms an sich zu fesseln. Einmal war Cicero mit ihr in Gesellschaft, er führt aber, gleichsam sich entschuldigend, an, er hätte nicht gewufst, dafs sie dort sein würde. Später schämte sich sein Gegner Antonius nicht, mit Cytheris Italien zu durchziehen. Dafs Schauspieler einen besonderen Künstlernamen sich beilegten, war auch sonst nicht selten. Von Laberius und Publilius Syrus, von denen nur letzterer als eigentlicher Akteur hier in Frage kommt, war schon die Rede. In den letzten Jahren des Augustus kam Philistion nach Rom, der die Komik auf die Spitze trieb. Scherzhaft wie alles an ihm war auch seine Grabschrift: „Hier lieg' ich, meines Lebens letzter Rest, oft starb ich schon, doch so noch nie!" Wie dieser verband Darstellung mit schöpferischer Thätigkeit Lentulus, der in der Zeit des Caligula seine gröfsten Triumphe gefeiert hat. Er behandelte vielfach mythische Stoffe. In seinem berühmtesten Stücke „Laureolus", dem „Fra Diavolo des Altertums", schilderte er das Räuberleben eines entlaufenen Sklaven, der schliefslich gekreuzigt wird. Ein Günstling des Domitian war der Mime Latinus. Als seine Leibrolle wird angeführt die des Galans, welcher in einer Kiste versteckt in Gefahr kommt zu ersticken. Seine Genossen in derartigen Stücken waren Thymele und Panniculus. Die berüchtigte Thymele übertraf in der Darstellung des Unanständigen nur der Pantomime Bathyllus, wenn er die Leda spielte. Aus dem 3. Jahrhundert ist uns eine Grabschrift erhalten auf die Mime Julia Bassilla, welche sich in Aufführungen mannigfacher Art hervorthat in den verschiedensten Gegenden. Ein Kunstgenosse, Namens Herakleides, setzt ihr den Denkstein, die Kollegen (Syskenoi) rufen ihr ein „Ruhe sanft!" nach. Eine der frechsten Mimen war jene Theodora, welche später mit Justinian in Byzanz den Kaiserthron bestieg. Freilich spottete ihre Schönheit aller Beschreibung.

Waren in republikanischer Zeit die Namen für die verschiedenen Darsteller auseinander gehalten worden, also die mimi, Atellanarum actores, saltatores u. s. w. so pflegte man all diese Arten in der Kaiserzeit unter dem Begriff histrio zusammenzufassen, welcher eigentlich blofs die Darsteller der Tragödie (tragoedi) und die der Komödie (comoedi) bezeichnete. Es kam aber in dieser Zeit auch häufiger vor, dafs jemand in verschiedenen Gebieten zugleich oder nach einander sich hervorthat. Wie die griechischen Techniten, so schlossen sich auch die römischen Komödianten zusammen unter einem Oberhaupte, dem Erzmimen, archimimus. Das Personal solcher Gesellschaften war grofs, weil die mannigfachen Darstellungen ganze Tage ausfüllen mufsten und auch die Dienerschaft dazu gerechnet wurde. Am 11. August 169 setzten dem Archimimen L. Acilius Pomtinus Eutyches von den Mitgliedern seiner Gesellschaft allein 60 männliche ein Denkmal. Sie rühmen die Freigebigkeit ihres „ersten Vaters" und nennen ihn berühmten Archimimus, langjährigen Tischgenossen des Apollo, ersten tragischen und komischen Darsteller seiner Zeit. Auch weibliche Archimimen werden erwähnt.

Ein besonderes Interesse dürfen die Mimen auf dem Throne der Cäsaren beanspruchen. Augustus schon fragte auf dem Sterbebett, ob er den Mimus des Lebens angemessen gespielt habe, und fügte hinzu: „Dann klatschet Beifall!" Nero trat, nachdem er die nötigen Übungen vorgenommen und auch der vorgeschriebenen Diät sich unterzogen hatte, zuerst in Neapel als Cithersänger auf, später auch in Rom. Unschlüssig war er, ob er nicht auch mit privaten Schauspielen unter anderen Bühnenkünstlern sich befassen sollte, als ein Prätor eine Million Sesterzen für eine solche Aufführung bot. Auch sang er Tragödienrollen maskiert, indem er die Masken der Heroen und Götter bilden liefs nach seinem Gesicht oder dem der Frau, die er gerade liebte. Er sang unter anderen die Kanake, den Orest, den blinden Ödipus, den wütenden Herkules. Aus letztgenannter Aufführung wird eine hübsche Anekdote erzählt. Als der Kaiser gekleidet und mit Ketten gefesselt wurde, wie es die Rolle verlangte, eilte der wachthabende Soldat, ein junger Rekrut, herbei, um ihn zu befreien. Vom Leben nahm Nero Abschied mit dem Ausruf: „Welch ein Künstler stirbt in mir!"

Trotzdem dafs in diesen späteren Zeiten infolge der Gunst der höchsten Kreise einzelne Virtuosen auf hohem Fufse lebten, blieb doch das Dasein gerade der wirklichen Schauspieler, namentlich der Darsteller der nicht mehr zeitgemäfsen Tragödie, im allgemeinen ein glänzendes Elend. Sie sind, meint Lucian, auf der Bühne Agamemnon oder Kreon oder gar Herakles. Draufsen aber, wenn sie die Masken abgelegt haben, werden sie wieder besoldete Tragöden, die durchfallen und ausgepfiffen, bisweilen auch gepeitscht werden, wenn es dem Publikum beliebt, und obendrein Hunger leiden. Und ähnlich philosophiert Seneca: Keiner von denen, die du in Purpur gekleidet siehst, ist glücklich, ebensowenig als einer von denen, welchen die Stücke auf der Bühne Scepter und Chlamys zuweisen. In Gegenwart des Volkes schreiten sie breit und auf dem Kothurn einher; sobald sie aber abgetreten sind, entschuhen sie sich und nehmen ihre natürliche Gröfse wieder an. Und an einer anderen Stelle heifst es: Jener, der auf der Bühne breitspurig einherschreitet und sich brüstend spricht: „Argos ist mir unterthänig: ein Reich hinterliefs mir Pelops u. s. w.", der ist ein Sklave und erhält fünf Scheffel und fünf Denare; der, welcher stolz und geschwellt von Vertrauen auf seine Kräfte droht: „Wenn du dich dabei nicht beruhigst, Menelaus, wirst du durch diese Rechte fallen!" bekommt ein Taglohn und schläft in Lumpen.

Die Schauspieler wurden in Italien keineswegs blofs auf der Bühne verwendet, sie würzten, wie das auch in Griechenland schon vorkam, die Gastmähler durch mimische Unterhaltung, und bei den Leichenbegängnissen schritt ein Mime voran mit der Maske und in der Kleidung des Verstorbenen und ahmte dessen Bewegungen nach. Im 6. Jahrhundert hörten in Italien die Aufführungen im Theater auf. Die Gebäude verfielen. Im oströmischen Reiche verschmolzen die Schauspieler mit den Künstlern des Cirkus. Aber im ganzen Abendlande zogen noch immer von Ort zu Ort die verkommenen Erben der alten Histrionen, jene balatrones, buffones, ioculatores, ludiones, nebulones, mit musikalischen und gauklerischen Fertigkeiten und unanständigen Possen die Menge erheiternd.

IX.

Die Schauspielkunst.

Nicht immer fällt die Blüte der Schauspielkunst mit der Blüte der dramatischen Poesie zusammen, im Gegenteil haben gerade die gröfsten Schauspieler in der Zeit der dramatischen Epigonen gelebt. Der Gang ist eben der: wenn die Schöpferkraft des Dichters versiegt, tritt die Gestaltungskraft des Schauspielers an deren Stelle. So konnte schon Aristoteles sagen: „Mehr vermögen jetzt die Schauspieler als die Dichter." Und klingen nicht die Worte Quintilians, als ob sie heute geschrieben wären: „Die Schauspieler wissen auch den besten Erzeugnissen der Dichter soviel Anmut hinzuzufügen, dafs ebendasselbe gehört uns unendlich mehr ergötzt als gelesen, und auch für ganz leichte Ware erlangen sie Gehör, so dafs, was in den Bibliotheken keine Statt findet, häufig genug im Theater zu treffen ist?" So kann es nicht zweifelhaft sein, dafs die Techniten in der alexandrinischen Zeit die Zeitgenossen des Aischylos und Sophokles, ebensowenig, dafs die Freunde Ciceros, ein Roscius, ein Aesopus, die Schauspieler des Plautus und

Terenz in den Schatten stellten, dafs aber eben dieselben wieder zurücktraten hinter den Virtuosen der Kaiserzeit, wie denn auch kein Zweifel sein kann, dafs selbst Künstler zweiten Ranges heutzutage in Bühnengewandtheit mehr leisten als die berühmten Darsteller aus Lessings Tagen. Die Zeit ausgebildeter Subjektivität und eines kräftigen Realismus mufs immer der Schauspielkunst zu gute kommen. Man hüte sich aber, die älteste Kunst als ungenügend sich vorzustellen. Waren doch die Elemente derselben schon ausgebildet von den Rhapsoden, welche die Homerischen Gedichte vortrugen, und weiterhin von den Sängern lyrischer Chöre. Wesentlich höhere Anforderungen stellte die Aischyleische Tragödie auch nicht, die ja aus breiten epischen Berichten und langen Gesängen bestand. Es genügte, wenn der Darsteller den Helden ein ideales, monumentales Gepräge verlieh, das sie jenen ersten starren Erzeugnissen der Bildhauerkunst an die Seite stellt.

Das war die Zeit, in welcher der Dichter selbst die Rolle des Protagonisten spielte. Er hatte sein Stück bis in die innersten Tiefen erfafst und brauchte keinen Souffleur. Auch später ward ein solcher nicht eingeführt, als dieses Verhältnis des Dichters zum Schauspiel sich löste. Der Schauspieler war noch nicht so überbürdet mit Rollen wie jetzt, wenn auch gelegentlich alte Stücke wieder aufgeführt wurden. Als unter Sophokles und Euripides die Tragödie an Fülle, Innerlichkeit und Subjektivität gewann, war es Zeit, die überlebte Maskenhülle abzustreifen, aber der in religiöser Beziehung konservative Geist des Griechenvolkes und gewisse noch zu erörternde Rücksichten standen dieser Wandelung entgegen, und so blieb die Maske ein Hindernis für die Entwickelung der Schauspielkunst. Dagegen kommt auch der geringe Vorteil, den sie für die Verstärkung der Stimme bot, nicht in Frage. In dieser Beziehung kam den Darstellern der Umstand mehr zu statten, dafs die Tragödie sangartig oder geradezu mit Gesang vorgetragen wurde. Die Anforderung an die Kraft und die Biegsamkeit der Stimme waren gröfser als bei uns, weil die Schauspieler mehr als eine Rolle im Stück, darunter auch weibliche, zu spielen hatten. Sophokles verzichtete, wie es heifst, wegen zu schwacher Stimme nach einigen Versuchen darauf, selbst mitzuspielen. Heroenmäfsig zu rufen war eben keine geringe Aufgabe. Der Zeitgenosse des Demosthenes, Neoptolemos, besafs darin die Meisterschaft, während es zur Zeit des Lucian vorkam, dafs Darsteller des Kreon, des Agamemnon oder gar des Herakles schwächlicher sprachen als Hekabe und Polyxene. Besondere Leistungsfähigkeit und Ausdauer bewies Polos, der im Alter von 70 Jahren kurz vor seinem Tode einmal acht Tragödien in vier Tagen gespielt haben soll.

Obwohl Aristoteles meint, die Schauspielkunst sei mehr Sache der Natur als der Kunst, so haben doch die griechischen Künstler sich höchlichst bemüht, ihre Stimme zu bilden. Spazierengehen, Salben, Enthaltung von Liebesgenufs, leichte Verdauung, d. i. Mäfsigkeit, werden als Kräftigungsmittel empfohlen. Jahrelang müssen die angehenden Schauspieler sitzend deklamieren. Täglich vor einem Vortrage lassen sie liegend von den untersten Tönen bis zu den höchsten die Stimme sich erheben und führen sie nach der Aktion vom höchsten Tone wieder sorgsam zum Grundtone zurück. Und doch durfte der Darsteller beim Spiele diese mühsame Zucht nicht verraten. Die Stimme des Theodoros klang, so rühmt Aristoteles, immer natürlich, während die der Mitspieler etwas Fremdartiges hatte. Als die Charaktere mannigfaltiger geworden waren, halfen sich die Künstler durch weise Beschränkung. Nicht blofs, dafs das Rollenfach der Tragödie und der Komödie für gewöhnlich getrennt war, auch innerhalb derselben Gattung wählten sie sich nicht die besten, sondern die für sie geeignetsten Rollen. Wo eine ausgesprochene Beanlagung nicht vorhanden war oder keine Berücksichtigung finden konnte, war es Sache des Regisseurs, jedem Mitspieler die für ihn geeigneten Rollen zuzuteilen. Entscheidend war dabei, ob die Stimme oder der Gestus jemandes Stärke war; in jenem Falle empfahlen sich die Rollen der „Epigonen" und des „Medos", in diesem die der „Melanippe" und der „Klytaimnestra". Der eine war mehr für ethische, der andere mehr für pathetische Rollen beanlagt. So spielten z. B. Theodoros und Aristodemos vielfach die Antigone, nicht aber den Phoinix des Euripides, welcher an Molon einen glücklichen Darsteller fand. Sprichwörtlich wurde die Redensart: „Ich werde alles machen nach Art des Nikostratos"; dies war jener tragische Schauspieler, welcher die Botenberichte am besten zu sprechen schien. Beschränkten sich so einzelne auf ganz spezielle Gebiete, so wird andererseits von einem alten Schriftsteller hervorgehoben, dafs Polos, ein älterer Namensvetter des oben genannten, ebensogut den Bettler wie den König Oidipus gespielt habe. Ja, in späterer Zeit suchten gewisse Virtuosen etwas darin, in beiden Arten des Dramas zu glänzen, und es mag ein besonderer Reiz für die Athener darin gelegen haben, wenn berühmte Tragöden wie Polos und Aristodemos die Götter nicht blofs in den Tragödien, sondern auch in den Komödien spielten.

Eine schöne und kräftige Stimme genügte allein nicht, man wollte Länge und Kürze der Silben sorgsam geschieden und überhaupt jede Feinheit der Sprache deutlich wiedergegeben haben. Ein kleiner Verstofs dagegen war im stande, den Lärm des Publikums zu erregen. Hegelochos sprach, da ihm plötzlich der Atem ausging, im „Orestes" des Euripides γαλῆν ὁρῶ statt γαλήν' ὁρῶ, „ich sehe ein Wiesel", statt „ich sehe eine Meeresstille", ein Unglück, über das mehrere Komiker, darunter Aristophanes, sich lustig machten. Es scheint jenem Darsteller aber auch sonst an Geschmeidigkeit der Stimme gefehlt zu haben. Wenigstens tadelt der Komiker Strattis den Archon des betreffenden Jahres, dafs er den Hegelochos für die Protagonistenrolle in Sold genommen und damit den „Orestes" verhunzt habe.

Die Gegenwart beurteilt die Leistungen eines Theaters grofsenteils nach dem sog. Ensemble. Dieses konnte auf der griechischen Bühne schon deshalb leichter zu stande kommen, weil dem Protagonisten immer die anderen Spieler sich unterordnen mufsten. Und Cicero bestätigt aus eigener Erfahrung, dafs der Deuteragonist und der Tritagonist, wenn sie auch lauter zu sprechen vermochten als der Protagonist, dennoch sehr zurückhielten. Ähnliche Prätensionen beobachten wir auf kleineren Bühnen bei den Gastspielen grofser Meister. Andererseits wird aber von den Alten schon darauf hingewiesen, dafs oft die Protagonisten dem gemieteten Tritagonisten auf der Bühne folgten und ihn demütig anredeten, wenn er das Scepter und das Diadem trug, sich also ganz in den Geist ihrer Rolle zu fügen wufsten. Ob eitle Virtuosen auch Änderungen am Stücke sich erlaubten, um ein wirkungsvolles Auftreten oder Abtreten sich zu sichern, wird nicht überliefert; wohl aber hören wir, dafs Theodoros, um zuerst dem Publikum unter die Augen zu kommen, stets die Rolle des zuerst Auftretenden für sich in Anspruch nahm, was er als Protagonist wohl konnte. In Rom war zu Zeiten von einem guten Zusammenspiel nicht die Rede, wenn anders Cicero mit Recht den Roscius einen Künstler nennt, der allein würdig schien, auf der Bühne geschaut zu werden.

Cicero spricht öfter davon, welchen ergreifenden Eindruck der Schauspieler hervorbrachte. So legt er dem Redner Antonius die Worte in den Mund: „Was kann so erdichtet sein als der Vers, die Scene, die Fabeln? Dennoch habe ich es in dieser Gattung oft erlebt, dafs aus der Maske mir die Augen des Schauspielers entgegenzuglühen schienen, wenn er im „Teucer" sprach:

> Ihn zu verlassen wagtest Du, bist ohne ihn
> Zurückgekehrt und scheutest nicht mein Angesicht?

Niemals sprach er das Wort „Angesicht", ohne dafs mir der erzürnte Telamon leibhaftig zu rasen schien in Trauer über seinen Sohn Ajax. Und wenn er dann fortfuhr, die Stimme überlenkend in jammervollen Ton:

> Am Rand des Grabes hast Du mich hilflos zerfleischt,
> Verwaist, vernichtet,

schien er weinend und trauernd mir zu sprechen. Wenn also dieser Schauspieler, obwohl er täglich die Rolle spielte, sie doch nicht ohne Schmerz spielen konnte, kann da Pacuvius beim Dichten ohne Schmerz geblieben sein?" Quintilian versichert sogar: „Ich sah oft Schauspieler und zwar auch Komöden, wenn sie nach einem heftigeren Auftritte die Maske abgelegt hatten, noch weinend heraustreten." Wie Roscius und Aesopus zu Hause vor der Maske sich in ihre Rolle völlig eingelebt hatten, so gelang es ihnen auch auf der Bühne, gewissermafsen die eigne Natur zu verleugnen. Plutarch erzählt davon ein Beispiel: Als Aesopus einst im „Atreus" des Accius als Atreus in Mordgedanken dasafs und plötzlich ein Diener an ihm vorüberlief, schlug er, der Wirklichkeit völlig entrückt und ganz in seine Rolle versenkt, ihn mit dem Scepter zu Boden. Ähnlich ging es einem Darsteller in Lucians Zeit, der den rasenden Ajax zu tanzen hatte. Er zerfetzte einem von denen, die mit

eiserner Sohle den Takt schlugen, das Gewand, rifs einem
Flötenspieler die Flöte weg und schlug damit den in
der Nähe stehenden Odysseus, der über seinen Sieg
frohlockte, an den Kopf. Nur die Filzkappe rettete diesem
das Leben. Der Pöbel war über diese lebensvolle Darstellung höchlichst erfreut, sprang und schrie und warf
die Kleider weg als Zeichen gröfster Befriedigung. Die
Gebildeten dagegen waren verstimmt, da sie nicht einen
wahnsinnigen Ajax, sondern einen wahnsinnigen Schauspieler in dem Menschen sahen. Übrigens bereute derselbe später seinen Ausbruch und soll sich die Sache zu
Kopfe genommen haben. Ein Rival nutzte den Vorfall
noch besonders aus, indem er die Rolle bald darauf in
ganz geziemender Weise gab. In einem anderen Sinne
vergafs die Wirklichkeit ein gewisser Fufius Phocaeus.
In der „Iliona" des Pacuvius gab er die Titelrolle und
mufste sich schlafend stellen, bis der Geist des gemordeten Deiphilus ihn rief. Da er aber zu viel getrunken
hatte, war er nicht zu erwecken, wie oft auch der Darsteller des Schattenbildes, ein gewisser Catienus, sein:
„Mutter, dich ruf' ich!" wiederholte.

Cicero hebt hervor, in welche reiche Fülle von
Stimmungen der Schauspieler sich versetzen mufs. Der
Jähzorn erfordert eine durchdringende, rasche, häufig absetzende Stimme, das Bedauern und die Trauer einen
schmiegsamen, überquellenden, abgerissenen Ton mit
weinerlicher Stimme, wie wenn Medea bei Ennius klagt:

   Wohin mich wenden? Welche Bahn beschreit' ich jetzt?
   Ins Vaterhaus? hin zu den Töchtern des Pelias?

Etwas gedämpft, zögernd, gedrückt kommt zum Ausdruck die Furcht des Muttermörders Alkmäon. Die Gewaltthat verlangt Nachdruck, Heftigkeit, ein Drohen mit
einer gewissen Wucht des Ernstes, wenn z. B. Atreus
spricht:

IX. Die Schauspielkunst.

> Ein gröfser Werk, ein gröfser Uebel gilt's zu thun,
> Zermalmend brech' ich ihm sein unversöhnlich Herz.

Dem Frohsinn ziemt Ausgelassenheit, Milde und Zartheit, Aufgeräumtheit und Lustigkeit, und für die Niedergeschlagenheit schickt sich ein gewisser Ernst ohne Rührton, eine gewisse Schwermut und Gedrücktheit. Was Quintilian den Rednern vorhält, gilt auch für die Schauspieler, dafs sie nicht in Monotonie verfallen, nicht alles entweder herausschreien oder hervormurmeln oder in einer mittleren Sprechweise vortragen sollen. Auch an denselben Stellen und bei denselben Gemütsstimmungen finden doch gewisse, wenn auch nicht eben bedeutende Biegungen der Stimme statt, je nachdem es die Würde der Worte oder die Natur der Gedanken oder das Absetzen, das Anheben, der Übergang erfordern. Zum rechten Vortrag gehört eine leichte, hohe, ergiebige, biegsame, feste, süfse, helle, reine, durchdringende, dem Ohr sich anschmiegende Stimme.

Bei aller Anerkennung des Strebens, naturwahr zu spielen, tadelt Quintilian doch eine Nachahmung am unrechten Platze, wenn der Spieler nämlich in der Rolle eines Jünglings z. B., da wo in der Exposition entweder die Rede eines Greises, wie im „Wasserkrug" des Menander, oder einer Frau, wie im „Landmann" desselben Dichters vorkommt, eine solche Stelle mit zitternder oder mit weiblicher Stimme vorträgt. Man kann darüber verschiedener Ansicht sein. Donat wenigstens bemerkt zu der Stelle der „Andria", wo Pamphilus das Vermächtnis der Chrysis erzählt, dafs die durch Absätze unterbrochene Rede der Stimme einer Sterbenden angepafst ist und auch entsprechend vorgetragen werden mufs. Bisweilen liegt sogar der Hauptwitz in der Nachäffung, wie in der von Cicero erwähnten Stelle, die Roscius so meisterhaft sprach:

> Dir, Antipho, so sprach er, hab' ich sie gepflanzt,

Worte, in denen ein ungeratener Sohn über die Sorge des Vaters sich lustig macht. Freilich warnt auch Cicero vor Übertreibung. Die Fertigkeit, alle möglichen Stimmen und Töne nachzuahmen, bildeten besonders die griechischen Schauspieler aus, und hellen Jubel erregte es, wenn Parmeno das Quieken des Schweins oder Theodoros das Geräusch der Haspel nachmachte.

Um stets den rechten Ton zu treffen, hatte der berühmte Volksredner C. Gracchus immer einen erfahrenen Musiker hinter sich, der rasch auf der Flöte den Ton angab, sobald Gracchus die Stimme zu sehr sinken liefs oder zu sehr anspannte. In den Gesängen auf der Bühne wurde der Schauspieler in Griechenland und in Italien von einem Flötenspieler begleitet, welcher den Ton und den Takt bestimmte. Roscius sah sich im Alter genötigt, den Takt etwas langsamer angeben zu lassen.

Im Gestus fällt die erste Stelle dem Kopfe zu. Da wird genannt die Bewegung des Zunickens und ihr Gegenteil, der Bestätigung, der Schüchternheit, des Zweifels, der Verwunderung und der Entrüstung. Mit ihm allein aber zu gestikulieren, erklärten auch die Bühnenlehrer für fehlerhaft. Im Gesicht herrscht wiederum das Auge, denn in dem Auge liegt das Herz. Deshalb erhoben auch die Römer energischen Einspruch, als Roscius, wie es heifst, seiner schielenden Augen wegen die griechische Maske einführte. Eben aus genanntem Grunde mag das Augenspiel bei ihm besonders verdeckt gewesen sein, sonst aber hinderte die Maske dasselbe nicht. Deshalb wird an einem griechischen Schauspieler Tauriscus besonders hervorgehoben, dafs er beim Spiele, dem Zuschauer abgewandt, den Blick immer auf einen Punkt zu heften pflegte. Dagegen läfst sich nur bei Spiel ohne Maske eine Stelle des Philosophen Seneca verstehen:

„Die Schauspieler, welche Gemütsbewegungen nachahmen, welche Furcht und Angst ausdrücken, welche Traurigkeit darstellen, deuten die Schüchternheit auf folgende Weise an: sie lassen das Antlitz sinken, dämpfen ihre Worte, schlagen die Augen nieder und heften sie auf den Boden: Die Schamröte können sie sich nicht auspressen." Die Redner agierten vielfach mit den Augenbrauen und mit der Stirn. Diese Möglichkeit fiel für die Schauspieler in Griechenland und in späterer Zeit auch in Rom weg. Alle griechischen Dramen waren für Spiel mit Maske berechnet, die Stücke des Plautus und Terenz nicht.

Wie man durch Ausstattung der Masken jenem Mangel möglichst abzuhelfen suchte, wird uns in den nächsten Kapiteln beschäftigen. Doch vergesse man auch nicht, dafs die Gestikulation mit den Armen, den Händen und den Fingern bei den Alten eine Ausbildung erreicht hat, die unser Erstaunen erregen mufs und die den Zuschauer für das Fehlen des Mienenspiels entschädigte. Dem Südländer ist ein Talent zur Zeichensprache angeboren, und ausgebildet wird dieser Trieb in Italien noch durch die Notwendigkeit, im Lärm der verkehrsreichen Strafsen sich verständlich zu machen. Eben darum hat hier der Pantomimus eine grofse Blüte gehabt. Es ist kaum glaublich, meint Quintilian, wie viele Bewegungen der Hände, ohne welche die Actio unbeholfen und matt wäre, möglich sind, indem sie fast die Fülle der Worte erreichen. Denn die übrigen Glieder unterstützen den Redenden nur, diese reden so zu sagen selbst. Oder fordern, versprechen, rufen, entlassen, drohen, bitten, verwünschen, fürchten, fragen, verneinen wir nicht mit diesen, drücken wir nicht Freude, Trauer, Zweifel, Geständnis, Reue, Mafs, Menge, Zahl und Zeit mit ihnen aus? Und zwar sind das Gesten, die mit den Worten selbst naturgemäfs entstehen. Davon sind wohl zu scheiden diejenigen, welche die Dinge nachahmend bezeichnen, wie wenn man etwa Krankheit mit dem Gestus des den Puls befühlenden Arztes oder einen Cithersänger andeuten wollte dadurch, dafs man die Hände legt wie einer, der die Saiten schlägt. Das gilt nicht blofs von den Handbewegungen, sondern von den Körperbewegungen überhaupt. Es. wäre verfehlt, wenn man vom Prügeln redet, den Körper zu verkrümmen oder in der Stimme den Schmerz zum Ausdruck zu bringen. „Der Gestus soll mehr dem Sinne als den Worten angepafst sein, was auch die Schauspieler, die es mit ihrer Kunst etwas ernster nehmen, zu beachten pflegen." Die Pantomimen mögen in der Nachahmung besonders weit gegangen sein, aber auch die Tragöden arteten in der Zeit des Aristoteles bisweilen aus und brachten dadurch die ganze Tragödie in Mifskredit. Schon Kallipides, der Zeitgenosse des Sokrates, der zu den ersten Virtuosen gehörte, der sich rühmen konnte, dafs er viele zu Thränen zu rühren vermöchte, wurde von seinem Kollegen Mynniskos „Affe" genannt, weil er die Nachahmung übertrieb. In denselben Fehler scheint auch der Tragöde Pindaros verfallen zu sein.

Etwas ganz anderes und geradezu das Ideal der Kunst ist die reale, dem Leben abgelauschte Darstellung der Lebensgewohnheiten der einzelnen Charaktere. Als Ambivius Turpio dem Terenz den Phormio vorspielte, gähnte er trunken und rieb sich mit dem kleinen Finger das Ohr, woran man wollüstige Parasiten erkannte. Da rief der Dichter hocherfreut aus: gerade so habe er beim Dichten sich die Rolle gedacht. Zu verwerfen wiederum ist ein gewisser Hang zu naturalistischer Darstellung, der in der alexandrinischen Zeit einrifs. In der an sich ergreifenden Scene, wo Elektra die vermeintliche Asche des Orestes empfängt, hielt der berühmte Polos eine Urne mit der Asche seines Sohnes im Arme. Daſs er hinreiſsend spielte, läſst sich begreifen. Dennoch aber bleibt das Mittel ein verwerfliches.

Der Gestus steht zu der Sprache in enger Beziehung; nimmt sie an Schnelligkeit zu, so wird er lebhafter. Manchen Stellen kommt rascher, anderen langsamer Vortrag zu; „da berühren wir etwas nur leicht, häufen an und eilen dahin, dort wieder reden wir mit Nachdruck, prägen ein, schärfen ein. Mehr Pathos aber haben die langsamen Stellen, und deshalb war Roscius rascher, Aesopus bedächtiger, weil jener Komödien, dieser Tragödien spielte. Das gilt ebenso von der Stimme, wie von der Bewegung. Und so ist in den Stücken der Gang der Jünglinge, der Greise, der Soldaten und der Hausfrauen ein würdigerer, während Sklaven, Mägde, Parasiten, Fischer sich schneller bewegen." Deshalb war auch innerhalb derselben Dramengattung Spielraum genug für ganz verschiedene Talente. Dies zeigt das Beispiel zweier ausgezeichneter Komödiendarsteller, des Demetrius und des Stratokles. Zugleich lernen wir an ihnen, daſs theoretische Regeln nicht für alle gemacht sind. „Sie gefielen nämlich wegen ganz entgegengesetzter Vorzüge. Diese Erscheinung verliert in sofern etwas das Wunderbare, als der eine Götter und Jünglinge und gute Väter und gute Sklaven und Hausfrauen und würdige Greisinnen sehr gut, der andere hitzige Greise, schlaue Sklaven, Parasiten, Kuppler und überhaupt alle lebhafteren Rollen besser darstellte. Ihre Natur war eben ganz verschieden, denn auch die Stimme des Demetrius war angenehmer, die des andern durchdringender. Auch ihre Gewohnheiten konnten sie nicht gegenseitig austauschen: mit den Händen zu gestikulieren und zärtliche Ausrufe des Theaters wegen von sich zu geben und im Einherschreiten den Wind mit dem Gewande aufzufangen und bisweilen mit der rechten Seite Gesten zu machen, das stand keinem anderen als dem Demetrius, welcher für alles dies durch seine Statur und wunderbare Erscheinung unterstützt wurde. Dem Stratokles stand sein Lauf und seine Behendigkeit und sein für die betreffende Rolle sich vielleicht gar nicht schickendes Lachen, welches er in guter Berechnung dem Volke zuliebe that, und sogar sein eingezogener Nacken. Jeder in seiner Art gefiel; wenn der eine dem andern etwas hätte nachmachen wollen, würde es widerlich erschienen sein."

Ausgezeichnete Künstler verstanden auch durch Zurückhaltung an geeigneten Stellen den nötigen Hintergrund für belebte Partien zu gewinnen. So sprach z. B. Roscius folgende Stelle nie mit den ihm zu Gebote stehenden Mitteln:

Denn der Weise fordert Ehr' als Lohn der Tugend, nicht Gewinn,

sondern er warf die Worte nur so hin, um im folgenden:

Doch was seh' ich? erzgerüstet nimmt er ein den heil'gen Sitz

loszubrechen, sich umschauend in Verwunderung und Erstaunen. Und wie gelassen, ruhig und aktionslos sprach Aesop die Worte der Andromache: „Welchen Schutz such' ich doch?" denn es steht bevor: „O Vater, o Vaterland, o Priams Haus", wo die nötige dramatische Kraft nicht zum Ausdruck gebracht werden könnte, wenn sie vorher aufgezehrt worden wäre.

Eine Regel der Redekünstler lautete, man soll die Hand nicht über die Augen erheben und nicht unter die Brust senken. Daran haben sich die Schauspieler nicht durchaus gebunden. Weiter heißt es: Die Linke macht nie allein gut einen Gestus, häufig schließt sie an die Rechte sich an, sei es, daß wir an den Fingern Beweisgründe abzählen oder mit nach links abgewendeten Handflächen etwas wegwünschen oder die Hände entgegenhalten oder nach der Seite ausstrecken oder abbittend oder flehend (beide Gesten sind aber verschieden) senken oder im Gebet erheben oder mit irgend einem Hinweis oder einer Anrufung vorstrecken. Mehr Gemütsstimmung zeigen hierbei die vereinten Hände, und zwar bei geringfügigen, traurigen Dingen die kurz gehaltenen, bei wichtigen, fröhlichen die weiter vorgestreckten. In der Entrüstung an den Schenkel sich zu klopfen war auch dem Redner erlaubt. Der Schauspieler durfte aber auch die Hände zusammen klatschen und die Brust damit schlagen. Die Hand hohl machend griff man mit den Fingerspitzen nach der Brust, wenn man sich selbst anredete aufmunternd, scheltend oder beklagend. Auf den rechten Fuſs sich zu stützen, jedoch mit gerader Brust, galt gleichfalls mehr für einen komischen Gestus. Aber wer wollte die Fülle der Bewegungen erschöpfen? Der Redner kann es sich nicht beifallen lassen, alle Feinheiten im Gestus zu verfolgen oder beim Reden die Absätze, Pausen und Stimmungen durchzuführen, wie wenn im Anfang des „Eunuchus" zu sprechen ist:

> Was soll ich also? Soll ich jetzt nicht einmal gehn?
> Wo sie von selbst mich ruft? stell' ich vielmehr mich so,
> Daſs ich der Buhlerinnen Schimpf nicht trage mehr?

Der Bühnendarsteller wird hier Pausen des Schwankens, Biegungen der Stimme, mannigfache Hand- und verschiedene Kopfbewegungen anwenden. Bisweilen scheint es geratener, nicht gleich mit seinem Worte herauszuplatzen, „denn wunderbarlich ergötzt den Hörer die Sorgfalt dessen, der zu reden im Begriffe ist." Die Bühnendarsteller unterschieden hier gewisse Kunstpausen, die man damit ausfüllte, den Kopf zu streicheln, die Hand zu betrachten, mit den Fingern zu knacken, zu thun, als wolle man es versuchen, oder durch Seufzen seine Unruhe zu erkennen zu geben.

Ein treffliches Beispiel für fortgesetztes stummes Spiel findet sich im „Miles" des Plautus. Zugleich zeigt es, wie die Dichter den Schauspielern vorarbeiteten. Hier beobachtet nämlich Periplecomenus den Palaestrio: „Gut, studier': ich will hier inzwischen beiseite gehn. Seh' einer an, wie er dasteht tief in Gedanken, sinnend mit gestrenger Stirn. Klopft auf die Brust mit den Fingern, — ich glaube gar, er ruft seinen Geist heraus —; wendet sich ab; gestemmt auf dem linken Beine hält er die linke Hand; rechts an den Fingern zählt er zusammen; sieh, er schlägt sich aufs rechte Bein. Gar so gewaltig haut er: immer fällt ihm das Rechte noch nicht ein; knallt mit den Fingern: 's wird ihm sauer; stellt sich so und wiederum so. Schau, mit dem Kopfe schüttelt er: was er gefunden hatte, gefällt ihm nicht. Was es auch sei, Ungares wird er nicht bringen, s' ist ein guter Koch. Ei, da baut er ein Haus, eine Säule stützt er bedenklich unters Kinn!" (O. Ribbeck.)

Manche wichtige Bemerkung über das Spiel macht der alte Erklärer des Terenz, Donat. Er setzt Spiel ohne Maske voraus. Keine Tonart giebt es nach ihm, die nicht gefordert würde. Der Spieler spricht mit Nachdruck, mit Verdrufs, Ungeduld, Verachtung, Entrüstung, Zorn, mit leiser, schwankender und stammelnder, mit verschärfter, mit schrecklicher Stimme. Der Greis z. B. redet lang und gedehnt, der Verliebte läfst seine Sehnsucht merken und kann den Seufzer nicht unterdrücken. Die Magd Pythias kann vor Lachen nicht reden, die helle Schwiegermutter redet nicht blofs mit dem Munde, sondern auch mit den Augen. „Lafs das sein" begütigt Thais, aber wohlverstanden mit reizendem Lachen, den Mund zum Kusse reichend. Dann umarmt sie den Geliebten. Alles wird mit Mienenspiel und Gestus begleitet. Bei der Frage „Wo soll ich ihn suchen?" blickt man sich um nach allen Seiten. Der Sklave, der seinen Herrn vermißt, trippelt ängstlich hin und her. Der Parasit spricht bisweilen nicht stehend, sondern umherwandelnd. Er hat auch ein besonderes, stark übertriebenes Mienenspiel. Die Erschlaffung wird im Gang ausgedrückt. Oft kommt die Stellung gespannten Lauschens in Anwendung, die Pose des Nachdenkens ist die auf den Arm gestützte Wange. Zum Grußse streckt man sich die Hand entgegen, vergißt wohl auch in der Bestürzung, zu grüßen, man faßt den andern bei der Hand, zeigt, um seine Lage zu verdeutlichen, auf seine etwas mitgenommene Kleidung. Beim Sklaven artet das Mienenspiel in Grimassen aus, und öfter haben wir uns, wenn alle anderen Personen die Bühne verlassen haben, noch ein stummes Nachspiel des Spaßsmachers zu denken.

War durch die Maske die Wirkung des Spieles schon bedeutend beeinflußt, so lag eine weitere Beengung in der ganzen Ausrüstung zunächst des tragischen Schauspielers. Wenn das Auftreten nicht unbeholfen sein sollte, so mußte der Darsteller große Körperkraft und bedeutende Gewandtheit besitzen. War doch nicht bloßs der ganze Leib umpolstert und das Haupt beschwert, sondern auch die ganze Last auf die recht hohen, stelzenartigen Sohlen gestützt. Wenn nun auch an sich die Natur des griechischen Dramas stürmisch bewegte Scenen zwischen den eigentlichen tragischen Personen ausschloß, ganz konnten sie nicht vermieden werden, wie das nächste Kapitel uns zeigen wid. Fehlten doch sogar Tanzbewegungen nicht. Und wenn die Ausstattung in der Komödie bequemer war, so waren um so lebhaftere Bewegungen erforderlich. Besondere Geschicklichkeit erforderte die Scene, in der Ajax sich in sein Schwert stürzt, wenn die Zuschauer in die Stimmung des Helden versetzt werden sollten. Diese Scene war ein Bravourstück des Zakynthiers Timotheos, welcher damit alle hinrifs und auch den Namen „der Mordstahl" sich erwarb.

So erklärt sich denn, dafs niemand im Gestus Befriedigendes leisten konnte, wenn er nicht auch die Schule der Palästra und der Tanzkunst durchgemacht hatte. Trotz aller Kraft und Behendigkeit kam es vor, dafs ein Schauspieler stürzte, wie Aischines im „Oinomaos". Schadenfroh schildert uns der Spötter Lucian die Misère eines solchen Falles: Erst schreiten sie einher als Kreon, Sisyphos oder Telephos mit Diademen und elfenbeinverzierten Schwertern, mit wallenden Locken und goldgesticktem Mantel. Sobald aber einer, wie es oft geschieht, einen Fehltritt thut und mitten auf der Bühne hinfällt, dann erregt es natürlich die Heiterkeit der Zuschauer, wenn die Maske mitsamt dem Diadem zerbricht, das wirkliche Haupt des Schauspielers aber mit Blut befleckt ist und die Beine zum grofsen Teil entblöfst werden, so dafs man sieht, wie die Unterkleidung nur aus elenden Lappen besteht und die am Fufse befestigten Kothurne ganz formlos sind und dem Fufse gar nicht entsprechen. Besondere Anstrengung scheinen die Sologesänge des römischen Dramas erfordert zu haben. Als nun Livius Andronicus, der öfter herausgerufen wurde, ganz heiser geworden war, soll er mit gütiger Erlaubnis des Volkes einen Sänger vor dem Flötenspieler aufgestellt und selbst nur noch die Gebärden — diese aber nun mit lebhafterer Bewegung — gemacht haben. So wurde das Singen zur Hand des Schauspielers Sitte, dem nur noch der Vortrag gewisser Cantica überlassen blieb. Uns will die Sache nicht recht glaubhaft dünken, aber es zeigt sich hier eben schon die Vorliebe der Römer für den Pantomimus, der schliefslich zur herrschenden Schauspielgattung geworden ist. Doch darüber später.

Aufser der Kraft der Stimme und des Leibes bedurfte aber der Schauspieler auch Bildung und Schulung des Verstandes. Aristoteles weist in der Poetik die ganze Lehre vom sprachlichen Ausdruck der Schauspielkunst zu, die er als Architektonik bezeichnet. Zuerst mufs der Künstler die Bedeutung der Redefiguren erfafst haben, ehe er die entsprechende Betonung, die entsprechende Geste finden kann. Ein Beispiel mag dies verdeutlichen. Terenz braucht die Redensart „quid narras, was sagst du!" und Donat bemerkt dazu: „ein Ausdruck der Verwunderung, nicht der Frage." Das mufste auch dem Schauspieler bekannt sein, und so bedurfte er Kenntnisse in vielen Fällen. Freilich stand ihm bei der Einstudierung der Chorodidaskalos, von dem es eben bezeichnend heifst: „er lehrt ein Stück", bezw. der Direktor zur Seite. Gewissenhafte Schauspieler liefsen es bei der Theorie nicht bewenden, und die berühmtesten römischen Darsteller, Aesop und Roscius, standen, wenn Hortensius eine Sache führte, häufig unter der Menge, um die dem Forum abgelauschten Gesten auf die Bühne zu übertragen. Denn jener Redner hatte etwas Theatralisches in seiner ganzen Art und führte geradezu den Namen „der Schauspieler".

Der Choragus, welcher den Schauspielern beim Anlegen der Kleidung behilflich war, hatte auch darauf zu sehen, dafs der einzelne auf sein Stichwort, etwa den Ausruf: „da seh' ich den Simo kommen", rechtzeitig die Bühne betrat. In Rom gab es auch besondere Souffleure (monitores), da hier wohl manchmal die Gewissenhaftigkeit der Schauspieler zu wünschen übrig liefs. Toxilus fragt im „Persa" die als Perser Verkleideten, ob sie auch ihre Rolle ordentlich gelernt hätten. „Jawohl", antworten sie, „nie haben Tragöden und Komöden gleich gut ihre Rollen gelernt."

Schliefslich gab es natürlich auch bei den Alten schon gewisse Bühnenregeln, die man nur in der Praxis lernen konnte. Der Kaiser Nero hielt sich, wenn er auftrat, ängstlich an dieselben. So wagte er nie sich zu räuspern und wischte den Schweifs von der Stirn mit dem Arme ab. Und als er bei einer tragischen Aufführung den Stab, der ihm entfallen war, rasch wieder ergriffen hatte, war er sehr in Angst, dafs er wegen dieses Verstofses vom Wettbewerb ausgeschlossen werden könnte. Beruhigt ward er erst, als ein Schauspieler ihm zuschwor, dafs in dem Beifallsjubel der Vorgang unbemerkt geblieben sei.

Durch die Beschränkung in der Zahl der Schauspieler auf zwei, später drei, die ihren Grund in der konservativen Richtung des griechischen Schauspiels und in pekuniären Rücksichten hatte, war einerseits die Kunst der Dichter, andererseits die der Schauspieler erheblich beeinflufst. Mufsten jene schon beim Entwurfe eines Stückes darauf Rücksicht nehmen, dafs immer nur drei Personen zusammen auf der Bühne waren und eine vierte erst dann auftrat, wenn eine der bisher beschäftigten Zeit sich umzukleiden gefunden hatte, so mufsten die Schauspieler in den Geist und die Sprache von zwei, ja drei oder mehr Personen, vielleicht männlichen und weiblichen, sich einleben und in raschem Wechsel die verschiedenartigsten Rollen spielen. Auch im altdeutschen Theater wurden gelegentlich mehrere Rollen von einer Person gespielt. So giebt der schon genannte Puschmann ausdrücklich an, dafs in seiner Comoedia von Jakob und Joseph die 44 Rollen von 18 Personen gespielt werden könnten. Dergleichen Kunstgriffe kommen ja auf kleinen Bühnen auch heutzutage, wenn auch nicht in demselben Mafse, vor. So waren denn bei Sophokles die Rollen etwa folgendermafsen verteilt: im „König Oidipus" übernahm der Protagonist den Oidipus, der Deuteragonist den Zeuspriester, die Iokaste, den Diener und den Exangelos, der

Tritagonist den Kreon, Teiresias und Angelos; in der „Antigone" der erste Schauspieler die Antigone, den Teiresias, den Angelos und den Exangelos, der zweite die Ismene, den Wächter, den Haimon und die Eurydike, der dritte den Kreon.

In den Stücken des Aristophanes finden wir, die stummen Personen und Statisten gar nicht eingerechnet, eine weit gröfsere Anzahl sprechender Personen. Die Zahl schwankt zwischen 5 in den „Rittern" und über 20 in den „Vögeln" und „Acharnern". Sollte bei der Einfachheit der scenischen Mittel in Athen der Staat dem Komiker soviel Schauspieler zur Verfügung gestellt haben? Gewifs nicht. Auch er mufste sich mit drei Hauptschauspielern behelfen. War er ein geschickter Mann, so brachte er mit ihnen trotzdem eine reiche Fülle von Scenen zustande. In der That lassen sich in allen Aristophanischen Stücken fast sämtliche Rollen unter drei Schauspieler verteilen, wenn man nur gelten läfst, dafs wegen der Einfachheit der Kleidung und des Gebrauchs der Masken eine leichte und zugleich täuschende Umkleidung möglich war. Freilich sind bisweilen vier Personen zusammen auf der Bühne. In diesen Fällen trat aber neben dem Staate der Choreg ein, indem er aufserordentlicherweise einen Darsteller solcher meist unbedeutender Rollen beschaffte, wie er auch für die nötigen Statisten sorgte. Auch diese Extraleistung hiefs Parachoregema. Neben ihr wird noch eine besondere Art unterschieden, das Paraskenion, welches in der Stellung von Leuten bestand, die hinter den Kulissen etwas zu sprechen oder zu singen hatten, also geringeren Aufwand erforderten. So hätte also in den „Vögeln" der Protagonist den Peithetairos, der Deuteragonist den Euelpides, Dichter, Landvermesser, Gesetzhändler, ersten und zweiten Boten, Herold, Dithyrambendichter, Prometheus, Herakles, der Tritagonist den Diener des Wiedehopfs, den Wiedehopf, Priester, Propheten, Kommissar, die Iris, den ungeratenen Sohn, Sykophanten, Poseidon, dritten Boten darzustellen gehabt. Parachoregema war der Barbarengott. In andern Stücken bestand dasselbe aus Kindern. Ob auch in der neueren Komödie die Beschränkung angedauert habe, ist zweifelhaft; der Wegfall des Chores hatte ja die Verhältnisse völlig umgestaltet und die Kosten erheblich vermindert.

Die Zahl der Schauspieler hingegen war gestiegen. Von den Römern wird ausdrücklich bezeugt, daſs sie, um den Aufführungen mehr Glanz zu verleihen, die Zahl der Darsteller vermehrt hätten. Sollten sie andererseits, um zu sparen, die immerhin unnatürliche Zusammenlegung der Rollen beibehalten haben? Oder waren nicht Kräfte genug für volle Besetzung aufzutreiben? Gewiſs doch! Und in der älteren Zeit, wo ohne Maske gespielt wurde, würde die Verwandlung schwierig und doch nur unvollständig gewesen sein. Wir nehmen also an, daſs in den römischen Dramen jede wichtige Rolle mit einem besonderen Akteur besetzt war. Gewöhnlich werden zwei Direktoren als Leiter der Aufführung genannt. Da nun die Zahl der Auftretenden sich meist um 10 bewegt, so dürfte die gewöhnliche Truppe 5 Mann stark gewesen sein. Für Mehrbedarf und unbedeutende Rollen standen gewiſs auch Lehrlinge und Anfänger zur Verfügung.

X.

Die Inscenierung der griechischen Tragödie und des Satyrspiels.

Wenn wir auch neueren Aufstellungen gegenüber die Ansicht festgehalten haben, dafs die griechischen Schauspieler schon in alter Zeit auf einer Bühne und nicht auf dem Standorte des Chores agierten, so verlangen doch die ältesten Stücke des Aischylos eine gesonderte Betrachtung, indem sie in ihrer scenischen Einrichtung offenbar noch eng sich anschliefsen an die ursprünglich runde Orchestra. Von dem später üblichen Palasthintergrunde ist noch in den „Persern" nichts zu merken. Der Chor gruppiert sich um die Stufen eines alten Gebäudes, welches durch ein Podium in der Orchestra dargestellt war. Hier erscheint auch die Königin Atossa, und zwar zu Wagen. Kann man so das Podium in diesem ersten Teile auch während des Botenberichts als Versammlungsort des Rates sich denken, so bedeutet es, nachdem die Königin zum zweiten Male — nun zu Fuſs und ohne königlichen Schmuck — erschienen ist, das Grabmal des Dareios. Der Schauspieler, welcher die Kunde der Niederlage gebracht hat, steigt dann als

Schatten des alten Königs aus dem Podium empor. Damit er ungesehen dahin gelangen konnte, mufste dasselbe freilich schon irgendwie mit dem Scenengebäude, aus dem die Königin kam, zusammenhängen. Der Chor der Danaiden in den „Schutzflehenden" naht einem Podium, welches die Altäre verschiedener Götter darstellte. An dieser heiligen Stätte gehen die Verhandlungen mit dem Könige von Argos und die mit den verfolgenden Ägyptern vor sich. Von ähnlicher Einfachheit ist die Scenerie in den „Sieben gegen Theben". Der Ort, an dem Eteokles die Meldungen entgegennimmt und seine Befehle austeilt, zu dem das bange Volk sich drängt und an den endlich die Leichen der Brüder gebracht werden, sind die Götterbilder des Marktes von Theben. Einen Übergang bezeichnet der „Prometheus". Was in jenen Fällen als Heiligtum dekoriert ist, erscheint in diesem Stücke als einsamer Fels, an den der grofse Dulder geschmiedet wird. Das Eintreiben des Keils und das Anschmieden ward nur markiert, so dafs man nicht Darstellung durch eine Gliederpuppe anzunehmen braucht. Doch tönen wuchtige Hammerschläge durch die Wüstenei und rufen die Okeaniden hervor aus ihrer Klause am Meeresgestade. Prometheus hört geheimnisvollen Flügelschlag: plötzlich sind sie da durch die Luft auf einem Flügelwagen. Okeanos reitet auf einem vierfüfsigen Greifen heran, auf dem er sich auch wieder entfernt. Seine Töchter aber harren aus, drängen sich am Schlusse an den Gemarterten, und so versinkt unter Blitz und Donner der Fels mit den Daraufstehenden. Die bei alledem aufgewandten Mittel lassen sich nicht mehr feststellen. Jedenfalls aber verlangen die Flugmaschinen schon einen Hintergrund, bezw. Seitenwände, an denen sie befestigt waren. Das ist also der Gang der Entwickelung: der Hauptschauplatz ist ursprünglich der

Standort des Chores; auf demselben erhebt sich ein Heiligtum oder dgl., an welches der Chor denselben Anspruch hat wie der Schauspieler, der seinerseits den Standort des Chores mitbenutzt. Und nur bei so einfacher Darstellung konnten jene gewaltigen Oratorien ergreifend wirken. So war es, ehe die oben geschilderten Neuerungen des Sophokles sich Bahn gebrochen hatten. Der Umschwung trat etwa um 460 ein. Die Hauptsache war nun das Spiel der Personen auf der Bühne vor der Scenenhinterwand (Proskenion). Der Chor in seiner Orchestra trat zurück. Und Aischylos wuſste sich in die Veränderung gut zu schicken. In der Orestie benutzt er die Scenerie des Königspalastes, ja sogar das zweite Stockwerk im „Agamemnon". Doch erinnert bisweilen die Bühneneinrichtung noch an die ältesten Stücke: so erscheint das Grabmal des Agamemnon in den „Choephoren", und das Bild der den Orest umlagernden Erinyen gleicht dem am Schlusse des „Prometheus". Schon die alte Einfachheit der Aischyleischen Bühne schloſs Prachtentfaltung ebenso wenig aus, wie den Pomp der Worte. „Aischylos schmückte", so sagt eine gute Quelle, „die Scene und blendete das Auge des Zuschauers durch Glanz, Malereien und Maschinen, Altäre und Gräber, Trompeten, Schattenwesen, Erinyen u. s. w." Agatharchos soll eine Dekoration für ihn gemalt haben. Für Verwendung der Maschinen bot erst die neue Bühneneinrichtung Gelegenheit. Besonders berühmt war in dieser Beziehung die „Seelenwägung". Auf dem Theologeion, dem Sprechplatz für die Götter, erschien Zeus mit einer Wage und wog die Seelen der beiden Göttersöhne, deren Mütter Thetis und Eos ihn von beiden Seiten mit Bitten bestürmten. Hierbei erinnere man sich, daſs auch im altdeutschen Theater zugleich im Himmel und auf Erden gespielt wurde. Nachdem aber Memnon gefallen war, ward er von seiner Mutter Eos mit dem Kranich (Geranos), einem Krahne, aufgehoben. Geschäftiges Leben war im allgemeinen den Aufführungen des Aischylos fremd. Kam es doch vor, dafs Personen ganze Akte hindurch in stummer Trauer auf der Bühne verharrten, wie Niobe und der um Patroklos trauernde Achilles. Hingegen liebte er es, wunderbare Wesen auf die Bühne zu bringen, eine Neigung, über die schon Aristophanes sich lustig macht.

In den „Persern" war natürlich das ganze Kolorit orientalisch, in den „Schutzflehenden" hatten die Verfolgten und die Verfolger fremdländisches Aussehen. Memnon war gar ein Äthiopier. Grofsartig mufs die Wirkung der „Eumeniden" gewesen sein. Schwarz waren nicht nur die Gewänder, sondern auch die Maske, Nacken und Hände. Schlangen hatten sie im Haar und Fackeln in der Rechten. Dann waltet Pallas mit der Ägis des Schiedsgerichts. Die wahnsinnige Io trug Kuhhörner auf dem Haupte, im „Agamemnon" erschien die verzückte troische Seherin Kassandra im Kleide der Priesterin beim prunkvollen Einzuge des Völkerfürsten. Memnon soll zu Pferde auf die Bühne gekommen sein. Man würde also gewaltig irren, wenn man annehmen wollte, dafs die Aischyleischen Stücke den Augen wenig Weide geboten hätten.

Um die Mitte des 5. Jahrhunderts war der den Alten überhaupt bekannte Bühnenapparat jedenfalls schon vorhanden. Der Hintergrund, welcher vor dem Bühnengebäude aufgestellt war, zeigte gewöhnlich einen königlichen Palast mit drei Thüren. Aus der mittleren, der königlichen, erschien sehr häufig der Protagonist, aber nur, wenn er die Herrscherrolle spielte. Die beiden Nebenthüren waren für die Unterthanen bestimmt. Nach vorn begrenzte den Bühnenraum zu beiden Seiten je

X. Die Inscenierung der griechischen Tragödie. 191

ein dreiseitiges Prisma, welches mit Dekorationen bedeckt war. Gewöhnlich blieb ja der Schauplatz das ganze Stück hindurch derselbe. Wo aber ausnahmsweise einmal die Gegend wechselte, wie in den „Eumeniden" — erst Delphi, dann Athen — wurden beide Periakten gedreht; wo nur der Ort innerhalb derselben Gegend ein andrer ward, wie im „Aias", genügte die Umdrehung der linken Periakte. Die beiden Seiten des Theaters

Fig 40. Tragische Scene.

gewannen typische Bedeutung. Da das athenische Theater an den Südabhang der Burg sich anlehnte, so gewöhnte man den Beschauer, alles was von rechts kam, als aus der Stadt oder aus dem Hafen kommend zu betrachten. Die linke Seite wies nach der Fremde. Diesen Gebrauch übernahmen dann die übrigen Theater, und der Betrachter war somit von vornherein orientiert. Die Bedienung der verschiedenen Maschinen setzt ein starkes Gerüst hinter dem Proskenion voraus. Dieses Stockwerk konnte auch,

192   X. Die Inscenierung der griechischen Tragödie.

wie im „Agamemnon", als Warte, oder als Zinne, Leuchtturm u. dgl. dekoriert sein. An mannigfachen Versetz-

Fig. 41. Tragischer Schauspieler.

stücken, Altären, Steinen zum Niederlassen hat es jedenfalls nicht gefehlt. Eine solche Scene veranschaulicht Fig. 40.

Wie auch wieder das alte englische und das alte deutsche Drama, so konnte das altgriechische den Vorhang entbehren, weil es die künstliche Form, mitten in einer Situation das Stück zu beginnen, zunächst nicht kannte. Später, als sie doch vorkam, namentlich in der Komödie, wird man sich auf verschiedene Weise geholfen haben. Die Einführung des Vorhangs blieb ganz später Zeit vorbehalten, in der wohl auch so gesuchte scenische Mittel wie dunkelfarbige Soffiten zur Andeutung der Nacht entstanden. Wie Sophokles dem Schauspieler gröfsere Beweglichkeit des Geistes zu geben gewufst hatte, so dienten wohl auch seine Neuerungen hinsichtlich der Tracht und Ausstattung vorwiegend dazu, ihm gröfsere Leichtigkeit der Bewegung zu ermöglichen. So soll er den Greisen den Krummstab gegeben haben. Das Bild eines tragischen Schauspielers vergegenwärtigt uns trefflich eine Elfenbeinfigur in bläulicher Bemalung (Fig. 41). Stammt sie auch aus einer späteren Zeit, in der eine pathetische Darstellungsweise üblich war, so hatte doch die Kleidung sich nicht geändert. Immer noch waren die langen Gewänder gebräuchlich, die ursprünglich der Tracht des Dionysospriesters nachgebildet waren. Den Körper bedeckt zunächst ein Untergewand, ein Chiton, welcher bis auf die Füfse reicht und mit langen Ärmeln (Cheirídes) versehen ist. Der Name des Gewandes (Poikílon) deutet schon an, dafs es mit Streifen und mannigfachen Figuren, Tieren, Blumen u. dgl., gestickt war. Ein Gürtel liegt dicht unter der Brust. Darüber wurde nun noch ein Überwurf getragen, der verschiedene Form annehmen konnte. Auf unserer Figur ist es eine Art Mäntelchen, welches rechts unter dem Ellenbogen und links am Schenkel hervorsieht. Die hohen, viereckigen Fufsgestelle, Kothurne, auch Embatai genannt, sollen die Gestalt über menschliches Mafs hinausheben.

194 X. Die Inscenierung der griechischen Tragödie.

Demselben Zwecke dient auch der mit der Maske verbundene Kopfaufsatz (Onkos). Kothurn und Onkos wechselten in ihrer Farbe und Gröfse je nach der Würde der Rolle; Frauen trugen im allgemeinen einen niedrigeren Aufsatz, der aber wieder verschieden geputzt sein konnte. Natürlich mufste der Längenausdehnung auch eine gehörige Körperfülle entsprechen, und so bediente man sich denn der Polsterung unter Brust (Prosternidion) und

Fig. 42. Tragödiendichter Philiskos nachdenkend.

Unterleib (Progastridion), welche beide durch einen Trikotüberzug am Körper festgehalten wurden. Die Zahl der im Requisitenschrein vorrätigen Masken (énskeua prósopa) war infolge der gesteigerten Individualisierung und gröfseren Vertiefung der Charaktere seit Sophokles natürlich eine weit höhere als früher. Aber Hand in Hand ging die Kunst der Physiognomik. So läfst sich wohl denken, dafs ein Dichter späterer Zeit beim Meditieren den vorliegenden Maskenschatz studierte. Auf eine solche Scene bezieht man gewöhnlich Fig. 42, sie stelle den Dichter Philiskos dar, der zu dem alexandrinischen Siebengestirn gehört. Ähnlich haben wir uns auch den Tragöden Aesopus beim Studium seiner Rollen zu denken. In diesem weihevollen Augenblick geht die Muse durch das Zimmer. Die Masken unterschieden sich nach der Farbe des Gesichts, der Größe des Mundes, der Form der Nase, der Lage der Augenbrauen, größerer oder geringerer Glätte der Stirn, endlich nach der Farbe und dem Aufputz des Haares, und jeder Zuschauer verstand nach

Fig. 43. Tragische Masken.

diesen Andeutungen die körperliche, geistige und seelische Beschaffenheit einer Person zu beurteilen.

Eine ergreifende Volksscene, die natürlich von Statisten dargestellt war, bot sich im „König Oidipus". Knaben und Jünglinge, welche mit weißer Wolle umwundene Zweige in den Händen tragen, sind unter Führung des Zeuspriesters den Altären auf der Kadmeia genaht und legen ihre Weihespenden auf dieselben nieder. Jetzt tritt aus der Mittelthür des Palastes der Herrscher des Landes auf hohem Kothurn. Als Zeichen seiner Würde trägt er das Diadem und hält das Scepter in der Hand. Sein Aussehen ist dunkel, doch mischt sich schon Weiß in das schwarze Haar, und eine leichte Blässe deutet auf sorgenvolle Stunden. Bald erscheint — natürlich nicht in der schwerfälligen Tracht des Herrschers — Kreon, lorbeerbekränzt, weil er Botschaft bringt aus Delphi. Der Seher Teiresias trägt aufser dem Untergewande einen netzartigen, buntfarbigen Überwurf, Agrenón (Fig. 44). Ein oben umgebogenes, lorbeerumwundenes Scepter, nicht der gewöhnliche Krummstab, stützt die greisenhaften Glieder. In den „Phönizierinnen" des Euripides trägt der blinde Alte einen goldenen Kranz. Schneeweifse Locken umschliefsen das Haupt, das blasse Gesicht ist durch überstehende Augenbrauen und einen steifen, weifsen Kinnbart charakterisiert. Diese Merkmale zusammen ergeben das Bild des „weifsen Mannes". Als Typus der bejahrten Frau, der Heldenmutter, wird Iokaste zu gelten haben. Eine reiche Fülle weifsen Haares ziert ihr Haupt, welches einen nur mäfsigen Onkos trägt. Auch ihre Gesichtsfarbe ist etwas bleich. Die Tracht der Frauen war von der der Männer wenig verschieden, und auf den Abbildungen ist öfter das Geschlecht der Personen schwer zu unterscheiden, z. B. Fig. 45. Als Untergewand der Frau wird ein purpurnes Schleppkleid (Syrtós porphyrús) genannt. Die dienende Klasse unterschied sich durch kürzeres Untergewand und den Mangel des Kothurns. Statt dessen trugen Diener Schuhe (Krepídes). Eine Hauptrolle spielt in der Tragödie der Angelos, der Bote. Für ihn eignet sich am besten der „Spitzbart", Sphenopogon, dessen Bartform der des ältesten Hermestypus nachgebildet war. Er ist ein rüstiger, rauher, blonder Mensch, mit hohem und breitem Onkos, und verrät durch dunkelrote Gesichtsfarbe seine Erregung. Über diesen künstlichen Eifer spottet Aristophanes in den „Vögeln":

Fig. 44.
Agrenon
der Seher.

X. Die Inscenierung der griechischen Tragödie. 197

Da läuft, Alpheios keuchend, einer schon heran.
Bote: Ha wo — wo denn — wo wohl — wo ist — wo ist denn wohl Herr Ratefreund wohl?

Der die traurige Mär am Ende berichtende Exangelos giebt sich als Unheilsbote von fern schon durch die finster zusammengezogenen Augenbrauen und die gerunzelte Stirn zu erkennen. Auch dieser ist in den „Vögeln"

Fig. 45. Tragische Scene.

komisch verwendet. Als der älteste Diener wird bezeichnet der „Lederkittel". Ein Lederkleid schützte den viel im Freien Befindlichen gegen Unwetter und entbehrte, um bei der Arbeit ihn nicht zu hemmen, des rechten Ärmels. Versehen war es mit einer Art Kapuze, dem Perikranon. Was sollte diesem Manne der Onkos? Sein Gesicht ist fahl, und die Schläfen sind mit schlichtem, weißem Haare bedeckt. Das einsame Leben hat ihn rauh und finster gemacht. Dieser Zug wird ausgedrückt durch die behaarte Nasenöffnung, die in die Höhe gezogenen Augenbrauen und die finster blickenden Augen. Diese Maske paſst vorzüglich zu dem Hirten, welcher im „König Oidipus" durch seine Eröffnungen das Geheimnis ans Licht bringt (ähnl. Fig. 46). Nach der Blendung erscheint Oidipus mit einer neuen Maske, welche die blutigen Augenhöhlen zeigt. — Die Blendung des Thamyris durch die Musen geht plötzlich auf offener Scene vor. Deshalb muſste der Sänger eine Maske mit verschiedenen Augen haben. Erst wandte er dem Zuschauer das schwarze, dann aber das blaue Auge zu.

Im „Oidipus auf Kolonos" konnten die Reize der Gegend nur angedeutet sein. Von der linken Seite wankt im schmutzigen Gewande mit zerzaustem, gebleichtem Haar der blinde Bettler, auf den Arm seiner Tochter gestützt, herein und läſst sich mit ihrer Hilfe auf einem Felsblocke nieder. (Vgl. z. B. Fig. 40.) Die trauernde Jungfrau trägt das Haar ringsum kurz geschoren bis auf ein Abteil glatt gestrichener Haare. Das Gesicht ist bleich, der Körper gehüllt in ein dunkles Schleppkleid, über welches ein blaugrüner oder gelblicher Überwurf liegt. Von ihr unterscheidet Pollux, ein Grammatiker des 2. Jahrh. n. Chr., eine etwas verschiedene zweite „geschorene Jungfrau", so daſs Ismene nicht ganz gleich der Antigone zu denken ist. Ismene naht, so kündet wenigstens die Schwester an, auf einem Maultiere und hat

Fig. 46.
Hirt (Gesicht ergänzt).

das Gesicht mit einem breiten thessalischen Hute umschattet. Der Wanderer wird in seiner Tracht wenig von dem Fufsreisenden des gewöhnlichen Lebens verschieden gewesen sein. Theseus und Kreon sind beide als alte Leute zu denken. Unterscheidet doch Pollux sechs Greisenmasken. Beide Fürsten erscheinen mit Gefolge von Speerträgern. Eine lebhafte Scene entwickelt sich bei der Wegführung der Antigone. Polyneikes ist — wenn er zu den acht Jünglingsrollen des Pollux gehört — etwa der Krausgelockte, Vollsaftige mit aufgezogenen Augenbrauen und furchtbarem Blick. Als Held trägt er das Schwert mit Elfenbeingriff. Nach der Verfluchung des Sohnes erhebt sich ein Unwetter. Blitze zucken durch die Luft, und der Donner grollt. Pollux berichtet einfach: „Die Blitzwarte ist eine hohe Periakte". Ein Feuerstrahl am lichten Tage konnte kaum wirken; sollten nicht auf der Warte geschickt angebrachte Metallspiegel das Sonnenlicht mit grellem Zucken auf die Bühne geworfen haben? Den Klang des Donners ahmte man nach, indem man hinter der Scene Bleche in Schwingung versetzte oder mit Steinchen gefüllte Säcke auf eherne Platten warf oder Kiesel aus Krügen in eherne Schalen schüttete.

In der „Antigone" begegnen uns z. T. die schon bekannten Personen, Antigone, Ismene, Kreon, Teiresias. Der „durchaus tüchtige" junge Mann — der erste Liebhaber sozusagen — ist brünett, ohne Bart, hat dichtes, schwarzes Haar und gesunde Farbe. Ihm gleicht der unglückliche Geliebte der Antigone, Haimon, nur dafs er durch Blässe seine Seelenqualen anzeigt. Ganz originell ist die Figur des Wächters mit ihrer plebejisch-pfiffigen Lebensauffassung. Er thut auch Botendienste. Übermäfsig fleischig, bartlos, hochrot, stülpnasig, mit in die Höhe sich bäumendem Haare ist er zu denken. In diesem Stücke erscheint Kreon mit der Leiche seines

Sohnes im Seiteneingange, die Leiche der Königin dagegen wird durch das Ekkyklema gezeigt.

Der „Philoktet" führt uns an die einsame, von Felsen starrende Küste von Lemnos. Odysseus und Neoptolemos treten auf, ersterer, ein ältlicher Mann, vor allem durch den runden Filzhut, Pilos, gekennzeichnet, letzterer, der oben geschilderte „durchaus Tüchtige", beide mit Schwertern bewaffnet, an deren Griffe sie im Laufe des Gesprächs einmal drohend die Hände legen. Sie sehen sich um nach der Höhle des Philoktet, die endlich von Neoptolemos entdeckt wird. Nachdem Odysseus sich entfernt hat, naht der „Robinson des Altertums", von Lumpen umhüllt, hinkend auf dem kranken Fuße, aber die Hand hält den Wunderbogen des Herakles. Die schweren Krankheitsanfälle des Dulders weichen endlich dem Schlummer. Er kündigt die ihn überkommende Schwäche an, mitleidig läfst darauf Neoptolemos ihn nieder, während sein Haupt zurückfällt. Als dann der Schlaf gewichen ist, bittet er Neoptolemos, ihm wieder aufzuhelfen. Wie er den Bogen auf seinen Gegner Odysseus anlegt, zeigt Fig. 47. In der Tracht eines Schiffsherrn tritt der Trugbote des Odysseus auf. Auch der Chor bestand aus Schiffern. Das Theologeion, eine Maschinerie im oberen Stockwerk, durch welche die Götter schnell dem Auge sichtbar gemacht wurden, hat Sophokles, der den deus ex machina nur ausnahmsweise anwendet, vielleicht gar nicht gebraucht, wenn es denkbar ist, dafs Herakles plötzlich auf der Höhe aus dem Paraskenion heraustrat.

Im Eingang der „Elektra" erklärt der greise Erzieher seinen Begleitern Orest und Pylades — einer stummen Person — die heimatlichen Stätten, die offenbar auf Hintergrund und Periakten nur angedeutet waren. Elektra und Chrysothemis gleichen in ihrer Tracht ziemlich der Antigone und Ismene. Sowohl Chrysothemis als auch Klytaimnestra kommen mit Opferspenden. Am berühmtesten ist die Scene, in der Orest unerkannt angeblich des Orest Asche in einer Urne bringt. Wie raffiniert Polos hier die Elektra spielte, ist schon erwähnt. Am Schlusse wird das Ekkyklema angewendet, da Aigisthos die vermeintliche Leiche seines Todfeindes allen zeigen will.

Fig. 47. Philoktet und Odysseus.

Die „Trachinierinnen" führen uns nach Trachis vor den Palast des Königs Keyx. Die Exposition giebt Deïaneira im Gespräche mit der Amme. Die Königin ist noch nicht verblüht, doch deutet eine einzelne Falte auf der Stirn das reifere Alter an. Die Amme ist das „Hausmütterchen", erkenntlich an der Haube von Schaffell und dem runzligen Gesicht. Der Bote hat etwas von der frechen „Stülpnase" in der „Antigone". Den Lichas werden wir als einen älteren Diener des Herakles zu fassen haben. Er bringt die weiblichen Gefangenen, darunter die als stumme Person auftretende Iole. Ihre Maske ist die des „Mädchens", als deren Typus Pollux die Danaostöchter anführt. Hyllos, des Helden Sohn, ist wohl der „etwas Krause", ein wenig jünger nur als die Maske, die wir oben dem Polyneikes zuwiesen. Ergreifend ist die Scene, in welcher der auf den Tod verletzte Held von seinen Kriegsgefährten auf einer Bahre hereingetragen wird.

„Aias" ist ein Drama unter Fürsten. Aufser dem Helden treten Odysseus, Teukros, Menelaos, Agamemnon auf. Athene erschien, wie auch sonst Götter, wenn sie den Prolog sprechen oder an der Handlung sich beteiligen, auf der Bühne selbst. Neu ist uns die Einführung eines Kindes, des Eurysakes. Ein Kebsweib mit reichem Haar erwähnt Pollux nur aus der Komödie: Tekmessa wird ähnlich gewesen sein. Der Aufforderung des Chores folgend, öffnet sie das Zelt, d. h. die Hinterwand teilt sich, und auf Rädern bewegt sich ein Gestell heraus, auf dem gewöhnlich ein Sessel stand. Auf diesem sitzt der wahnsinnige Held unter der gemordeten Herde. Auch auf der altdeutschen und Shakespeareschen Bühne konnte die Tapete, welche die Hauptöffnung des Hintergrunds bedeckte, beseitigt und so der innere Bühnenraum in der Dekoration eines Tempels u. dgl. gezeigt werden. Mit derselben Naivetät bringt die antike und altdeutsche Malerei auf einem und demselben Bilde neben der Haupthandlung Vorausgehendes und Nachfolgendes in einem abgetrennten Teile zur Anschauung. In etwas wird man durch dieses Ekkyklema auch an die Schlufsscene im „Egmont" und an die Zeltscene in „Richard III." erinnert. Schon Aischylos hatte die Maschinerie angewendet, z. B. im „Agamemnon", wo Klytaimnestra zwischen der Leiche des Gatten und der Kassandras erscheint, ähnlich in den „Choephoren", und dann in den „Eumeniden", wo die schlafenden Rachegöttinnen den Muttermörder umringen. Besonders häufig scheint Euripides diese Vorrichtung benutzt zu haben. Zugleich erweiterte er aber ihre

X. Die Inscenierung der griechischen Tragödie.

Anwendung im „Hippolytos", indem er durch sie die kranke Phaidra aus dem Hause ins Freie befördern läfst. Diese von den Grammatikern getadelte Anwendung war es wohl, was Exostra genannt wird. Es ward zur festen Gewohnheit, dafs Ermordung stets hinter der Scene erfolgte und nur mittelst des Ekkyklema dann gezeigt wurde. Der Selbstmord des Aias geht ausnahmsweise auf der Bühne selbst vor, wenigstens nach der Ansicht

Fig. 48. Priamos und Achilles.

alter Erklärer. Dieselben wissen für die Abweichung keinen bessern Grund als den, dafs Sophokles es in diesem Punkt nicht habe gerade so machen wollen wie seine Vorgänger. Immerhin ist es möglich, dafs Aias sich hinter der einen Periakte anscheinend in ein am Erdboden befestigtes Schwert gestürzt hat, so dafs er nur bis unmittelbar vor der That sichtbar war. Übrigens kannten auch die Alten schon, Griechen wie Römer, das Theaterschwert, dessen Klinge sich in das Heft zurückschiebt.

Von sonstigen stehenden Masken aufser den genannten kennen wir noch die des Priamos. Der „Rasierte" war der älteste der Greise, weifs von Haar, welches sich an den Onkos anlegte. Die länglichen Wangen waren rasiert. Die Scene, wie der Vielgeprüfte vor dem Peliden fufsfällig sich beugt, veranschaulicht Fig. 48. Schmerzerfüllten Blick zeigte die Maske der Ino. Das dicht herabfallende schwarze Haar hob das bleiche Gesicht nur noch mehr hervor. Einem Gotte oder schönen Jüngling kam die Maske des „Zarten" zu: blonde Locken umwallten das milchfarbene Gesicht, die Augen leuchteten freudig unter der glatten Stirn. Bei Dionysos war sie verziert mit einem Diadem (Mitra) oder mit Epheu. Der weichliche Gott trug beinahe weibliche Kleidung, zunächst das gewöhnliche Unterkleid, das bei ihm auch Bassara genannt wird, darüber ein safranfarbenes Gewand (Krokotós), unter der Brust einen geblumten Gürtel, um die Schultern ein Rehfell.

Neben den stehenden Masken ganzer Gattungen gab es noch eine beträchtliche Zahl solcher, die nur für ein einziges Wesen bestimmt waren, sog. ékskeua prósopa. Hierher gehört die Tyro des Sophokles, deren von Blut unterlaufene Wangen auf erlittene Mifshandlungen deuten, der hörnertragende Aktaion, der wegen seiner Trauer um Patroklos geschorene Achilles, der vieläugige Argos, die Gorgo, die Erinys, der Kentaur, Titan, Gigant, Triton; Flufs- und Berggötter, Iris und Lyssa im „Rasenden Herakles".

Wie die Sprache, der Vers, der Gesang, so spitzten sich auch Spiel und Darstellung in Euripideischer Zeit zum theatralischen Effekt zu. Die Maschinerie drängte sich in den Vordergrund. Den deus ex machina, den Aristoteles für gewisse Fälle anerkennt, brachte Euripides in Mifskredit. Die himmlischen Götter konnten entweder nach Art eines Ekkyklems auf einem Balkon aus den Paraskenien herausgedreht werden oder mit Hilfe eines Aufzuges hinter der Skene plötzlich über dem Dache aufsteigen. Die Handhabung der Maschinerie war auf der griechischen Bühne dadurch sehr erschwert, dafs letztere unbedeckt war. Für alle Bewegungen auf- und abwärts und in der Luft gab es überhaupt nur eine Maschine, welche Mechané genannt wird und die Gestalt eines Krahnes hat. Derselbe wird bedient vom Maschinenmeister (Mechanopoios), der mittelst einer Winde über Kloben das Seil anziehen kann, an welchem der Aufschwebende mit Gurten und Binden befestigt ist. Die Geranos, d. i. Kranich, welche in der „Seelenwägung" den Memnon aufraffte, ist zunächst wohl nur ein Haken am Ende des Taues (Aiora) — wie denn das gierige Zufassen des Kranichs sprichwörtlich ist — dann aber der Krahn selbst. Eine Drehung desselben um seine Achse liefs den daran Befestigten schnell in den Paraskenien verschwinden. Aber nicht blofs einzelne Personen, sondern auch dekorierte Gegenstände, auf denen jemand ritt, schwebten empor, wie Bellerophon und Perseus auf dem Flügelrofs Pegasos. Diese umständlichere Vorrichtung hiefs Schwebewerk (Aiorema). Mit denselben Mitteln konnten Personen von oben herabgelassen werden. Das waren meist Götter, aber nur himmlische. Die Meergötter kamen durch den rechten Seiteneingang vom Hafen her, und von ebendorther erschien alles den oberen Regionen Angehörige, was für das Schwebewerk zu schwer war. Durch Aufwinden des Taues und gleichzeitige Drehung des Krahnes konnte auch ein schräges Auffliegen ermöglicht werden. Die Anwendung irgend welcher Wagen hierbei hat nicht stattgefunden. So gab es also nur eine Maschinerie, eben den Krahn. Dessen Arm ragte natürlich, wenn jemand von der Bühne aufgehoben werden sollte, sichtbar über dieselbe hinweg. Diese Vorrichtung wurde auch Feigenzweig (Krade) genannt, da sie wahrscheinlich als solcher dekoriert war. Die Schatten der Abgeschiedenen kamen auf der Charonischen Stiege aus dem Hyposkenion heraus. Daneben gab es Druckvorrichtungen (Anapiesmata), welche nach Art unserer Versenkungen eine Person rasch aufsteigen liefsen. Mit denselben tauchten Flufsgötter plötzlich über den Spiegel ihres Stromes auf, auch liegend konnten sie so emporgehoben werden. Ein besonderer Aufgang wird für die Erinyen erwähnt.

Auch die Beweglichkeit der Personen auf der Bühne nahm bei Euripides zu. Die „Hekabe" spielt auf dem thrakischen Chersones am Meeresstrande, wo die von Troja heimkehrenden Griechen ihre Zelte aufgeschlagen haben. Nächtlich ist die Scene zu denken, da erscheint — ob durch die Charonische Stiege oder einen Seitengang, bleibt unsicher — das Schattenbild des gemordeten Polydor. Aufgescheucht von wilden Träumen, wankt jetzt, gebrochen in ihrer Kraft, Hekabe heraus aus dem Hauptzelte. „Führt mich, o Mädchen," ruft sie ihren Mitgefangenen zu, führt mich, die Greisin, vor die Thür, ergreift mich, tragt mich, geleitet mich, hebt mich auf, meine greise Hand erfassend, und ich, auf den krummen Stab gestützt, will eilen, vorwärtssetzend den langsamen Fufs." Auf ihr Rufen kommt später Polyxene hastig herbei: „Was Neues mir kündend, Mutter, scheuchst du mich durch diesen Schrecken wie einen Vogel heraus?" Vom Chor angemeldet: „Fürwahr, da kommt mit eilgem Fufs Odysseus her," erscheint der Laertiade und bleibt hartherzig allen Bitten Hekabes gegenüber. „Ich seh', Odysseus," ruft Polyxene ihm zu, „wie du deine Rechte unter dem Gewande birgst und dein Antlitz wegwendest, damit ich nicht dein Kinn bittend berühre." Hekabe will von der Tochter nicht lassen. Doch diese mahnt zur Besonnenheit: „Willst du zur Erde niederstürzen und deinen greisen Leib verwunden? Nein, teure Mutter, reich' mir deine Hand und laſs mich deine Wange an die meine drücken; denn jetzt seh' ich zum letztenmal der Sonne Strahl und werde nie ihn wieder sehn." „Und nun," fährt sie, zu Odysseus gewendet, fort, „nun führ' mich weg, ums Haupt mir legend das Gewand!" Mit einem letzten Aufblick zur Sonne entschwindet sie den Augen der Mutter, die in volle Verzweiflung ausbricht: „Weh mir, ich muſs sie lassen, meine Glieder brechen zusammen; o Tochter, halte dich an die Mutter fest, streck' aus die Hand, gieb sie mir! Ich bin verloren." Und als dann nach Beendigung eines Chorgesanges der Herold Talthybios auftritt und nach Hekabe fragt, antwortet die Chorführerin: „Da nahe bei dir mit dem Rücken auf der Erde liegt sie, in ihr Gewand gehüllt." Der sieht sich um: Da liegt sie am Boden, mit Staub besudelnd das unglückliche Haupt: „Weh, weh, ein Greis zwar bin ich, gleichwohl möcht ich sterben, bevor ich einem schmachvollen Lose anheimfalle. Steh auf, Unselige, richte auf deinen Leib und dein schneeweiſses Haupt!" Er versucht sie aufzuheben. „Wer bist du, der meinen Körper nicht liegen läſst?" Und als sie ihn erkennt und glaubt, er wolle sie zum Tode führen, springt sie auf: „Laſs uns eilen, Greis!" Er aber mit bewegter Stimme: „Ich kam, um dich zu holen, damit du dein getötetes Kind beerdigst." Unter Thränen erzählt er die Opferung. Während die Königin ins Zelt gegangen ist, bringt eine Dienerin einen verdeckten Leichnam. Bange Augenblicke vergehen, ehe die wieder erscheinende Hekabe ihn enthüllt: es ist Polydor, ihr Sohn, in troischer Tracht, von Wunden entstellt. So sieht ihn Agamemnon, der ungeduldig die Greisin erwartet. Hekabe sinnt, was sie thun soll, sie wendet dem König den Rücken zu und seufzt. Endlich wirft sie vor ihm sich nieder auf die Knie. Sie bittet ihn, ihrer Dienerin freies Geleit durchs Lager zu Polymestor zu geben. Der Mörder geht auch in die Falle. Er erscheint in thrakischer Tracht mit der Lanze. Nachdem er auf Hekabes Wunsch sein Gefolge vor dem Zelte entlassen hat, werden seine Kinder drinnen getötet, sein eigner Klageruf hallt heraus. Bald zeigt er sich wieder, seiner Augen beraubt, taumelt auf der Bühne hin und her, bis auf sein Schreien hin Agamemnon von neuem erscheint und schliefslich den Unhold, der auch ihm droht, mit Gewalt wegführen läfst. Aus diesem Beispiele, dessen Handlung wir eingehender geschildert haben, wird man erkennen, wie mächtig Euripides auch in Stücken, die eines tieferen Inhaltes entbehrten, schon durch die blofse Darstellung sein Publikum zu fesseln und zu rühren verstand.

Im „Hippolytos" tritt nach dem Prolog der Aphrodite der Jägersmann mit seinem Gefolge auf, welches ein Jagdlied singt. Die Bühne ist mit den Statuen der Artemis und der Aphrodite geschmückt. Das goldene Haar der Jagdgöttin bekränzt Hippolyt, der Liebesgöttin gleiche Ehre zu erweisen, läfst er sich auch durch die Vorstellung eines Gefährten nicht bewegen. Nachdem die Scene leer geworden, erscheint aus dem Palaste (S. 203) Phaidra mit blassem Gesichte, das blonde Haupt mit feinen Tüchern bedeckt. So sitzt sie da und klagt: „Schwer ist mir's, das Kopfgebinde zu halten, nimm es weg, Amme, lafs die Locken über die Schultern wallen!" Dann ruft sie: „Verhülle mir wieder das Haupt, denn von den Augen rinnt mir die Thräne." Jene thut es; nun folgt die lange Scene bis zur Enthüllung des Geheimnisses, dafs Phaidra ihren Stiefsohn liebt. Die Alte fafst die Rechte der Fürstin und liegt zu ihren Knien.

Doch diese wehrt ihr. Es kommt die heftige Scene mit Hippolyt, in welcher die Amme diesen bittflehend am Gewande zu fassen sucht. Phaidra entfernt sich. Während die Kunde von ihrem Selbstmorde herausgebracht wird, naht Theseus von links, mit dem Blätterkranz geschmückt, weil er von heiliger Stätte kommt. Rasch verständigt ruft er: „Stofst weg die Riegel der Thore, ihr Diener!" Und nun zeigt sich der grause Anblick. Ein Täfelchen, welches an der Hand der Toten befestigt ist, bezichtigt den Sohn der Vergewaltigung. Er wird verflucht und verunglückt durch den Anschlag des Poseidon. Nachdem ihn Artemis gerechtfertigt hat, wankt er schwer verwundet herein und haucht auf der Bühne sein Leben aus. Die bequemere Jägerkleidung kam dem Spieler in dieser schwierigen Scene erheblich zu statten.

Besonders lebhaft ist auch die Darstellung in der „Iphigenie in Aulis". Das Lager mit seinem Thore bildet den Hintergrund. Da tritt vor Sonnenaufgang in erregter Stimmung Agamemnon auf, ein fichtenes Schreibtäfelchen in der Hand, von einem Greise begleitet. Nachdem der Alte Anweisungen erhalten hat, schleicht er sich eilends weg, als eben die Sonne aufgeht, während der König in das Haus zurücktritt. Nach dem Chorliede bringt Menelaos, dessen Augen von Blut unterlaufen und dessen Augenbrauen zornig emporgezogen sind, den Boten zurück. Er hat ihm die Tafel entrissen und droht, ihn mit dem Scepter zu schlagen. Durch den Lärm vor dem Thore wird Agamemnon herausgerufen. Höhnend hält ihm Menelaos seine Beute entgegen, das Schreiben, welches die Mafsnahmen des Vaters gegen die geplante Opferung der Tochter ihm verraten hat. Schliefslich einigen sie sich, und Menelaos berührt des weinenden Bruders Rechte. Später erscheint Klytaimnestra auf einem Wagen, der auch die Brautgaben zu der ihr vorgespiegelten Hochzeit enthält. Dienerinnen heben die zarte, blondhaarige Iphigenie aus dem Gefährt und sind der Herrin behilflich, deren Säugling Orestes zu schlafen scheint. Es folgt eine zärtliche Begrüfsung mit Handschlag und Kufs zwischen der Tochter und dem Vater, der überaus ernst ist und Thränen vergiefst. Alle gehen ab. Nach langen Scenen, in denen die Entscheidung schwankt, erbietet sich Iphigenie endlich selbst als Opfer. Einer von den Trabanten soll sie fortführen. Sie grüfst der Sonne Licht zum letzten Mal. Bald ruft ein Bote Klytaimnestra wieder heraus, um ihr das Opfer und die glückliche Rettung zu beschreiben.

In der „Taurischen Iphigenie" tritt nach dem Prolog der Heldin sorgfältig umherspähend das Freundespaar vor den Tempel der Artemis mit seinen glänzenden Zinnen und Säulen. Nachdem beide abgegangen sind, erscheint die Priesterin wieder mit Weihespenden für den vermeintlich verstorbenen Bruder. Ein Rinderhirt, den man sich als Scythen besonders verwildert denken mag, meldet die Gefangennahme der fremden Jünglinge. Lange Zwiegespräche folgen. An die Überreichung der Brieftafel, welche Pylades nach Hellas bringen soll, knüpft sich die Erkennung. Besonderes Interesse bot den Griechen wohl auch die fremdartige Gestalt des Königs Thoas.

Eine gewisse Ähnlichkeit in der Anlage und den Motiven hat „Helena". Sie führt uns auf die Insel Pharos. Wir erblicken im Hintergrunde einen Palast mit schönen Säulen und Gesimsen, seitwärts das steinerne, geglättete Grabmal des Proteus. Hier sucht Helena Schutz vor dem Werben des augenblicklich abwesenden Theoklymenos, hat eine vorübergehende Begegnung mit Teukros und geht dann in den Palast. Menelaos tritt auf als Schiffbrüchiger, mit dürftiger Kleidung umhüllt, doch mit dem zweischneidigen Schwerte bewaffnet. Ein altes Weib weist ihn zurück. Als dann Helena wieder herausgetreten ist, flieht sie ängstlich vor der fremden Erscheinung. Der Erkennung folgt stürmische Umarmung. Beim Schwur berührt Helena des Gatten Rechte. Da naht die Schwester des Theoklymenos, die Seherin Theonoe, von einer Schwefel verdampfenden und einer die Fackel schwingenden Dienerin begleitet. Helena wirft sich ihr zu Füfsen. Der Herrscher des Landes kehrt zurück von der Jagd und findet den Menelaos, der sich für einen Genossen des Spartanerkönigs ausgiebt, zusammengeduckt am Grabmal. Um ihre List auszuführen, spielt Helena die Trauernde. Statt der weifsen Gewänder hat sie schwarze angelegt, das blonde Haar sich geschoren und die Wangen blutig geritzt. Nachdem das durchtriebene Paar entkommen ist, wütet Theoklymenos, wird aber von der Chorführerin am Mantel gehalten und endlich von den Dioskuren besänftigt.

In der „Medea", welche vor dem Königspalaste in Korinth spielt, wird die Exposition gegeben durch die Amme und den Pädagogen, der mit den beiden Kindern der Kolcherin auftritt. Die Maske der Medea mufs einerseits das abgehärmte Aussehen, andererseits ihre Leidenschaft veranschaulichen. Sie stiert mit den Augen und geht umher wie eine gereizte Löwin. Zusammentrifft sie mit dem König des Landes, Kreon, mit Jason und mit dem durchreisenden König von Athen, Aigeus. Von dämonischer Wirkung ist die Scene, in der sie ihren Kindern die verderblichen Geschenke für die neue Gemahlin des Jason, ein feines Gewand und einen in Gold getriebenen Kranz, übergiebt. Eine solche Scene vor der Ermordung der Kinder stellt Fig. 49 dar.

Das Einführen der Kinder auf das Theater gehört zu den Rührmitteln der damaligen Zeit. Auch der Angeklagte liefs seine Kinder in den Gerichtssaal bringen.

212   X. Die Inscenierung der griechischen Tragödie.

Schon Sophokles hatte im „Aias" diesen Effekt benutzt. Euripides wendet ihn nicht nur in der „Medea", „Hekabe", „Aulischen Iphigenie" an, sondern führt in den „Schutzflehenden" die Kinder der Gefallenen redend ein und läfst in der „Alkestis" den kleinen Eumelos bitter klagen. Dieses Stück bietet ein eigenartiges Interesse, indem es, an vierter Stelle einer Tetralogie aufgeführt, ohne ein Satyrspiel zu sein, doch den Charakter des Heiteren wahrt.

Fig. 49. Medea, ihre Kinder mit dem Pädagogen.

Es beginnt mit dem Prolog des Apollon; zu diesem gesellt sich Thanatos, der Tod, eine Jünglingsgestalt in schwarzem Gewande und mit schwarzen Flügeln. Nach der rührenden Abschiedsscene geht Alkestis für ihren Gatten Admetos in den Tod. Das lustige Element vertritt Herakles, der, auf einem Wanderzuge begriffen, bei dem Verwaisten einkehrt. Wohl macht ihn das geschorene Haar und die schwarze Kleidung aller Hausbewohner stutzig, aber er beruhigt sich dabei, dafs kein nahes Familienglied dem Admet dahingeschieden sei, und läfst sich in einem abseits gelegenen Raume das Mahl wohlschmecken. Als der Leichnam zur Ruhe bestattet werden soll, tritt Admets greiser Vater Pheres mit Weihespenden auf, aber der Sohn weist ihn schnöde zurück, weil nicht er statt jener in den Tod gegangen sei. Mit Zeichen des genossenen Weines auf dem bekränzten Gesichte kommt Herakles heraus. „Was blickst du", ruft er einem Diener zu, „so trüb und so finster?" und sucht ihn für eine heitere Lebensauffassung zu ge-

Fig. 50. Hermes führt Alkestis in die Unterwelt.

winnen. Als er den Thatbestand erfährt, beschliefst er gutmütig, dem freundlichen Geber Dank abzustatten. Er entfernt sich und kehrt dann zurück mit einem verhüllten Weibe, das ihm Admet aufheben soll, bis er wiederkomme. Trotz allen Sträubens mufs der Trauernde es an der Hand ergreifen und erkennt — seine Gemahlin, die Herakles dem Tode (Fig. 50 Hermes) abgejagt hat.

Bevor wir zum Satyrspiel selbst übergehen, noch einige Worte über die stummen Personen in der Tragödie. Zu diesen gehören erstens alle diejenigen, welche wir Statisten nennen, vor allen das Gefolge der Fürsten, Speerträger (Doryphoremata), und das der Fürstinnen. Die Zahl dieser Begleiter läfst sich meist nicht bestimmen, doch dürften es gewöhnlich zwei oder wenig mehr gewesen sein. Auch hier mufste die Andeutung genügen. Selbstverständlich fällt diese Begleitung weg bei Schutzflehenden, Elenden, Verbannten, Gefangenen, Kundschaftern u. dgl. Auch die Söhne und Töchter der Fürsten haben gewöhnlich kein eigenes Gefolge. Wohl zu scheiden von diesen ihrer Stellung nach untergeordneten Rollen sind diejenigen, die, an sich wichtiger, gleichwohl aber an den Gesprächen nicht beteiligt sind, weil eben der Dichter nur drei Schauspieler zur Verfügung hatte. Wenn sie ausnahmsweise doch in den Dialog eingreifen sollen, so mufs gerade einer der drei Schauspieler frei sein. Im Notfalle war auch ein gewöhnlicher Statist fähig, ein paar Worte vorzutragen. Alle drei Dichter lassen in den sich entsprechenden Elektradramen den Pylades, der nicht zu umgehen war, als stumme Person auftreten — und zwar Sophokles und Euripides ohne jedes Wort; Aischylos legt ihm wenigstens einmal drei Verse in den Mund. Was nun das ganze Auftreten der Fürstlichkeiten anlangt, so ist die Hauptfrage, ob und wo Pferde, Wagen und andere Beförderungsmittel eingeführt wurden. Wahrscheinlich ist der Wagen des Agamemnon auf die Bühne gefahren. Bei Aischylos wäre dies das zweite Beispiel; bei Sophokles findet sich der Wagen nicht, zweifelhaft bleibt, ob Ismene im „Oidipus auf Kolonos" auf dem Maulesel wirklich hereinreitet. Euripides hat mehrere sichere Beispiele, so fährt Klytaimnestra in der „Aulischen Iphigenie" und in der „Elektra" auf einem Wagen vor.

Fig. 51. Schauspieler, Chorlehrer, Choreuten und M

...ker vor Aufführung eines Satyrdramas. (Zu S

Die Inscenierung des Satyrspiels.

Trotz seines heiteren Charakters ist das Satyrspiel von der Komödie scharf zu scheiden. Es ist nur eine scherzende Tragödie. Der Spaſs wird aber nicht gemacht, sondern liegt in den Situationen. Natürlich lassen die Personen, welche aus der Tragödie uns bekannt sind, sich etwas zu den Naturmenschen herab, in deren Gesellschaft sie geraten. „Nie aber", lehrt Horaz, „vergesse die Tragödie, was für sie sich schickt; und wenn sie auch bei losen Satyrn sich blicken läſst, so zeig' uns ihr Erröten die züchtige Verwirrung einer ehrbarn Frau, die öffentlich am Festtag tanzen muſs". Den rechten Ton im Satyrspiel scheint vor allen Aischylos getroffen zu haben, während Euripides offenbar nichts Rechtes mehr damit anfangen konnte. Ein einziges erhaltenes derartiges Drama, der „Kyklops" eben dieses Dichters, macht uns bekannt mit der ganzen Einrichtung. Unter den Bildwerken hat unsere Kenntnis dieser Gattung besonders gefördert die Darstellung auf einer Vase aus Ruvo (Fig. 51).

Die Scenendekoration im „Kyklops" stellt eine Höhle dar am Fuſse des Ätna. Berg oder Wald pflegte überhaupt der Schauplatz zu sein, und anderwärts trat der Gegensatz zwischen der prächtigen Kleidung der ernsten Rollen und der ländlichen Scenerie noch schärfer hervor. Auf dem genannten Bilde sehen wir inmitten der verschiedenen Darsteller, die sich zur Aufführung des Satyrspiels bereiten, auf einem Sofa den Gott mit seiner Geliebten, Ariadne. Sie harren des Festspiels. Deshalb fliegt Himeros, der Gott des Verlangens, zu auf die Muse der Schauspielkunst, Thalia. Bisweilen wirkte Dionysos selbst im Satyrspiel mit. So zog er und mit ihm Hephaistos und die Satyrn auf Eseln gegen die Giganten, und Silen rühmt sich, bei einem Zusammentreffen mit diesen den Enkelados erlegt zu haben. Infolge der Ge-

Fig. 52. Satyrscene (zu Fig. 51 gehörig).

fangennahme des Alten durch Midas kam der Gott in Berührung mit diesem üppigen Fürsten.

Unter den Darstellern des Bildes unterscheiden wir

von den übrigen leicht drei vollständig zur Aufführung gekleidete Personen, eine unbekannte links vom Gotte, zwei andere rechts, Herakles und Silenos. Alle drei sind Bühnenpersonen und als solche, Silen ausgenommen, von den Schauspielern der Tragödie nicht erheblich verschieden. In Herakles lernen wir eine Hauptperson des Satyrspiels kennen. Wie schade, daſs wir ein solches, in dem er vorkommt, nicht besitzen! Doch können wir wenigstens einen Begriff von seinem Auftreten uns machen aus der „Alkestis" des Euripides. Er, der sogar hier im ernsten Drama einen scherzhaften Anstrich hat, vergiebt sich freilich den Respekt zuweilen. Er ist zu häufig mit unfeinen Gesellen wie Busiris in Berührung gekommen. In einem Stücke war dargestellt, wie er, an Syleus als Sklave verkauft, in dessen Weinberg alles umstürzte und über die Vorräte in Küche und Keller herfiel. Die Satyrn machen sich seine Gutmütigkeit zu nutze, trinken aus der Flasche, die er in der Hand hält, und ducken sich, wenn er sie schlagen will. Bei Omphale in Lydien bequemte er sich sogar, zu spinnen. Eine solche Scene führt uns eine Vase von Adernó vor. Trunken liegt Herakles vor der Behausung einer Angebeteten — vielleicht eben der Omphale — wo man ihn schnöde durch einen Wasserguſs ernüchtert. Seine wilden Genossen umschwärmen ihn, zwei Bacchantinnen, die eine mit dem Saitenspiel, die andere mit der Doppelflöte; ein Satyr trägt gravitätisch einen Fruchtkorb, während ein anderer in lebhafter Bewegung einen Mischkrug auf der Schulter balanciert. Auf der Vase aus Ruvo erscheint Herakles in dem militärischen, bis an die Knie reichenden, mit langen Ärmeln versehenen Chiton von Linnen (Kypassis), über dessen oberen Teil ein Lederkoller (Spolas) gezogen ist. Ein verziertes Band, an dem der Köcher befestigt ist, geht über die Brust, die linke Hand schultert die Keule über die linke Achsel, auf der das Fell des nemeischen Löwen hängt. Die rechte Hand hält an einem Tragriemen — welcher der Wirklichkeit entspricht — die Maske, die durchaus ernste Züge aufweist. Auf dem Original ist an derselben der Kopfteil des Löwenfelles noch zu erkennen. Der Held trägt nicht den tragischen Kothurn, der ihm beim rüstigen Ausschreiten nur hinderlich gewesen wäre. Für seine Lage passen die Jagdstiefel (Endromides), die, hier gleichfalls mit Figuren bedeckt, die Waden bekleiden und vielleicht auch mit hohen Sohlen versehen waren. Die Kleidung des anderen ernsten Mannes zeigt uns das mit Tierfiguren gestickte Dionysische Gewand.

Der Silen eröffnet den „Kyklops", indem er den Zuschauer über seine Lage aufklärt. Wir hören, daſs er den von Seeräubern geraubten Dionysos auskundschaften wollte, dabei aber mit den Satyrn — hier seinen Söhnen — in die Hände des Kyklopen geraten ist. Nun muſs er mit eiserner Harke die Wohnung des Riesen reinigen. Sonst schwang er den Thyrsos im lustigen Schwarm oder weidete mit dem Pedum (S. 12) oder durchstreifte als Jäger die Flur mit dem Wurfholz, wie etwa auf unserem Bilde, wenn er nicht hier den Stab vielmehr als Zeichen der Würde oder weichlicher Stutzerhaftigkeit trägt. Denn etwas weichlich war das Silen schlechthin ge-

Fig. 53. Papposilen mit dem Bacchuskinde.

nannte Wesen — es gab nämlich mehrere Arten — kurz und etwas dick, jenes Väterchen, der Papposilen. Dionysos war sein Pflegkind und erscheint als solches mit der Maske in der Hand auf Fig. 53. Insofern der unverkennbare Zug der Sinnlichkeit zu dem Alter des Wesens auffällig kontrastiert, kann ein alter Gewährsmann diesen Typus als besonders tierisch bezeichnen. Zum Jäger würde das Pantherfell passen, welches Silen über die

Fig. 54. Schauspieler als Papposilen.

linke Schulter hängen hat und das hier ein echtes zu sein scheint, während im Theater der Seltenheit wegen gewöhnlich ein gewebtes benutzt wurde. Ein Fell bildet oft die einzige Bekleidung des Alten. Gern trägt er den Lodenrock aus Ziegen- oder Schaffell oder fellartig gearbeitetem Stoffe, auf welchen Flocken aufgesetzt waren. Derselbe bestand wie ein Trikotanzug aus einem Stücke. Fast immer erscheint der Papposilen bärtig, dagegen ist sein Kopf stets kahl, wie auch bei dem im

X. Die Inscenierung des Satyrspiels.

„Kyklops". Auf unserer Maske ist der kahle Schädel über der gefurchten Stirn nicht nur mit Epheulaub geziert — für das auf Bildern auch Weinlaub oder Lorbeer sich findet — sondern vor allem mit einem Diadem, welches dem Träger noch besondere Würde verleiht. Der skurrile Bursche im „Kyklops" hat kaum sich dieser Auszeichnung erfreut, auch wird er grobe Schuhe getragen haben. Der Silen des Bildes erscheint freilich ganz barfufs, aber nur infolge nachlässiger Ausführung des

Fig. 55. Papposilen und Sphinx.

Malers. Zum mindesten trug er Trikotstrümpfe, wahrscheinlich aber auch Schuhe und zwar die weifsen, die, gleichfalls ein Zeichen der Eleganz, recht gut zu der sonstigen Auffassung passen würden. Zu allen Fabelwesen der Urzeit konnten sich die Satyrn gesellen. So dichtete schon Aischylos ein Satyrspiel „Sphinx" zur Trilogie von Oidipus. Eine Scene ähnlichen Inhalts führt uns Fig. 55 vor. Papposilen scheint durch ein Geschenk in Gestalt eines Vogels Beziehungen mit der unbeirrt dreinschauenden Sphinx anknüpfen zu wollen, wobei er die drohende Annäherung einer Schlange nicht beachtet. Auch hier fällt sein kostbarer Kopfschmuck ins Auge.

Das war also der lustige Begleiter des Dionysos, er, den man nicht gut ohne Wein sich denken kann. Seiner Trinklust fröhnt er auch auf der Bühne, indem er erst von Odysseus sich tüchtig einschenken läfst, dann aber unter lächerlichen Vorwänden auch noch vom Weine des Kyklopen nascht. Dieser Leidenschaft entspricht die hochrote Farbe seines Gesichts, welche dem heimkommenden Kyklopen gleich auffällt. Silen schiebt sie auf die Schläge, die er von den Eindringlingen — Odysseus und den Seinen — bei der Verteidigung des Eigentums seines Herrn erhalten. Jene waren nämlich, auf der Heimfahrt von Troja nach Sicilien verschlagen, ans Land gekommen und hatten gegen den süfsen Trank des Bacchus von Silen aus den Vorräten des Kyklopen Nahrungsmittel und Wasser eingetauscht. Aber es geht wie im Märchen vom Däumling — der Menschenfresser kommt plötzlich dazwischen. Wie schwer mufste es sein, die Erwartungen der Zuschauer hinsichtlich der Gröfse des Riesen auch nur annähernd zu erfüllen! Wie pafste der tragische Kothurn, der sonst hier aushalf, zu dem eben von der Jagd heimkehrenden Polyphem? Da der Dichter die Grenzen der Kunst erkannte, suchte er das Übermenschliche in das Gebiet der Dicke zu verlegen. Gehörige Breite des Leibes war schon wegen der Breite der Maske erforderlich. Auf dieser mufste ja neben den beiden gewöhnlichen Augen des Riesen das grofse runde Auge Platz haben, dazu die unförmliche Nase, das breite Maul und der struppige Bart. Wie das Gesicht dunkel und reich behaart war, so ahmte wohl das ganze Kostüm den Waldmenschen durch besonders zottiges Trikot nach. Als Jäger bezeichnete ihn ein Wurfholz.

In der Orchestra erscheint der Chor der Satyrn, welche die Herde des Riesen von der Weide heimtreiben. Sie dürften in Alter und Gestalt einander geglichen haben, wie auch auf unserem Vasenbilde alle Masken in gleicher Weise gebildet sind. Leicht erkennt man die stumpfe Nase und die spitzen Ziegenohren; der Bocksbart ergiebt den Typus des bärtigen Satyrs, welcher der regelmäfsige namentlich im Chore gewesen zu sein scheint. Neben diesen Satyrn mittleren Alters kommen aber solche mit grauem Haar und auch bartlose vor. Künstlerisch veredelt wurden diese Naturwesen von Praxiteles, dessen Satyr in einer Nachbildung uns erhalten ist (Fig. 56).

Bei den Choreuten des Bildes ist das Ziegenschwänzchen an dem Schurz befestigt, welcher die gewöhnliche Tracht des Theatersatyrs bildet. Ein solcher Schurz kommt auch den Satyrn des „Kyklops" zu. So waren sie also im übrigen nackt? O nein. Sie trugen Trikots, und diese bedeckten auch die Füfse, wenn nicht besondere Schuhe, vielleicht gar eleganterer Art, beliebt wurden. Was nun die Kopfbedeckung anlangt, so kann man die Tänien und Epheukränze der Choreuten nicht als Theaterschmuck ansehen. Sie führen diese Abzeichen als Festfeiernde. Indessen kommt auch an Masken derartiger Zierat vor. In den Händen tragen die Satyrn der Vase keinerlei Gegenstand. Die des „Kyklops" werden mit dem Pedum aufgetreten sein. Einzelne Tanzschritte mochten sie mit dem Klange der Zimbeln und Kastagnetten begleiten. Die Choreuten unseres Bildes sind durchaus junge Leute. Und Kräfte mufsten sie auch haben, um die Bewegungen der ausgelassenen Bockspringer — auch Ixaloi und Skirtoi genannt — gut ausführen zu können. Wie schade, dafs wir nur einen Satyr in Tanzbewegung sehen, den, welcher dem sitzenden Chormeister eine Figur vormacht! Doch finden wir an diesem einen Beispiele

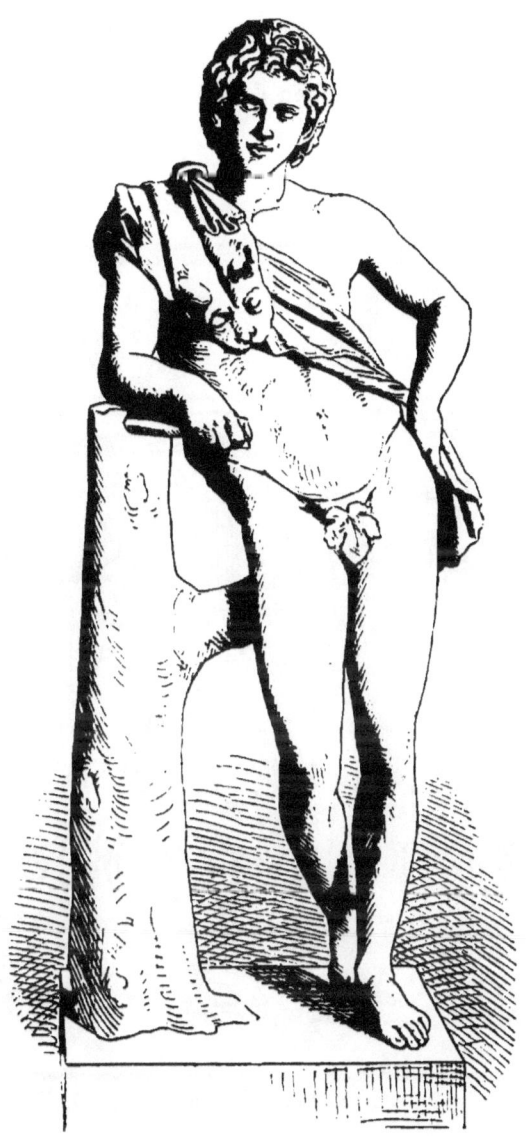

Fig. 56. Satyr nach Praxiteles.

224   X. Die Inscenierung des Satyrspiels.

gerade bestätigt, daſs neben der Bewegung mit den Füſsen, die eine sehr rasche war im Satyrspiel, die ausgebildete Kunst besonders auch entsprechende Bewegungen mit den Händen kannte (vergl. S. 129).

Fig. 57.   Vorbereitung zum Satyrspiel.

Der Chorlehrer schaut ernst vor sich hin wie bekümmert um den Ausgang des Festspiels. Er ist fast völlig entkleidet und wird nun selbst, wenn alle andern fertig sind, den Schurz anlegen, vielleicht auch einen verzierten aus Stoff, wie ihn der Satyr links oben trägt. In diesen beiden und dem noch nicht zur Aufführung gekleideten Choreuten auf der rechten Seite würde man dann die drei Vortänzer des Chores zu erkennen haben. So hätten wir mit dem Chorlehrer, der zugleich Koryphaios ist, 12 Choreuten, also soviel wie in der Tragödie. Dann bleiben auf dem Bilde nur noch die beiden Musiker, der Bläser der Doppelflöte Pronomos, ein berühmter Meister seiner Kunst, und der Kitharist Charinos. Leicht möglich, dafs auch im „Kyklops" Saitenklang ertönte, wie in der S. 217 geschilderten Scene; am häufigsten aber tanzten die Satyrn nach dem Spiele der Flöte, deshalb namentlich, weil der Gesang an das Flötenspiel sich inniger anschmiegt. Wir finden den Flötenspieler auch auf Fig. 57. Sein langer, weifser Leibrock ist besetzt mit gesternten Purpurstreifen. Während er noch auf der Doppelflöte spielt, drängt sich hinter ihm ein Schauspieler vor zu der tragischen Maske in der Rechten des sitzenden Chorlehrers, der eben zwei Satyrn nach der in seiner Linken befindlichen Rolle überhört hat. Wie man in der Pause die helmartige Maske über die Stirn zurückschob, zeigt die Haltung des einen. Die zweite Maske zu Füfsen des Chorlehrers ist die des Papposilen, die er wohl selbst anlegen wird. Im Hintergrunde rechts ist ein Theaterdiener einer dritten Bühnenperson, deren Maske noch auf dem Tische liegt, beim Ankleiden behilflich. Der mit Gefäfsen und Tänien verzierte Raum giebt uns das Bild eines Übungslokales, eines Didaskaleion.

XI.

Die Inscenierung der altattischen Komödie.

Bei ihrer loseren Form und gröfseren Mannigfaltigkeit stellt die altattische Komödie viel höhere scenische Anforderungen als die Tragödie. Es herrscht mehr Leben auf der Bühne. Der Chor beteiligt sich naturgemäfs mehr an der Handlung und berührt sich häufiger als in der Tragödie mit den Schauspielern. Auf der Bühne wird nicht alles dargestellt gewesen sein, was im Stücke erwähnt wird, z. B. nicht fliegende Vögel oder fallender Schnee. Doch irren die, welche deshalb Dürftigkeit der Scenerie überhaupt annehmen wollen. Denn der Erfolg der Aristophanischen Komödie beruht zum Teil auf der augenfälligen Darstellung. Auf naturgemäfse Folgerichtigkeit kam es dabei weniger an, im Gegenteil zeigt sich überall die Neigung, die Illusion in toller Weise zu zerstören. Aristophanes dünkt sich erhaben ob Raum und Zeit, aber die Veränderung des Ortes mufste er irgendwie andeuten, durch Verwandelung des Hintergrundes oder der Periakten. Warum hätte er auch die vorhandenen Mittel nicht benutzen sollen? Die Verwandlungen gaben Gelegenheit, die Maschinen spielen zu lassen, und aus der parodischen Verwendung derselben entsprang manch lustiges Motiv. Freilich umging man die Notwendigkeit des Scenenwechsels vielfach wohl auch dadurch, dafs von vornherein eine Dekoration mit zu sehen war, die erst später gebraucht wurde. „Leicht bei einander wohnen die Gedanken, doch hart im Raume stofsen sich die Sachen."

Wie die Handlung, so war auch das Kostüm ein phantastisches, wenngleich es an die Tracht des täglichen Lebens sich anlehnte. Zur Erläuterung desselben dürfen wir auch gewisse Vasengemälde aus dem 3. vorchristlichen Jahrhundert heranziehen, da sie Scenen der unteritalischen Phlyakographie (vgl. S. 60) darstellen, die ihrerseits wieder an die altattische Komödie anknüpfte. Den Schauspieler hüllte gewöhnlich ein dichtanliegender Anzug von Leder ein, welcher bis an die Handgelenke und bis an die Knöchel reichte, also eine Art Trikot. Dieses, selbst Somation genannt, mufste am blofsen Körper das eigentliche Somation (Leibchen) festhalten, welches die Polsterung der Brust, bezw. des Bauches und des Hinterteils umfafst. Dieser obere Teil, dessen Umrisse sich meist scharf abheben, pflegt einfarbig zu sein, während Arme und Beine oft buntfarbig gestreift sind. Um nackt zu erscheinen, legte man fleischfarbene Trikots an. Die geschilderte Tracht erkennt man besonders deutlich auf Fig. 58, welche neben dem mit dem Heroldstabe und mit einer Lampe auftretenden Hermes den durch einen eigentümlichen Kopfaufsatz als Herrscher bezeichneten Zeus darstellt. Derselbe kommt, die Leiter an das Haus seiner Geliebten zu legen, die aus dem Fenster der Distegia — des oberen Stockwerkes — schaut.

Über die angegebene Umhüllung tragen die Schau-

15*

spieler die Tracht des gewöhnlichen Lebens in karikierter Form, die Exomis, das Unterkleid, welches den rechten Arm freiläfst, und darüber häufig das Himation, den Mantel, in kleiner Façon. Die Chlamys, den Soldatenmantel, trägt Hermes auf dem eben besprochenen Bilde. Die Frauentracht bestand in einem meist safranfarbigen Chiton (Leibrock), Krokotos, welcher mit einem Gürtel (Strophion) gefesselt wurde, und in einem mit Rändern versehenen Mantel (Enkyklon) darüber. Auch Schmucksachen fehlten nicht. Eine Kopfbedeckung trugen die Männer gewöhn-

Fig. 58. Zeus am Fenster eines Mädchens, von Hermes begleitet.

lich nur auf der Reise. Den Petasos trägt unser Hermes. Die Frauen setzten eine Haube (Kekryphalos) auf und schmückten sich durch Binden (Mitrai). Die Männerschuhe, welche Embades oder auch Lakonikai heifsen, sind auf den Abbildungen meist nicht angegeben. Die Frauen haben Schuhe mit hohem Schaft und viereckigen Sohlen, Kothornoi, auch Persikai genannt.

Die Vasendarstellungen, welche sich durch Attribute des bacchischen Kultes, Epheu, Masken u. dgl., als auf Bühnenvorgänge bezüglich zu erkennen geben, zeigen oft auch die Scenenvorderwand, z. B. ein Haus, wie

Fig. 59. Die Bedeutung der Darstellung ist etwa folgende: Zwei Strolche, Eumnestos und Kosilos, haben in Abwesenheit des geizigen Charinos dessen Truhe durch die noch geöffnete Thür ins Freie geschafft, um sie zu stehlen. Dabei überrascht sie der mit dem Krummstabe heimkehrende Geizhals und sucht mit seinem Leibe den teuren Schatz zu decken. Die Gauner möchten ihn herunter-

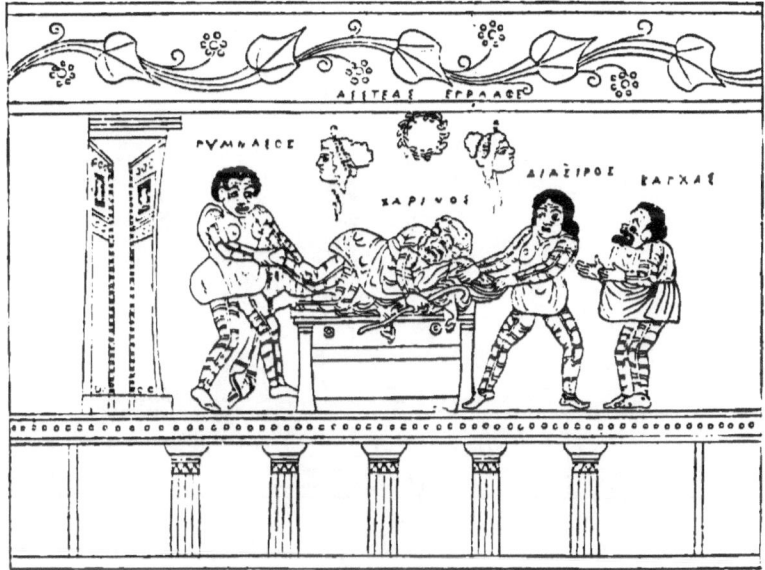

Fig. 59. Vasengemälde des Assteas.

zerren. Der Sklave Karion steht mit dem Gestus der Ratlosigkeit bei schlecht verhehlter Schadenfreude daneben. Das Logeion ruht hier auf massivem, säulengeschmücktem Grunde, anderwärts auf einfachen Holzfüßen. Es wurde eben auch auf ganz primitiven Bühnen gespielt. Wichtig für unsere obige Erörterung (S. 105) sind diejenigen Abbildungen, auf denen auch die nach der Orchestra führende Treppe zu sehen ist, z. B. Fig. 60. Hier kämpft

230 XI. Die Inscenierung der altattischen Komödie.

Daidalos, d. i. Hephaistos, welcher seine Mutter Hera auf den goldenen Thron gebannt hat, mit seinem Bruder Enyalios, d. i. Ares. Das Possenhafte der ersten Figur wird durch die komisch verzierte Mütze gehoben. Durch die Ochsenschädel (Bukranien) und den übrigen Schmuck ist die Behausung der Himmelskönigin angedeutet.

Was die Masken anlangt, so werden in der alten Komödie für jedes Stück ein Teil wenigstens neu angefertigt worden sein. Zwei Arten lassen sich in der

Fig. 60. Daidalos, Hera, Enyalios.

Hauptsache unterscheiden, Porträtmasken, welche den Zügen historischer Personen getreu, wenn auch karikiert, nachgebildet waren, und Genremasken. Zur Erläuterung dieses Unterschiedes aber kann ich keinen besseren Vergleich finden, als für erstere die Abbildungen im „Kladderadatsch", für letztere die in den „Fliegenden Blättern". Sie zu beschreiben, auch wenn wir sie kennten, würde unmöglich sein, sie wollten gesehen werden. Meist zeigten sie grofse Häfslichkeit, stumpfe Nase, dicke Lippen, Glotzaugen als Zeichen der Unverschämtheit und Begehrlichkeit. Und so kann denn kein Zweifel sein, dafs viele dieser Figuren schon durch ihr Aussehen das Zwerchfell des Publikums erschütterten.

Nach diesen allgemeinen Vorbemerkungen gehen wir die Aristophanischen Stücke einzeln, aber kurz durch, um ein Bild von der reichen Fülle des Gebotenen zu bekommen. In den „Acharnern" zeigte die Scene wahrscheinlich schon im Anfange verschiedene Häuser, das des Dikaiopolis in der Mitte, daneben das des Lamachos. Die Pnyx konnte durch einige Holzbänke angedeutet sein, die später, während das Volk sich entfernte, von Theaterdienern weggeräumt wurden. Hier also erwartet Dikaiopolis in attischer Bauerntracht den Beginn der Volksversammlung. Endlich erscheinen die Prytanen, der Herold und die scythischen Polizeisoldaten. Das Volk dürfte nur aus wenig Vertretern bestanden haben. Hier gilt eben, wie auf Kunstdarstellungen, das Gesetz der Andeutung ganzer Gruppen durch einzelne Personen. Jetzt nahen zweifelhafte Gestalten, zunächst die Persergesandten, Pseudartabas, das Auge des Grofskönigs, an der Spitze. Er war wahrscheinlich ganz als Auge kostümiert. Ihnen folgt ein Trupp zerlumpter Odomanten aus Thrakien, die nicht einmal auf der Bühne ihre Spitzbüberei lassen können. Der Friede wird dem Bauer in Form von Weinkrügen, aus denen er kostet, überreicht. Nun folgen die anderwärts geschilderten Scenen, die Feier der Ländlichen Dionysien und die Kostümierung bei Euripides, der von oben herab unterhandelt. Mit dem Jammerkostüm des Telephos ausgestattet, verteidigt sich Dikaiopolis, indem er das Haupt auf den Hackblock legt. Höchst martialisch wird Lamachos, welcher im Gegensatz zu den Bestrebungen des Landmanns den Krieg vertritt, ausstaffiert gewesen sein. Mit dem Gorgonenschild und dem mächtigen Straufsfederbusch auf dem Helm mag er etwas von dem Ares auf Fig. 60 gehabt haben. In das Gebiet der Burleske gehören die Marktscenen, der megarische Bauer, der seine mit Schweineklauen und Schweineschnauzen versehenen Töchter in den Sack steckt und dann wieder hervorlangt, um sie als Ferkel zu verkaufen, der böotische Händler, unter dessen Waren besonders ein Aal viel Beifall findet, mit seinem Gefolge, einem Knechte und flötespielenden Bettelmusikanten, die beiden Sykophanten, namentlich der kleine Nikarchos, der schliefslich in einen Ballen zusammengeschnürt und von dem Knechte des Böoters auf dem Rücken fortgetragen wird. Während Dikaiopolis an einem auf die Bühne gebrachten Herde die Vorbereitungen zum Kannenfest trifft (S. 83), naht zuerst ein infolge des Krieges heruntergekommener Mensch. Er bittet um ein bifschen Frieden, wird aber abgewiesen. Dasselbe Geschick droht dem Brautführer, der im Namen eines Bräutigams die gleiche Bitte vorbringt. Erst als die mitanwesende Brautjungfer dem Alten von der Braut etwas ins Ohr flüstert, läfst er sich erweichen. Da klopft ein Bote mit aufgezogenen Brauen ans Haus des Lamachos und ruft ihn zur Feldschlacht. Während dann der Haudegen verwundet auf die Bühne geleitet wird, erscheint von der anderen Seite Dikaiopolis, auf zwei Mädchen gestützt, gleichfalls kampfunfähig gemacht, aber durch den genossenen Wein. So schliefsen sich also an den Kern, welcher den Hauptgedanken enthält, eine Fülle von Scenen, in denen die Folgen des Hauptgedankens dargelegt werden. Und so sind noch mehrere Stücke des Aristophanes komponiert.

Etwas einheitlicher ist die Scenerie in den „Rittern", die Zahl der Personen deshalb geringer. Die Handlung geht im Anfange vor dem Hause des Demos, des personifizierten Volks, vor sich. Vielleicht aber war schon hier angedeutet, dafs dieser Platz auf der Pnyx sich befindet. Die beiden Sklaven, welche die Masken der Staatsmänner Nikias und Demosthenes tragen, klagen sich gegenseitig ihre Not und suchen durch einen tüchtigen Trunk sie zu vergessen. Der Paphlagonier, der Verwalter ihres Herrn und Urheber ihrer Not, stellt den Kleon dar, ist aber nicht in seinen Zügen ihm ähnlich. Denn, wie Aristophanes angiebt, hat kein Maskenverfertiger es gewagt, sein Antlitz zu kopieren. Durch diese Erwähnung wollte wohl der Dichter die Feigheit der Leute an den Pranger stellen. Als Gegner des Gerbers tritt der unter den Typus des Koches gehörige Wursthändler auf, mit den Gerätschaften seines Gewerbes versehen. Von seiner Wurstbank aus überschaut er die Herrlichkeiten, die ihm bestimmt sind. Von Worten kommt es zwischen den beiden Volksbeglückern zu Thaten. In den Scenen, in denen sie dem Herrn Demos um den Bart gehen, bringen sie allerlei Dinge auf die Bühne, so ganze Pakete Schriftrollen, welche vorgeblich Orakelsprüche enthalten. Einen Trumpf glaubt der Paphlagonier auszuspielen, indem er dem Greise aus seinem Korbe Hasenbraten vorsetzen kann. Doch blickt er gierig um sich, als sein Rival Gesandte mit Geldsäcken zu sehen behauptet. Währenddem stibitzt der Schlaue den Braten und überreicht ihn selbst dem Umworbenen. Eine besondere Überraschung mufs der Schlufs gebracht haben, als der verjüngte Demos in alter Pracht mit der altertümlichen Haartracht sichtbar wurde.

In den „Wolken" sind zwei Häuser sichtbar, das des Strepsiades, wohl durch die linke Seitenkulisse gebildet, rechts im Hintergrunde das Philosophenhaus. Vor letzterem ein Gärtchen, vom Hause des Strepsiades durch eine Strafse getrennt. Der von Sorgen geplagte Alte befindet sich, während sein luftiger Sohn im Traume vom Pferdesport schwatzt, vor dem Hause und läfst sich das

Rechnungsbuch bringen. So geht es nicht mehr, er will es bei den Sophisten versuchen. Die spätere Handlung spielt sich meist im Philosophengarten ab, der vielleicht im Anfang durch eine Mauer verdeckt war. Andere nehmen an, dafs das geöffnete Häuschen der Sophisten als eine Art Ekkyklem erst während des Stückes herausgeschoben worden sei. Besondere Belustigung gewährten die Instrumente und Operationen der grübelnden Sophisten; Sokrates selbst befand sich auf einer schwebenden Bühne im oberen Teile des Häuschens. Später verkriecht sich Strepsiades in seinen Pelz, um einen gescheiten Gedanken zu finden. Wie zum Hahnenkampf werden in geflochtenen Käfigen die beiden Wortfechter, ein Biedermann in altfränkischer Tracht und ein charakterloser Modenarr, herausgebracht. Dazu denke man sich den Chor der Wolken, Frauengestalten mit ungeheuren Nasen! Ihr Einzug war von Donnerschlägen begleitet.

In den „Wespen" ist immer das mäfsig grofse Haus des Philokleon im Hintergrunde zu sehen, mit Netzen umspannt und an allen Öffnungen wohlverwahrt, damit der Prozefswütige es nicht verlasse. Derselbe versucht auf verschiedene Weise durchzubrechen, bald durch ein gestofsenes Loch, bald durch den Schornstein. Schliefslich will er am Bauche eines Esels hangend dem Odysseus gleich ins Freie gelangen. Die Wache bilden zwei halbverschlafene Diener, die auf irgend eine Weise in die ruhende Lage gebracht werden mufsten, und der junge Herr Bdelykleon. Zum Entsatz rückt endlich der Chor der befreundeten Alten heran in Wespengestalt, gelb und schwarz, mit Stachel am Hinterteil. Da es Nacht ist, gehen Knaben mit Lampen voran. Und so wird auch sonst nur symbolisch die Tageszeit angedeutet. An einem zugeworfenen Seile will Philokleon sich herablassen, wird aber daran verhindert (vgl. auch S. 138). Im zweiten

Teile ist die Parodie der Gerichtsverhandlung ergötzlich: ein Schweinekoben bildet die Schranken, ein Schöpfgefäfs dient als Stimmurne, ein Nachtgeschirr als Wasseruhr. Der Beklagte, ein Hund, der einen sicilischen Käse gefressen hat, wird vorgeführt. Am Ende tritt der von seiner Leidenschaft vollständig bekehrte Alte mit einer Flötenspielerin auf, hat noch einen Streit mit einer Brothökerin und einem Manne, die er beide beleidigt hat, und tanzt endlich, gleichsam verjüngt, mit den Söhnen des Karkinos ein Ballet.

Fig. 61. Taras in Phlyakenkostüm.

Wechselnd ist die Scenerie wieder im „Frieden". Zuerst ist neben dem Hause des Trygaios ein Koben zu sehen. Der Mistkäfer, der darin sich befindet, wird von Sklaven gefüttert. Dann steigt Trygaios auf dem Tiere in die Lüfte, wobei er sich des Aiorema (S. 205) bedient. Diese Scene ist eine Parodie auf den Euripideischen „Bellerophontes", welcher auf seiner Fahrt nach dem Himmel vom Pegasos herabstürzt.

Eine ähnliche Parodie ist Fig. 61. Der spitzbärtige, häfsliche Phlyake, der sich ängstlich an den Kopf des Fisches anhält, stellt vielleicht den schönen Taras, den Gründer von Tarent, auf einem Delphine vor.

Gaffend schauen dem Trygaios seine Sklaven und seine Töchter nach. Die Illusion wird vollends zerstört durch die Mahnung an den Maschinenmeister, ja recht vorsichtig die Fahrt zu dirigieren. Nun ist der Waghals im Himmel, d. h. auf dem festen Podium (Episkenion), auf dem die weitere Handlung vor sich geht. Während der Mistkäfer nach oben verschwindet, tritt Hermes, der Hüter des Hauses, an seinen Attributen (Fig. 58) kenntlich, heraus. Die übrigen Götter sind verreist. Eirene, den Frieden, hat Polemos, der Krieg, in eine Schlucht gestürzt. Derselbe bringt mit seinem Gehilfen Kydoimos (Schlachtlärm) einen großen Mörser heraus, um darin die hellenischen Städte, d. h. je ein Haupterzeugnis von ihnen, wie Zwiebeln und Käse, zu zerstampfen. Durch vereinte Kräfte derer, die vom Frieden Vorteil haben, voran der Landleute, wird Eirene nach Beseitigung der Hindernisse aus ihrem Verließ herausgezogen, indem der Chor auf der Bühne an dem über Rollen laufenden Seile der Mechane zieht. Im Gefolge der Göttin werden mit herausgezogen Herbstsegen und Festfreude, beide dargestellt durch frische Mädchen, während Eirene eine Kolossalstatue zu sein scheint. Um zu tanzen, entledigt sich der Chor seiner Werkzeuge mit folgender Motivierung: „Wir wollen indes die Geräte unseren Begleitern übergeben, denn es pflegen um die Bühnengebäude sehr viele Diebe sich herumzudrücken". Nachdem Trygaios mit seinen Begleiterinnen herabgelassen worden ist, spielt die Handlung wieder auf dem alten Platze. Mit allem Pomp wird die Weihe der Göttin vollzogen, wozu auch der Priester Hierokles sich einfindet. Am Ende halten wieder wie in den „Acharnern" zwei einander entgegengesetzte Handlungen den Zuschauer in Spannung. Ein Sensenmacher erscheint mit Ackergerät, andererseits Waffenlieferanten, welche Trygaios verhöhnt, indem er die angebotenen Waffen für niedrigen Hausgebrauch verwenden will. Schlufstableau: Opora, der Herbstsegen, wird als Braut des Trygaios in festlichem Zuge einhergeführt.

In den „Vögeln" zeigt die Scene eine Gebirgsgegend mit dem Neste des Wiedehopfes, welches von Gesträuch verdeckt ist, in der Mitte. Zwei Alte kommen von links auf ansteigendem Wege, Euelpides eine Dohle, Peithetairos eine Krähe auf der Hand, zwei mit Gepäck beladene Diener folgen. Der Zaunkönig, als Thorhüter des Wiedehopfes, erscheint mit weitgähnender Maske, so dafs den Wanderern angst und bange wird. Der Wiedehopf mit ungeheuerlichem Schnabel, dreifachem Kamm und bunten Federn auf dem Kopfe, sonst aber als Mensch dargestellt, tritt heraus und weckt später im Gebüsch die Nachtigall. Für sie antwortet ein Flötenspieler hinter der Scene. Der Wiedehopf ruft auch die übrigen Vögel. Zuerst erscheinen vier besonders auffällig geputzte auf der Bühne, dann der bunte Schwarm der anderen in der Orchestra. Es erfolgt schliefslich ein Angriff auf die Fremden, den diese durch Aufsetzen der Kochgeschirre abzuwehren suchen. Dem Peithetairos gelingt es, die Vögel durch seine Rede freundlich zu stimmen, und nun tritt Prokne aus der Mittelthür, eine reizende, schön geschmückte Flötenspielerin, die nur auf dem Kopfe als Nachtigall kostümiert ist. Nachdem die Fremden mit Wiedehopf abgetreten sind, spielt sie dem Chore auf zur Parabase. Die Freunde treten wieder heraus und betrachten scherzend ihre Vogeltracht, Euelpides gleicht einem verpfuschten Gänserich, Peithetairos einer auf dem Wirbel geschorenen Amsel. Während ersterer zum Bau einer Stadt sich in die Luft begiebt, will dieser den Vogelgöttern opfern.

Die Diener und der Priester sind gleichfalls als Vögel gekleidet, ebenso der Flötenbläser, der Rabenmaske trägt. Jetzt kommen eine Reihe Gestalten, die sich in der neuen Stadt zu thun machen wollen, ein lyrischer Dichter in schäbigem Gewande, er wird mit Kleidern beschenkt. Nachdem er fort ist, taucht ein Wahrsager auf, dann Meton, der Mathematiker, mit seinen Instrumenten, in Porträtmaske natürlich. Ein Kommissar, ein Gesetzhändler lösen ihn ab. Ein Vogel meldet dem Peithetairos die Vollendung der Mauer, ein anderer die Annäherung eines Götterboten. Bald schwebt Iris, ein schönes Weib, geflügelt, mit Petasos, hernieder. Ihre Aufträge werden verhöhnt, sie selbst verjagt. Der an die Menschen gesandte Herold kehrt zurück. Ihm folgen ein ungeratener Sohn, der Dichter Kinesias und ein Sykophant, die alle um Federn bitten. Plötzlich schleicht eine verhüllte Gestalt mit Sonnenschirm und Feldstuhl herbei, die sich entpuppt als Prometheus. Um aber von Zeus nicht gesehen zu werden, läfst er, auf dem Feldstuhl sitzend, den Schirm über sein Haupt halten. Nach seinem Weggange erscheint die Gesandtschaft des Zeus: Poseidon, Herakles und der Barbarengott Triballos. Peithetairos, an einem Herde mit Zubereitung von Speisen beschäftigt, achtet zunächst der Ankömmlinge nicht, läfst sich auch nicht bewegen, von seinen Bedingungen abzugehen. Deshalb entschliefst sich Herakles, als Koch in der Vogelstadt zu bleiben. Also auch hier wird er wegen seines chronischen Heifshungers verspottet. In den „Fröschen" wird ihm vorgeworfen, dafs er in den Speisewirtschaften der Unterwelt ungebührlich gehaust habe. Phlyakenbilder zeigen ihn, wie er den Göttern die ihnen vorgesetzten Opferspeisen vor der Nase wegkapert. Hierher gehört auch Fig. 62. Herakles bringt in Vogelbauern, die er am Bogen trägt, die Kerkopen,

XI. Die Inscenierung der altattischen Komödie.

affenartige Unholde, vor Eurystheus. Dieser, mit seiner hohen, kahlen Stirn und den schwulstigen Lippen ein nicht gerade edles Bild, empfängt ihn, mit Scepter und Diadem auf dem Throne sitzend. Am Schlusse der „Vögel" hält Peithetairos, den Blitzstrahl schwingend, seinen Einzug mit Basileia, der personifizierten Königsgewalt, und wird vom Chore mit dem Brautliede begrüfst.

Die „Lysistrate" spielt meist auf der Burg, dem Platze vor den Propyläen, im Anfange vor dem Hause der Lysistrate. Diese — ihr Unwillen verrät sich durch die zusammengezogenen Augenbrauen — empfängt die

Fig. 62. Herakles mit den Kerkopen vor Eurystheus.

Frauen, die sie berufen, zunächst ihre Nachbarin Kalonike, ferner u. a. eine besonders robuste Spartanerin, eine Böoterin, eine Korintherin. Ihr Zweck ist, die Männer zur Beilegung des Krieges zu zwingen. Die Vereidigung findet statt in Gegenwart einer Scythin. Jetzt naht in der Orchestra der Chor der Greise, deren jeder zwei Holzscheite auf der rechten Schulter und in der linken Hand einen Topf mit Kohlen trägt. Dieselben werden angeblasen und geben tüchtigen Rauch. Es entspinnt sich eine regelrechte Bestürmung. Den Weibern, die sich in dem oberen Teile der Burg festgesetzt haben, zu helfen, rückt ein Chor von Frauen heran. Scharfes Wortgefecht zwischen beiden Chören und Wassergüsse von oben folgen. Auch dem Probulos, der mit der scythischen Leibwache einschreitet, wird übel mitgespielt. Hierauf neues Wortgefecht zwischen den Chören. So ständen die Sachen für die Weiber recht gut, wenn nicht die meisten Sehnsucht nach ihren Männern bekämen. Doch foppt Myrrhine ihren verliebten Ehemann, der mit dem verlassenen Kinde erscheint, in höchst ergötzlicher Weise. Die Männer geben schliefslich nach, und Lysistrate stiftet zwischen den Staaten Frieden.

Vor das Haus des früher mehrfach genannten Agathon führen uns die „Thesmophoriazusen". Euripides und sein Schwager Mnesilochos versuchen zunächst den weibischen, auch weibisch gekleideten Dichter, der sich herausrollen läfst, zu bewegen, dafs er beim Weiberfeste der Thesmophoria den Weiberfeind Euripides gegen die zu erwartenden Anklagen verteidige. Da jener sich weigert, wird Mnesilochos auf der Bühne gesengt und rasiert und in die Weiberkleidung des Agathon gesteckt. Nachdem beide abgetreten und Mnesilochos mit einer thrakischen Magd wieder erschienen ist, beginnt das Fest. Wahrscheinlich war indes der Tempel der Göttinnen sichtbar geworden. Die Kopie des Festbrauchs und der von den Frauen gehaltenen Reden ist sehr spafshaft. Derbkomisch ist die Scene, in der die angebliche Frau entlarvt wird. Dieselbe erinnert in etwas an ein possenhaftes Vasenbild (Fig. 63), das man als eine Parodie der „Antigone" hat ansehen wollen. Danach hätte diese aus Feigheit die Bestattung des Bruders nicht selbst ausgeführt, sondern einem alten Diener übertragen, der aber entdeckt wird. Das Wassergefäfs noch im linken Arm wird er von dem Schergen vor Kreon geführt und reifst plötzlich die Mädchenmaske

XI. Die Inscenierung der altattischen Komödie. 241

herab. Entsetzen malt sich auf des Königs Angesicht. — Um sich zu erretten, entreifst Mnesilochos einer der Frauen ihr vermeintliches Kindlein und flüchtet sich auf den Altar. Als er es aber entkleidet, entpuppt es sich als Weinschlauch, den er nun anzapft. In seiner Bedrängnis wirft er glatte Holztäfelchen aus, wie der Euripideische Palamedes die schriftbedeckten Ruder als Boten den Wellen des Meeres überliefs. Dann singt er

Fig. 63. Kreon, Antigone, Wächter (Parodie).

Verse aus der „Helena", und sieh, Euripides erscheint als Menelaos; in den Block gelegt, stimmt der Gefangene Verse aus der „Andromeda" an. Euripides antwortet als Perseus, ohne auch jetzt etwas ausrichten zu können. Schliefslich erscheint er als altes Weib verkleidet mit einer schmucken Tänzerin und einem Flötenspieler. Erstere mufs kokett sich im Tanze drehen, indes dieser die Persermelodie spielt. Während der zum Wächter bestellte Scythe noch ganz mit der lustigen Tänzerin beschäftigt ist, hilft Euripides seinem Schwager fort.

In den „Fröschen" tritt Dionysos selbst auf, weiberhaft mit safranfarbenem Gewand und Kothornoi bekleidet, dazu aber mit Löwenfell und Keule versehen. Auf einem Esel folgt ihm sein Sklave Xanthias, welcher Gepäck in einem Bündel (Stromatodesmon) an einem zweigabeligen Stocke (Anaphoron) auf der Schulter trägt. Im Hintergrunde steht das Haus des Herakles. Auf einer Vase finden wir eine solche Scene abgebildet, nicht nach unserem Stücke, sondern nach einer italischen Posse. Herakles giebt, durch gewaltige Stöfse herausgepocht, willig Auskunft über die Fahrt nach der Unterwelt. Sodann wird ein Toter vorübergetragen, mit dem der Weingott ein Gespräch anknüpft. Indessen landet Charon seinen Kahn und fährt den Gott, der selbst tüchtig mit rudern mufs, über den acherontischen See, während der Sklave um diesen herumläuft. Der Gesang unsichtbarer Frösche begleitet den Ruderschlag. Das weitere spielt in der Unterwelt vor dem Palaste des Pluton. Xanthias macht dem Herrn allerlei Schreckbilder vor. Indes zieht der Chor der eleusinischen Geweihten ein. Auf der Bühne folgen eine Reihe von Begegnungen, bei denen Dionysos bald ein Interesse hat, als Herakles zu erscheinen, bald nicht, weshalb er mehrfach mit Xanthias die Kleidung wechselt. Wer ist also der Gott und wer der Diener? Damit dies klar werde, bekommen beide umschichtig Schläge, doch verbeifsen sie ihren Schmerz. Den Schlufs bildet der anderwärts geschilderte Wettstreit zwischen Aischylos und Euripides. Von Chorgesang begleitet, begiebt sich Aischylos unter Fackelschein auf die Oberwelt.

Eine Strafse mit mehreren Häusern ist dargestellt in den „Ekklesiazusen". Bei dem Scheine der Lampe erwartet Praxagora ihre Genossinnen. Nach und nach treffen sie ein, versehen mit Männermantel, Knotenstock,

Lakonerschuhen und langen Bärten. Auch den Körper haben sie zu bräunen und abzuhärten gesucht, nur vergessen sie sich noch oft, wie die, welche Wolle krämpeln will in der Volksversammlung (Ekklesia). Noch setzt die Führerin ihre Pläne auseinander. Dann werfen sie sich in die Männerkleidung und ziehen auf die Pnyx. Indessen tritt Blepyros, der Mann der Praxagora, ins Freie, im Weiberrock; denn ein dringliches Geschäft treibt ihn hinaus. Zu ihm gesellt sich ein Nachbar.

Fig. 64. Ein Alter mit seinem Diener am Fenster eines Mädchens.

Nachdem sie Vermutungen ausgetauscht haben über das Verschwinden ihrer Frauen, naht ein zweiter und meldet, dafs in der Volksversammlung das Regiment den Frauen übergeben worden sei. Jetzt kehrt der Chor zurück, furchtsam an dem Hyposkenion hinschleichend, und entledigt sich der Männersachen auf Befehl der Praxagora, der es nicht gelingt, unbemerkt von ihrem Manne ins Haus zu schlüpfen. Güter- und Weibergemeinschaft wird beschlossen. Im zweiten Teile lernen wir die Folgen des Beschlusses kennen. Ein Bürger tritt auf, sein Eigentum an den Staat abzuliefern. Ein anderer verspottet den zu grofsen

16*

Eifer. Aus einem Hause schaut ein Mädchen, nicht weit davon ein altes geschminktes Weib im Safrankleide heraus. Beide streiten sich um einen Jüngling, der bekränzt, mit der Fackel vom Gastmahl zum Liebchen will. Doch noch ältere und häfslichere Frauen tauchen auf, die vierte und häfslichste führt endlich ihr Opfer ab. Eine gewisse Ähnlichkeit hat Fig. 64. Hier klimmt ein Alter zum Fenster einer jungen, reich geschmückten Schö-

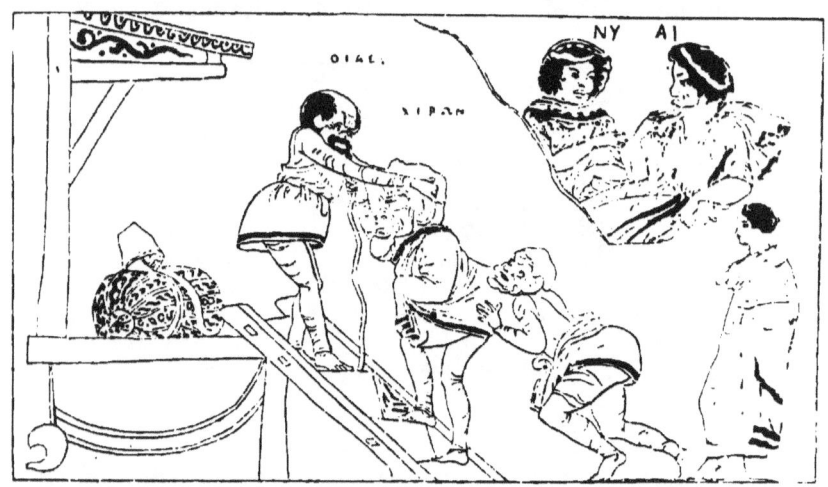

Fig. 65. Cheiron an der Heilstätte.

nen empor, ein Geschenk in der Hand, während sein Diener mit der Fackel leuchtet und im Gefäfse weitere Gaben bereithält.

Im „Plutos" (Reichtum) tritt ein blinder Mann auf. Ihm folgt der Bauer Chremylos und sein Sklave Karion, welcher das Gepäck und Opfergeräte trägt. Beide sind bekränzt, weil sie vom Opfer kommen. Die Scene ist ein ländlicher Hof. Im weiteren Verlaufe giebt sich der Blinde als Plutos zu erkennen, und Chremylos beschliefst, im Asklepiostempel den Gott wieder sehend machen zu lassen. Ein Weib mit jammervoller Gestalt,

Penia, die Armut, stellt sich ihnen entgegen. Aber Chremylos verharrt auf seinem Entschlusse und kehrt bald mit dem Geheilten zurück. Eine ähnliche Situation giebt Fig. 65. Links ist durch ein Bauwerk die Heilstätte angedeutet, auf der das verzierte Reisegepäck mit dem abgeplatteten Filzhute schon liegt. Zwei Sklaven, zu oberst der glatzköpfige, schieläugige Xanthias, sind in wenig zarter Weise bemüht, den erkrankten Cheiron die Stufen hinanzuschaffen. Mit ernstem Blick schaut einer von den jungen Zöglingen des Kentauren den Vorgängen zu. In einer Grotte zur Rechten sind die Nymphen des Badeortes sichtbar. — Nach der Heilung des Plutos zieht Freude auch bei den Guten ein, so daſs die Schlechten, die bisher allein reich waren, ihre Vorteile verlieren. Diese Folgen werden veranschaulicht. Ein Biedermann weiht dem Gotte seinen schäbigen Mantel, ein Sykophant erhebt Einspruch gegen die neue Ordnung der Dinge, eine geputzte Alte beklagt sich, daſs ihr jugendlicher Geliebter nichts mehr von ihr wissen wolle. Derselbe erscheint, von einem Gelage kommend, mit Kranz und Fackel. Hermes schleicht herbei und bietet seine Dienste an, da kein Mensch den Göttern mehr Opfer bringt; auch der Zeuspriester ist dem Verhungern nahe. Zum Schlusse ordnet sich ein Festzug, in dem der Priester mit brennenden Fackeln und die getröstete Alte mit Töpfen auf dem Kopfe einherschreiten.

XII.

Die Inscenierung des römischen Dramas bez. der neueren attischen Komödie.

Die Inscenierung der Palliata.

Gemäfs dem bürgerlichen Charakter der neueren attischen Komödie, waren Scenerie und Ausstattung sehr einfach. Die Bühne stellte gewöhnlich den Teil einer Strafse (Platea) vor den Wohnungen der Hauptbeteiligten dar. Zwischen den einzelnen Häusern befanden sich Gäfschen (Angiporta), durch die gelegentlich jemand verschwindet oder von denen aus er einen anderen belauscht. Dafs diese Dekoration stehend war, zeigen die Worte des Prologs zu den „Menächmen": „Diese Stadt ist Epidamnus, während dies Stück gespielt wird, wenn ein anderes gespielt wird, wird's eine andre sein." Auch hier sind wir auf Plautus und Terenz angewiesen.

Der „Amphitruo", in mehr als einer Beziehung ein Unicum in der römischen Komödie, bringt Menschen und Götter auf die Bühne, letztere allerdings in durchaus menschlicher Gestalt. Die Scene ist der Palast des Amphitruo, zugleich aber sind andere Häuser von

Theben sichtbar. Weil es Nacht ist, trägt Sosia die Laterne. Zur Unterscheidung für die Zuschauer hat Merkur ein Paar Flügelchen auf dem Petasos, Juppiter aber, um nicht mit dem eigentlichen Amphitruo verwechselt zu werden, einen goldenen Zierat unten am Hute. Den Zustand der Alkmene wufste die Regie zu einem komischen Effekt zu benutzen. Weiterhin verhöhnt Merkur, durch einen Kranz als Zechgenosse charakterisiert, vom Dache aus den Amphitruo. Auch Donner läfst sich hören. Denselben erzeugten die Römer, indem sie Nägel und Steine in ein Metallgefäfs schütteten. Erst Claudius Pulcher, auf den mehrere Verbesserungen des Bühnenapparats zurückgeführt werden, kam durch seine Darstellung der Wirklichkeit näher. An dieses Stück knüpft sich auch die Frage der Masken an. Während für die griechischen Originale Pollux eine grofse Zahl Masken nennt, waren die Plautinischen und auch die Terenzischen Stücke zunächst für Masken nicht berechnet. Doch konnte man der Perücken (Galearia), welche je nach Alter und Stand weifs, schwarz oder rot waren, nicht entbehren. Das übrige suchte man, wie heutzutage, durch Schminken des Gesichts zu erreichen. Nur für zwei Stücke könnte man zweifeln, den „Amphitruo" und die „Menächmen", wegen der erforderlichen Ähnlichkeit zweier Schauspieler. Indessen haben wir letzteres Stück ohne Masken zu trefflicher Wirkung bringen sehen. Auch die Terenzischen Stücke wurden erst bei späteren Aufführungen mit Maske gegeben. Es heifst, dafs Roscius wegen seiner schielenden Augen dieselbe eingeführt und nur in der Rolle des Schmarotzers nicht getragen habe. Den Greisen wollte diese Neuerung gar nicht recht behagen. Sie hatten für das künstlerische Mienenspiel gern einen anderen Mangel, das zu männliche Gesicht einer Schönen oder das zu jugendliche Äussere eines abgelebten

Alten u. dgl. hingenommen. Das junge Volk dagegen liefs sich die Masken gern gefallen, welche an sich komische Wirkung übten und doch auch das Spiel der Augen nicht völlig ausschlossen. Dieses Geschlecht war für die feineren Reize der Darstellung abgestumpft.

Der Prolog trat nicht selten nach gethaner Arbeit wieder ab und gab sich in diesem Falle durch besondere

Fig. 66. Soldat und Parasit, zur Seite zwei Rhabduchen (Aufseher).

Tracht und einen Zweig zu erkennen. Bisweilen trug er ein Phantasiekostüm, wie der als glänzender Stern gekleidete Arcturus im „Rudens". Von ähnlichen aufserhalb des Stückes stehenden Personen seien der Lar familiaris und der Gott Auxilium genannt. Wenn auch Plautus sich im allgemeinen an das griechische Kostüm gehalten hat, so liefs er doch oft in der Ausstaffierung der Rollen seinem Übermute die Zügel schiefsen. Andeutungen in den Stücken selbst gaben den Regisseuren den nötigen Anhalt. — Mit dem Zwiegespräche des Bramarbas und seines Parasiten beginnt der „Miles gloriosus". Eine solche Scene führt uns ein pompejanisches Wandgemälde vor. Links steht die Riesengestalt des Soldaten, auf eine Lanze gestützt, in kurzem Chiton mit langen Ärmeln. Der Überwurf, Chlamys, gewöhnlich purpurn gefärbt, bekleidet nur die linke Schulter und den linken Arm, wie dies bei Kämpfern und Jägern der Deckung wegen Sitte war. Das Schwert, das sovielen den Garaus

Fig. 67. Parasit.

gemacht, pflegt beim Alazon nicht zu fehlen. Das weifse Barett stellt den Petasos dar. Darunter hervor sieht das wallende Lockenhaupt. Der Blick mit den hochgeschwungenen Brauen ist eisenfresserisch, die Farbe des Antlitzes dunkel, die der Haare schwarz. Die Bekleidung der Beine, auf unserem Bilde nicht dargestellt, bestand meist in anliegendem Trikot. Die gewöhnliche Fufsbedeckung war der Schuh, die Embas, bei den Römern Soccus, oder eine zwischen Schuh und Sandale in der Mitte stehende Art, welche den Vorderfufs mit den Zehen freiliefs. Der Parasit trägt gewöhnlich einen langen

Chiton, verkürzt erscheint letzterer bei dem Begleiter des Kriegsmannes auf unserem Bilde. Die Farbe seines bisweilen recht abgebrauchten Kleides war dunkel, hell nur, wenn er gerade Hochzeit hielt. Das Aussehen des Mannes überhaupt war schwärzlich; zerschlagene Ohren, wohl gar ein ausgeschlagenes Auge erinnerten an die Leiden des Standes. Der eingezogene Nacken ist bei Menschen dieses Schlags ein häufiger Gestus. Eine Schreibtafel hält der Parasit im Plautinischen Stücke, anderwärts führt er Salbfläschchen und Schabeisen. Eine Maske zeigt uns den kahlen Schädel und das glatte Gesicht des Parasiten nicht ohne einen feinen Zug um Auge und Lippen (Fig. 67). Wesentlich vergröbert dürfen wir diese Rolle bei Plautus uns denken, anstreifend vielleicht an unsere Fig. 68, die offenbar einen Schmarotzer darstellt. Die wulstigen, dunkelroten Glieder, die Glotzaugen, die Hängebacken, die niederhangende Unterlippe und die breite Nase ergeben das Bild gemeiner Denkart und sinnlicher Gier. Der hinter dem Miles Stehende ist der Begleiter desselben, ein zarter Jüngling, von blonden Locken umwallt. Nicht alle Personen in der Komödie hatten komisch verzerrte Züge, sondern es kommen auch schöne Jünglinge und Mädchen vor. Um jugendliche Frische anzudeuten, hat der Künstler jene Gestalt und die beiden hinter dem Parasiten Stehenden ganz ohne Maske gelassen.

Fig. 68. Schmarotzer.

Der Gegensatz zwischen schönen und häfslichen Personen hatte besonderen Reiz. Man betrachte nur Fig. 69, wo die Masken einer beliebten Scene zusammengestellt sind mit einem Heiligtume im Hintergrunde. Doch zurück zum „Miles"! Periplecomenus ist das Urbild des älteren Mannes, der mit geistiger Frische volle körperliche Rüstigkeit verbindet. Er trägt das gewöhnliche Obergewand, Himation oder Pallium, und zwar als älterer Mann eins von weifser Farbe, und hält, wie alle Alten, in der linken Hand den Krummstab. Ein treffliches Paar bilden die beiden Sklaven, der schlaue Palaestrio und der dumme Sceledrus. Beide sind mit kurzem Chiton bekleidet. Das Obergewand der Sklaven pflegte am Leibrock festgemacht zu sein, damit ihnen die Mühe des Haltens erspart bliebe. Liefen sie, was ja in der römischen Komödie und

Fig. 69. Maskenrelief in Neapel.

besonders bei Plautus häufig vorkommt, so warfen sie das kurze Mäntelchen hinter auf den Rücken. Der Schlaue trägt die fuchsroten Haare in einen Wulst über der Stirn zusammengedreht, die Augenbrauen sind hinaufgezogen, die Stirn gerunzelt. Kleine Kalbsaugen oder schielender Blick und die Stumpfnase vervollständigen das Bild der Verschmitztheit (Fig. 70). Der Dümmling Sceledrus mag besonders häfslich gewesen sein, etwa ein wolliger Rotkopf mit angehender Platte und schielenden Augen. Zu einer solchen Rolle scheint auch die Maske Fig. 71 zu gehören.

Philocomasium tritt heraus, um auf dem Altar der Diana — denn in Ephesus spielt das Stück — zu opfern. Aufser den durch die Handlung bedingten Altären konnte auf der Strafse ein Altar des Apollon Agyieus stehen. Die gewöhnliche Tracht, auch der Frauen, bestand in Chiton und Himation. In unserem Stücke hat sich aber der Dichter eine ganz besondere Freiheit herausgenommen: er läfst die Klientin des Periplecomenus, welche mit ihrer Zofe den Galan foppen soll, in der Tracht der römischen Matronen auftreten. Die leichte Person in dem langen, weifsen Gewand, mit den würdigen sechs Flechten, die mit Wollbinden durchzogen waren, vielleicht gar noch mit der Stola bekleidet, das mufs für die alten Römer ein Hauptspafs gewesen sein. Auch Pleusicles, der Liebhaber, erscheint in Verkleidung, und zwar als Seemann. Er wird angewiesen, eine rostfarbene Kausia, einen leichten Hut mit breiter Krempe (Fig. 72), eine Art Südwester also, aufzusetzen, ein Stück wollenes Zeug über das Gesicht zu binden und über einen Schurz eine rostfarbene Exomis (Chiton heteromaschalos) anzulegen, d. i. ein Stück Zeug, welches auf der linken Schulter geheftet, den rechten Arm und die rechte Brust frei läfst. Es ist dies zugleich die Fischertracht, die wir auch noch brauchen werden.

Fig. 70. Intriguierender Sklave.

Im „Pseudolus" tritt der Offizier nicht selbst auf, sondern sein Diener, eine fremdartige Gestalt mit starken Gliedern, in Ärmeltunika und Chlamys, den Petasos, auf dem Haupte, mit Schwert und Lanze bewaffnet. Als Ausweis führt er einen Symbolus, eine Wachstafel. Brief wechsel findet öfter statt. So hat Phoenicium in Krakelfüfsen dem geliebten Caludorus einen Brief geschrieben, den dieser mit Thränen benetzt. Pseudolus verliest ihn ohne sonderliche Rührung. Dessen äufsere Häfslichkeit steht in starkem Gegensatze zu seiner geistigen Über-

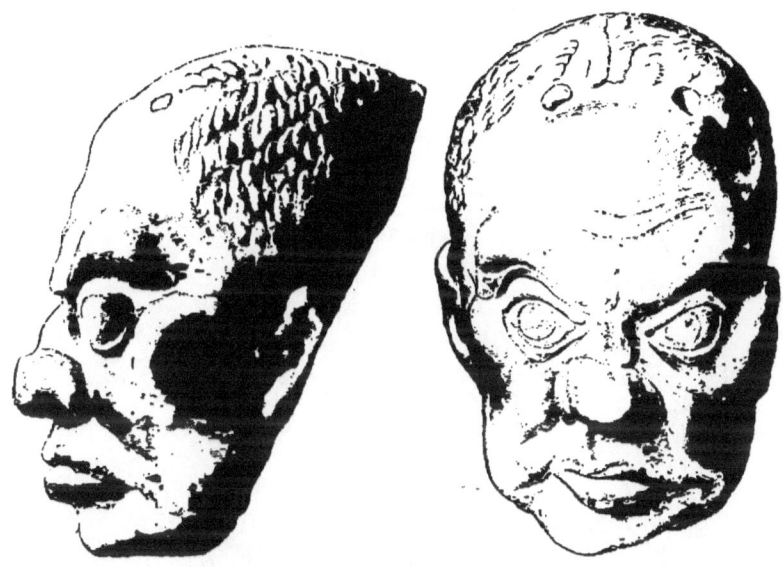

Fig. 71. Terrakottamaske.

legenheit. Sein Signalement lautet: „Rot von Haar, mit feistem Leibe, dicken Waden, dunklem Teint, grofsem Kopfe, scharfen Augen, rotem Antlitz, ungemein grofsen Füfsen". Der genannte Krieger, Harpax, soll das Mädchen abholen vom Kuppler Ballio. Diese Gestalt ist sprichwörtlich geworden, und Cicero hat sogar gewagt, den Gegner des Roscius das Urbild des Ballio zu nennen, nach dem sich Roscius beim Spielen dieser Rolle gerichtet hätte. Pollux schreibt dem

Fig. 72. Kausia.

254 XII. Die Inscenierung des römischen Dramas etc.

Kuppler finster zusammengezogene Brauen, angehenden oder vollendeten Kahlkopf zu, während Cicero in dem rasierten Schädel und den rasierten Brauen die Schlechtigkeit des Mannes ausgeprägt findet. Farbiger Leibrock und blumig gestickter Überwurf waren in den Originalen seine Tracht. Und das gerade Stutzerstöckchen, das er führt, pafst dazu recht gut. Ein kranker Vertreter dieses Standes

Fig. 73. Scene aus der neueren attischen Komödie.

tritt im „Curculio" mit geschwollenem Leib und grünlichem Gesicht uns entgegen. Die Kleidung des Koches bestand in einem blofsen Schurze (Perizoma). Auf dem Markte eben gemietet, führt er all seine Gerätschaften mit sich. Der rohe Koch Cario im „Miles" geht dem Galan mit dem Fleischermesser zu Leibe. Pseudolus, der intriguierende Sklave, gleicht in selbstbewufster Haltung einem Könige. Später verliert er dieselbe etwas, als er, vom Gelage des jungen Herrn kommend, den Kranz auf dem Haupte, über die Bühne schwankt. Der Alte soll ihn halten. Dieser verzeiht den ihm gespielten Streich in der Erinnerung an seine eigene Jugend.

Ein solcher gutmütiger Alter ist auch der Protos Pappos des Pollux mit weifsem, geschorenem Haar, stattlichem Bart, sanft geschwungenen Brauen, ziemlich glatter Stirn. Unter den Vätern spielte die Hauptrolle der über die Streiche des Sohnes erzürnte. Eine derartige

Fig. 74. Strenger Vater.

Maske zeigt uns Fig. 74. Das dunkelrote, breite Angesicht ist umrahmt von einem Haarkranze. Die knollenartig gebogene Nase erhöht den Ausdruck des Ingrimms. Die rechte Augenbraue ist zornig hinaufgezogen. Wenn der Knoten des Stückes sich löste, konnte der Gestrenge den Zuschauern die etwas freundlichere Seite zukehren. In hellem Zorne sehen wir ihn auf Fig. 73. Der Sklave im Chiton sucht seinen von einem Gelage heimkehrenden jungen Herrn zu stützen, zugleich aber sich mit ihm zu decken. Das Halsband in der Hand des Jünglings, sowie die ihn begleitende Flötenspielerin, welche das Pallium um die Hüften geknotet hat, verraten dem

Vater, aus welcher Gesellschaft sein Sohn kommt, und er eilt nun, ohne sich von einem nachsichtigeren Freunde zureden zu lassen, auf den vermeintlichen Verführer zu. Der verhängte Raum zur Seite dürfte gerade der Schauplatz des Gelages gewesen sein. Das Haus des Alten ist reich verziert. Als wohlhabender Mann wird er auch durch den Fransenmantel charakterisiert, den er um die Hüften gelegt und dann von hinten über die linke Schulter geworfen hat. Dieselbe Tracht findet sich auf Fig. 75.

Fig. 75. Komiker im Fransenmantel.

Im „Trinummus" treten nicht weniger als vier Greise (Senes) auf. Vielleicht stimmt aber keiner zu den bei Pollux überlieferten neun Greisenmasken. Für das Muttersöhnchen pafst etwa der Allerjüngste mit dem Haarkranz, der zarte Jüngling, der aussieht wie im Schatten aufgewachsen; auch äufserlich das Gegenstück wird der leichtsinnige Lesbonicus gewesen sein. Ein ganz verwogenes Kostüm mufs der verkleidete Sykophant getragen haben, vor allem eine ungeheure Kausia, da er dem Charmides wie ein Pilz vorkommt.

Recht wenig anständig geht es in der „Asinaria" her: Ein Sünder in grauem Haar, seine Frau, die keifende Alte, nach Pollux lang und dünn, mit vielen Runzeln, blafs, weifshaarig und schieläugig. — Die wohlwollende Frau in anderen Stücken wird die „dicke Alte" gewesen sein. — Dazu eine Hetärenmutter, die ihr Gewerbe aufgegeben hat, mit graumeliertem Haar, und ihre Tochter,

XII. Die Inscenierung des römischen Dramas etc. 257

etwa das „blühende Schätzchen" ohne Schmuck, nur mit einem Bändchen ums Haar. Die Farbe der Chitone war bei den Hetären rot oder grün, die der Mäntel weifs oder gelb. In der Rolle des Haushalters, eines

Fig. 76. Komödienscene.

Erbsklaven der Herrin, tritt Leonida auf. Er wird so geschildert: „Mit mageren Wangen, fuchsigrot, beleibt in hohem Mafse, mit wildem Auge, selbstbewufster Haltung, finstrer Stirne." Geprellt wird ein Kaufmann, dessen

Tracht wie im täglichen Leben vor allem die Chlamys ist. In diesem Stücke spielen am Ende zwei Handlungen nebeneinander. Die eine Scene, zunächst durch einen Vorhang verdeckt, stellt ein Gelage vor, dessen Teilnehmer sich eben über die Alte unterreden, die mit dem Parasiten das Gespräch belauscht. Dabei erinnern wir an das zu Fig. 73 Bemerkte. Durchaus Hetärenstück ist der „Truculentus". Phronesium spielt vor dem Miles die junge Mutter. Ihre Sklavin trägt ein Mäntelchen und ist mit Rötel und Kreide geschminkt. Pollux schildert die Hetärensklavin als etwas stumpfnasig mit abgeteiltem, an der Seite glatt gestrichenem Haar.

Fig. 77. Eingebildeter Alter.

Im „Curculio" giebt sich die alte Dienerin des Kupplers auf der Bühne dem Weingenusse hin. Eine solche alte Hexe hatte auf der griechischen Bühne eine Stülpnase und zu beiden Seiten des Mundes je zwei hervorstehende Backzähne. Es folgt das Paraklausithyron, das Ständchen, welches Phaedromus vor der Thür seiner Geliebten singt. Hier begegnet uns auch der Geldwechsler. Vielleicht paßt für ihn die Maske des Lykomedeios, ein Wollkopf mit langem Barte, die eine Braue aufgezogen, mit Andeutung der Vielgeschäftigkeit. Geldgeschäfte werden auf der Bühne oft erledigt, Plautus selbst aber macht sich über das „Geld der Komödie", das in Bohnen bestand, lustig.

Im „Stichus" zankt ein mürrischer Alter mit dem Gesinde und seinen zwei Töchtern. An der Thür seines Hauses läfst er sich neben ihnen nieder auf eine Bank, nachdem die eine ein Polster ihm untergeschoben hat. Der Bursch Pinacium kommt mit Angel und Fischkorb eilends vom Hafen, links vom Zuschauer, um die Ankunft der sehnlichst erwarteten Ehemänner zu melden. Zum Schlusse belustigen sich eine Magd und zwei Sklaven bei Gelag, Tanz und Flötenspiel. Auch dem Flötenspieler wird eingeschenkt. Eine derartige Scene stellt Fig. 76 vor. Zwei Weiber tanzen unter Flötenbegleitung, wobei die eine das Tamburin, die andere die Zimbeln erklingen läfst. Ein Knabe schaut im Hintergrund dem lustigen Treiben zu.

Die „Mostellaria" bringt erst ein Schimpfduett zwischen zwei Sklaven, dann eine vollständige Toilettenscene und das letzte Ringen eines schwer Berauschten, der, von seiner Geliebten geführt, hereinwankt, aber schliefslich auf das Lager sinkt. In Griechenland soll Krates den Betrunkenen zuerst auf die Bühne gebracht haben. Den Alten foppt man mit erdichteten Gespenstern.

Zu einer bräutlichen Scene war in der „Casina" Veranlassung. Doch entpuppt sich die Braut schliefslich als Mann. Wenn der verliebte Alte, der alle Parfümerien besucht, sich in die Brust wirft und spricht: „und ich gefalle, denk' ich doch," so kann man Fig. 77 vergleichen. Hohlheit mischt sich hier mit Hochmut und Eitelkeit. Andererseits erinnert man sich an die Scene im „Pseudolus", wo Ballio herrisch seinen Leuten Anweisung giebt. Prächtig soll alles sein an seinem Geburtstag, damit die vornehmen Herren sehen, er hat es. Deshalb bemerkt Caludorus aus dem Verstecke: „Ein recht grofsartiger Mensch", und Pseudolus ergänzt: „und ein bösartiger dazu".

Mit zwei leichtsinnigen Harfenspielerinnen machen wir im „Epidicus" Bekanntschaft. Flötenspielerinnen kamen auch vor; bisweilen waren sie mit dem Kranze geschmückt. Der Liebhaber im „Epidicus" ist von derbem Schlage. Ihm geht es wie einem Athleten. Er mag dem Panchrestos des Pollux entsprechen, der geschildert wird als ganz rot, wie ein Gymnast, mit dunkler Gesichtsfarbe, mit einem Haarkranze, aufgezogenen Augenbrauen und wenigen Falten auf der Stirn. Die neue Geliebte wird als ein Wunderbild beschrieben,

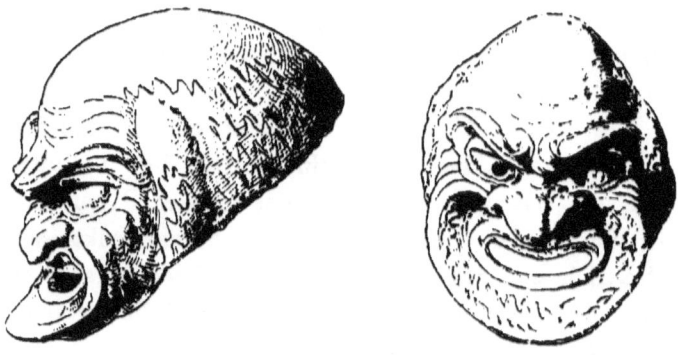

Fig. 78. Erzürnter Greis.

ebenso Pasicompsa im „Mercator". Der Verliebte hat aber hier ein weiches Gemüt. In den „Kriegsgefangenen" treten zwei junge Leute, Herr und Diener, in Ketten auf. Aristophontes beschreibt seinen Freund, eben den gefangenen Philocrates, wie folgt: „Mageres Antlitz, spitze Nase, schwarze Augen, weiße Haut, rötlich Haar, etwas gekräuselt und gelockt." — Der eine Greis im „Mercator" ist ein Sünder nach Art des Demaenetus in der „Asinaria". Welche Abwechselung aber in den Greisenfiguren dem Plautus zu Gebote stand, zeigt die Schilderung des anderen Alten: „Grau, grätschbeinig, hängebäuchig, pausebäckig, untersetzt, Augen schwarz, mit langen Kiefern und besonders breitem Fufs." Die Maske des erzürnten Greises erkennen wir auf Fig. 78. So etwa mag man den Euclio in der „Aulularia" sich denken, der über jeden keift, der dem verborgenen Schatze zu nahe kommt. Auch hier ist die eine Seite grimmiger als die andre. Ein ganz welker Greis tritt in den „Menächmen" auf. Gebückt wankt er an seinem Stabe daher und wird genannt ein kahlköpfiger Bock, ein zitternder, bärtiger Tithonus. In demselben Lustspiele wird ein marktschreierischer Arzt zu dem wie ein Verrückter sich gebärdenden Menaechmus gerufen. Der Prahler wird durch pomphafte Gewandung, gesuchte Haartour und andren Schmuck ausgezeichnet gewesen sein.

Ein exotisches Stück ist der „Poenulus". „Wer ist jener Vogel, der hier in langer Tunika ankommt, ohne Pallium? Im Bad wird es einer ihm gestohlen haben". Es ist der Punier Hanno. Er selbst und die mit Gepäck beladenen Diener tragen Ringe in den Ohren. Eine schöne, stattliche Erscheinung ist mit ihren pechschwarzen Augen und Haaren und ihrer dunklen Gesichtsfarbe die punische Amme Giddenis. Festlich geschmückt gehen die ihr anvertrauten beiden Mädchen zum Aphroditefeste. Der Kuppler wird durch das Zeugnis höchst zweifelhafter Gestalten überführt. In ähnlicher Weise zieht das Ausland herbei der „Persa". Sagaristio führt, als Pseudoperser mit Tunika, Gürtel, Chlamys und Tiara ausstaffiert, die angebliche Perserin herbei. Zuletzt wird bei einem Gelage der geprellte Kuppler gar geprügelt.

Reich an Besonderheiten ist der „Rudens". Er spielt an der kyrenäischen Küste. Ein Sturm hat eben gehaust und die Wohnung des Daemones abgedeckt. Ein Venustempel befindet sich zur Linken. Da plötzlich sind Schiffbrüchige in Sicht, und die auf der Bühne

Befindlichen begleiten deren Handlungen mit Worten. Pollux spricht von einem eigenen Apparate, Hemikyklion, welcher im Meere Schwimmende, wahrscheinlich durch einen Ausschnitt der Scenenhinterwand, zeigte. Ampelisca gehört zu den „vertrauten Zofen", die auf der griechischen Bühne mit rings geschorenem Haar und nur mit einer unter der Brust gegürteten weifsen Tunika auftreten. Der grobe Sklave Sceparnio vernarrt sich in sie, als sie am Brunnen Wasser schöpfen will: „Wie die Äuglein munter blinken, hei! was für ein Wuchs ist das! Welch ein Teint, ins Dunkle schimmernd, welch entzückend schöner Mund!" Die Herrin Palaestra hatte wohl, im Original wenigstens, die seitwärts glattgestrichenen Haare abgeteilt, gerade, schwarze Augenbrauen und etwas blasses Gesicht. Beide Mädchen treten — doch mufs hierbei natürlich die Phantasie walten — mit nassen Kleidern auf die Bühne. Die greise Venuspriesterin nimmt sie auf. Eine seltsame Erscheinung auf der Bühne ist der Fischerchor (vgl. S. 252). Der Liebhaber, den drei Freunde begleiten, ist wie diese in Chlamys und mit dem Schwert bewaffnet, und im Originale krausgelockt, schön und rot, mit einer Falte auf der Stirn zu denken. Zur Abwechselung erleben wir ein Schimpfduett zwischen dem Kuppler und seinem würdigen Freunde. Jener ist dargestellt mit grauem Haar, aber starker Platte, affennäsig, dickbeleibt, mit gewundenen Augenbrauen und zusammengezogener Stirn. Er klappert vor Frost mit den Zähnen, so dafs er sich als „Menschenfresser" zu den oskischen Spielen verdingen könnte.

Noch zwei Scenen seien erwähnt. Fig. 79 hat der Intrigant sich seitwärts gewendet, weil er den Jüngling, für den sein Selbstgespräch berechnet ist, nicht sehen soll oder will. Von jenem angeredet, wird er im nächsten Augenblicke wie erstaunt über das unerwartete Zusammentreffen sich umdrehen. Auf Fig. 80 spricht der Vater lebhaft auf den Intriganten ein, der pfiffig zuhört, für alle Fälle aber den Altar als Rückenhalt sich gewählt hat.

Die scenische Ausstattung der Terenzischen Stücke war von der der Plautinischen sehr verschieden. Ängstlich vermeidet Terenz, was in dieser Beziehung als Effekthascherei gedeutet werden könnte. Der phantastische Prologsprecher u. dgl. findet sich nirgends, Andeutungen

Fig. 79. Komödienscene.

grotesker Ausstattung eines Auftretenden fehlen ganz. Diese Thatsachen darf man bei der Beurteilung der Mifserfolge des Terenz nicht vergessen. Am besten schlug der „Eunuchus" durch, welcher neben den immer dankbaren Rollen des Hauptmanns und des Parasiten den Eunuchen und einen als Eunuch verkleideten Jüngling auf die Bühne brachte. Der Eunuch trug enge, punktierte Hosen und eine Chlamys, dazu eine phrygische Mütze.

Für Feststellung der Terenzischen Kostüme leisten

uns die Miniaturen einiger Terenzhandschriften nur geringe Hilfe. Die Originale sind nach Andeutungen des Dichters mit Benutzung geeigneter Vorbilder in alter Zeit wahrscheinlich für Regisseure entworfen worden, aber die uns erhaltenen Kopien sind vielfach entstellt und zeigen bisweilen große Ähnlichkeit mit Mönchen und Nonnen. Wir beschränken uns deshalb auf drei Darstellungen: Fig. 81 stellt die Scene des „Eunuchus"

Fig. 80. Komödienscene.

dar, in welcher der Hauptmann mit seiner Schar gleichwie auf eine Stadt auf die Meretrix (Buhlerin), die mit aufgestütztem Arm den Prahlhans erwartet, und auf den gestikulierenden Jüngling Chremes losstürmt. Nach Donat hat er die Chlamys kampfbereit über den linken Arm geworfen, nimmt kräftig Anlauf und wirft das wallende Haupt stolz zurück. Die Namen auf unserem Bilde sind völlig in Unordnung geraten. Die 3. Figur von links ist der Bramarbas Thraso: „Du (er meint die 6. Person, den Parasiten Gnatho) stelle diese auf, ich werde hinter der Front stehen, von dort will ich allen

XII. Die Inscenierung des römischen Dramas etc. 265

das Zeichen geben." Er hat aber selbst schon angeordnet: „In die Mitte hierher mit dem Hebebaume, Donax (4), du, Simalio, auf den linken Flügel (5), du, Syriscus, auf den rechten (1)." Letztere sind wohl als Knutenmeister (Lorarii) zu fassen, obwohl nur Simalio eine Geifsel hat. Syriscus scheint aus Verlegenheit mit dem Gürten seines Gewandes nicht fertig zu werden. Zuletzt tritt Sanga (2) ins Glied, vom Hauptmann angefahren: „Was, Feigling, gedenkst du mit dem Schwamme zu kämpfen, dafs du ihn herbringst?" Sanga darauf: „Ich

Fig. 81. Scene aus dem Eunuchus des Terenz.

kenne die Tapferkeit des Feldherrn und das Ungestüm seiner Soldaten; dafs es ohne Blut nicht abgeht, weifs ich; womit sollte ich die Wunden abwischen?" Dafs diese Scene stürmische Heiterkeit erregte, kann man sich lebhaft denken. Sie dient uns zugleich als Beweis, dafs im Altertum auch auf die Gruppenbildung schon ein gewisser Wert gelegt wurde.

Fig. 82 giebt die Einleitungsscene des „Hautontimorumenos" wieder. Bei der Feldarbeit, die durch Sträucher, eine Getreidegarbe und das Joch der Pflugstiere angedeutet ist, wird Menedemus betroffen. Schon hat ihm Chremes die Hacke abgenötigt und wägt sie in der Rechten mit den Worten: „Hui, so schwer!" Irre geleitet durch die Pluralform, hat der Zeichner den

Fig. 82. Scene aus dem Hautontimorumenos des Terenz.

Selbstpeiniger eine zweite Hacke ergreifen lassen. Die Tracht desselben entspricht gleichfalls nicht den Thatsachen, denn nach bestimmtem Zeugnis ist er im Lederkleid

Fig. 83. Scene aus dem Phormio des Terenz.

aufgetreten, zu dem sonst Landleute Ranzen und Stab führten.

Fig. 83 führt uns die Scene des „Phormio" vor, in

welcher der über die Heirat seines Sohnes erboste Vater mit drei Rechtsbeiständen (advocati) dem Parasiten Phormio, dem Veranstalter der Sache, zu Leibe geht. Öffentlich sekundiert ihm der hinter seinem Rücken intrigierende Geta. Phormio verteidigt pathetisch sein Recht. Interessant ist, daſs die in das Gespräch nicht eingreifenden Rechtsbeistände durch stummes Spiel sich beteiligen. Cratinus, der entschieden für Zurückweisung der Ansprüche des Parasiten ist, scheint diesen zu parodieren. Die Bücher in seiner und seines Nachbars Hand werden für etwaige Notizen bestimmt sein.

Die Inscenierung der Togata, der Atellana und des Mimus.

Über die Inscenierung der Togata und der Atellana haben wir dem S. 68 und S. 69 Gesagten nichts hinzuzufügen. Diese teils hausbackenen, teils rohen Stücke sind verschwunden wie Eintagsfliegen und haben einen Einfluſs auf die Kunst nicht geübt. Immerhin mag eine oder die andere der im folgenden beigegebenen Figuren aus diesen Dramengattungen stammen.

Fig. 84.
Komischer Alter.

In der Kaiserzeit, wo das einfache Lustspiel dem überreizten Geschmacke nicht mehr genügte, tritt die Darstellung ganz in den Vordergrund, zunächst im Mimus. Neben dem Hauptspieler treten stehende Figuren auf, zunächst der Possenreiſser (Sannio), sodann der Einfältige (stupidus) mit Kahlkopf, auf den die Schläge nur so hageln. Von einem

Spieler hören wir, dafs die Härte seines Schädels Bewunderung erregte. Weder Stöfse mit der Faust noch solche mit den Füfsen, weder heifses Pech noch ein geschleuderter Sturmbock konnten ihn versehren.

Fig. 85.
Dümmling.

Fig. 86.
Possenreifser.

Eine Maske haben die Mimen nie getragen, wohl aber traten sie geschminkt auf. Des Possenreifsers Tracht war der Centunculus, ein Flickengewand, wie der Mantel des Harlekin. Darüber war das sogenannte Ricinium, eine Art Mantille, geworfen. Die Füfse erschienen unbekleidet, da sie nur mit einer dünnen Sohle bedeckt waren. Daher der Name Planipes, d. i. Plattfüfsler, für den Mimendarsteller. Wenn Göttergestalten auftraten, so war es auf ihre Profanierung abgesehen. Z. B. erschien Zeus mit langem Bart in der Mantille, einen hölzernen Blitzstrahl in der Hand. Das Auftreten der weiblichen Mimen hätte einem Makart reichen Stoff zu Bildern gegeben. Der Ort der Aufführung war die Bühne des Theaters. Neben dem Aulaeum kam noch zur Anwendung das Siparium, eine im Hintergrund der Bühne befindliche Gardine, hinter der die Vorbereitungen zu einem neuen Stücke getroffen wurden. Sonst bedurfte es scenischer Ausschmückung nur wenig. Daher konnten in allen Quartieren der Stadt, auch auf einfachen

Fig. 87.
Harlekin.

Bühnen, Mimen gespielt werden. Das Umsichgreifen der griechischen Sprache ermöglichte es, dafs auch griechische Mimen zur Aufführung gelangten. Das Verstehen des Wortlauts war nicht einmal so nötig. Denn die selten anständige Handlung wurde mit einer Deutlichkeit gespielt, die nichts zu wünschen übrig liefs. Eine grauenhafte Naturwahrheit erzielte einst Domitian, indem er einen zum Tode verurteilten Sklaven in der Rolle des Räuberhauptmanns Laureolus auftreten, ans Kreuz schlagen und von einem Bären zerfleischen liefs. In demselben Stücke spien einst eine Anzahl Personen Blut, so dafs die ganze Bühne triefte. Ja, es führten sogar abgerichtete Bären einen Mimus auf, oder es spielten in Tierfelle gehüllte Menschen. Wie jetzt Schwimmkünstlerinnen auf offenem Podium sich sehen lassen, so schwammen zur höchsten Belustigung der Zuschauer weibliche Mimen in Bassins hin und her.

Die Inscenierung des Pantomimus und der Pyrrhicha.

Nachdem durch den Mimus das Äufserste an Frivolität gewagt worden war, konnte von der stofflichen Seite eine weitere Erhöhung des Interesses nicht erwartet werden, sondern nur von seiten der Darstellungsart. Wie schon im alten, guten Bühnenspiel die Gestikulation für die Hauptsache gegolten hatte (S. 182), so ward sie jetzt der Hauptzweck der Aufführung. Dies führte zwei Künstler der Augusteischen Zeit zum Pantomimus, und zwar begründete Bathyllus den komischen Pantomimus, welcher aber seinen Schöpfer nicht lange überlebte, und Pylades den tragischen, der nun neben dem Mimus die Bühne in der Folgezeit beherrschte. Stoff genug war aufgehäuft in den Tragödien, in den Liebesnovellen und -gedichten der vergangenen Zeit. Natürlich entbehrte man nicht gern den erotisch-sentimentalen Reiz. Ein geeigneter Stoff war z. B. Ariadne auf Naxos. Die ganze Handlung zerlegte man in einzelne Abschnitte, die eine gewisse Einheit für sich besaſsen. In jedem Abschnitte erschien der Pantomime in neuer Tracht, hatte aber nicht bloſs die Hauptperson, sondern auch die mit ihr innerhalb des Aktes in Beziehung tretenden Nebenrollen darzustellen. Unterstützt war er dabei nur von dem Gesangschor, welcher im Liede die darzustellende Handlung besang. Die Dekoration der Bühne schrumpft hierbei als Nebensache zusammen. Um den Pantomimus vollständig zu begreifen, muſs man an die Stellung der Gebärdenkunst im Altertum sich erinnern. Jeder übte sie, jeder verstand sie. Gar bald war man einig über die Art, wie der oder jener Gedanke auszudrücken sei, und merkte es, wenn ein Darsteller im Gestus sich vergriff. Ins Triviale verfiel z. B. Hylas, als er den „groſsen Agamemnon" dadurch zum Ausdruck brachte, daſs er sich auf die Fuſsspitzen stellte. Sein Lehrer Pylades nahm bei der betreffenden Stelle eine nachdenkliche Haltung an. Der Pantomime muſste eine ausgesuchte Biegsamkeit und Beweglichkeit besitzen, die nur durch lange Übung und besondere Ernährung zu erlangen war. Die ganze Tonleiter der Affekte muſste er beherrschen und augenblicklich aus einem in den andern übergehen, muſste auch das Denken und Fühlen der Gegenspieler zum Ausdruck bringen. Das war dann ein Neigen und Wiegen, ein Drehen und Weben, ein Auf- und Abwogen zwischen dem ruhigen Schweigen der Hand und dem raschen Sprung freudiger Erregung. Nicht einmal die Unterstützung durch Gesang und Flötenmusik war mehr nötig. Als einst ein berühmter Pantomime der Neronischen Zeit die Liebschaft des Ares und der Aphrodite ohne jede Begleitung tanzte und die Meldung des

Helios, den Anschlag des Hephaistos, die Umstrickung des Ares, das Gebahren der einzelnen Götter, die Scham der Aphrodite und wieder das ängstliche Flehen des Kriegsgottes so ganz sprechend darstellte, da ward selbst der bisher skeptische Philosoph Demetrius zu dem Ausrufe hingerissen: „Ich höre, und sehe nicht blofs, was du thust, aber du scheinst mir mit den Händen zu reden". Voraussetzung des Erfolgs war ein schöner, ebenmäfsiger Körper. Als einst in Antiochia ein kleiner Tänzer auftrat, um den Hektor darzustellen, rief das ganze Volk: „Wie Astyanax (Hektors kleiner Sohn)! Wo aber bleibt Hektor?" Als aber ein übermäfsig langer den Kapaneus zu tanzen sich anschickte und auf die Mauern Thebens loszustürmen, rief man: „Steig doch über die Mauer! du brauchst keine Leiter." Einem dicken, der grofse Sprünge machen wollte, riefen die Zuschauer zu: „Aber bitte, schone doch die Bühne!" einen Mageren wieder hänselten sie durch den Zuruf: „Zur Genesung!"

Neben dem Pantomimus finden wir ein verwandtes Bühnenspiel, welches mit dem modernen Ballett eine gewisse Ähnlichkeit hat. Es ist die Pyrrhicha, eigentlich ein griechischer Waffentanz (vgl. S. 125), dann aber eine Aufführung in Kostüm mit Musik, doch ohne Worte. In dem Roman „Metamorphosen" des Apulejus, eines Schriftstellers aus dem zweiten nachchristlichen Jahrhundert, wird uns ein solches Spiel beschrieben. Zunächst führten Knaben und Mädchen in jugendlicher Schönheit, prächtig gekleidet, mit lebhaften Bewegungen eine eigentliche Pyrrhicha nach griechischer Weise auf, indem sie unter zierlichen Wendungen bald zum Kreise sich schlossen, bald schräg sich aneinander anreihten, bald ein Viereck bildeten und dann wieder zur Kette sich auflösten. Die Tuba beendigte das Vorspiel, der Vorhang senkte sich, und die Gardinen wurden zusammengefaltet. Man sah einen

Berg aus Holz, mit Gras und Bäumen bewachsen, von dessen Gipfel Wasser herabfiel. Einige Ziegen weideten dort, und ein Jüngling in Barbarentracht mit goldener Tiara auf dem Haupte war ihr Hirt. Ein Knabe, die linke Schulter mit der Chlamys bekleidet, sonst nackt, durch goldene Flügel im blonden Haar und den Heroldstab als Merkur bezeichnet, näherte sich dem Paris im Tanzschritt und überreichte ihm einen vergoldeten Apfel. Den Auftrag des Juppiter deutete er durch ein Nicken an und verschwand wieder mit zierlichem Schritte. Jetzt erschien mit ehrbarer Miene Juno, an Scepter und glänzendem Diadem erkennbar. Ihr nach stürmte Minerva, das Haupt bedeckt mit strahlendem Helm, auf dem noch ein Olivenkranz lag; sie hob den Schild und schüttelte die Lanze. Zu beiden Göttinnen gesellte sich Venus, mit allem Reiz geschmückt und nur in ein meerblaues Seidengewand gehüllt. In Junos Begleitung befanden sich Kastor und Pollux, deren Häupter Helme mit Sternen bedeckten. Ruhig und ungeziert trug sie ihren Wunsch und ihr Versprechen vor. Mit unruhigen Kopfbewegungen, mit funkelnden Augen und hastigen Gestikulationen that es Minerva, während Schrecken und Furcht tanzten. Da trat Venus unter grofsem Beifall des Theaters in die Mitte der Bühne. Ein Volk allerliebster Amoretten mit Flügeln und Bogen leuchtete mit Fackeln ihr vor. Auf der einen Seite streuten die Grazien, auf der anderen die Horen Blumen. Während das Auftreten der Juno von ionischer, das der Minerva von dorischer Flötenmusik begleitet war, ertönten jetzt aufregende lydische Klänge. Denselben folgte Venus mit koketten Bewegungen, indem sie zögernden Schrittes, unter wogendem Drehen und kaum merklichem Nicken einherschritt. Bald forderte sie mit niedergeschlagenen Augen, bald mit feurig drohendem Blick. Sie tanzte geradezu mit den

Augen. Und der phrygische Jüngling reichte ihr den Apfel. Nachdem Juno und Minerva sich mit Zeichen des Schmerzes und der Entrüstung entfernt hatten, gab Venus ihre Freude kund, indem sie mit dem gesamten Chore tanzte. Plötzlich sprang aus einer verborgenen Röhre in Wein aufgelöster Safran, regnete nieder auf die Ziegen und färbte sie orangegelb. Und als schon der ganze Zuschauerraum lieblich duftete, verschlang der Abgrund den hölzernen Berg.

Wie der Mimus, so ward auch Pantomimus und Pyrrhicha der Arena dienstbar. Das rohe Abschlachten der Verurteilten widerte selbst das entmenschte Volk bald an. Da wurden denn sämtliche Folterqualen und Todesarten, die in Mythologie und Sage begegneten, vorgeführt, und dabei kam häufig ein ausgedehnter Maschinenapparat zur Anwendung.

Die Inscenierung der römischen Tragödie.

Von den überhaupt üblichen Bühnenhintergründen war für die Tragödie neben dem eigentlich tragischen auch der satyrische in Stücken, die in Wald und Feld spielten, verwendbar. Drei Thüren werden auch für den römischen Theaterhintergrund genannt, die königliche (valvae regiae) in der Mitte, die Fremdenthüren (hospitalia) zu beiden Seiten. Mit dem Inhalt nahm man auch die Inscenierung aus den Originalen herüber, so dafs wir nicht alle Einzelheiten zu erörtern brauchen. Erwähnt sei nur, dafs Maschinen und Vorkehrungen für Göttererscheinungen, zum Herausdrehen Getöteter (exostra), zum Hinabsteigen in die Unterwelt (die sog. Acherontische Stiege vorn am Rande des Bühnengerüstes) vorhanden waren. Das ursprüngliche Kultusgewand des griechischen Tragöden hatte auf der römischen Bühne keine Berechtigung, doch machte das purpurne Schleppkleid annähernd denselben erhabenen Eindruck. Auch wufste man durch eine starke Sohle unter dem Schuh (crepida) die Gestalt des Schauspielers über menschliches Mafs zu erhöhen. Die Dichter kamen dem Geschmacke des Publikums entgegen, indem sie die Herrscher mit einem Trabantenschwarm umgaben und, wo es ging, einen Chor einlegten. Dadurch wuchsen die Kosten natürlich sehr, und ein sparsamer Festgeber sah sich einmal genötigt, den reichen Lucullus um 100 Chlamyden anzugehen.

Die nationalen Tragödien nährten die Sucht zu schauen. An Stelle der eigentlich tragischen Läuterung trat bei der Betrachtung dieser Haupt- und Staatsaktionen — die an Gepränge unseren grofsen Ausstattungsstücken nichts nachgaben — das stolze Bewufstsein, ein Römer zu sein. Bald genügte die purpurverbrämte Toga (praetexta) und die purpurne Tunika der römischen Grofsen nicht mehr, ruhmsüchtige Festgeber liefsen die Schauspieler mit silberbesetzten, ja sogar mit goldgestickten Purpurgewändern auftreten. Vier Stunden oder noch mehr blieb die Scene offen, während Reitergeschwader und Scharen von Fufsgängern über die Bühne flohen. Bald wurden dann, die Hände auf den Rücken geschnürt, die gestürzten Könige einhergeschleppt. Die Mannigfaltigkeit der Waffen von Fufsgängern und Reitern, die britannischen, gallischen und anderen fremdartigen Wagen, die erbeuteten Schiffsschnäbel, Elefantenzähne und die Schätze eroberter Städte hielten das Volk in gespannter Erregung. Auch die nichtnationale Tragödie hielt sich nur durch die gleichen Mittel, und gewifs machten die 3000 erbeuteten Mischgefäfse im „Trojanischen Pferde" und die 600 Maultiere, welche in der „Clytemnestra" des Accius die Beute Agamemnons brachten, auf die

Menge einen gröfseren Eindruck als das Los des Priamus und des Agamemnon.

Den ganzen grofsen Theaterapparat beherbergte in der Kaiserzeit ein eigenes Gebäude, das summum choragium, welches von einer Schar von Beamten verwaltet wurde.

XIII.
Das Publikum.

In Athen.

Während des Festes liefs der Staat selbst die, welche im Schuldgefängnisse safsen, gegen Bürgschaft heraus, und wehe dem, der gewagt hätte, in diesen Tagen einen wegen einer Schuld zu pfänden. Ihm drohte rascher Prozefs und strenge Bestrafung.

Der Tag der Bühnenspiele hatte begonnen. Im Morgengrauen zog ganz Athen dem Dionysostheater zu, Greise und Knaben, Männer und Frauen in buntem Schwarm. Nicht also abgespannt von des Tages Müh und Arbeit, gingen sie zum Schauspiel, sondern frisch gestärkt durch den Schlummer und in die rechte Stimmung versetzt durch den vorausgehenden Festtag. Es galt zu eilen, denn keiner, mochte er arm oder reich sein, erfreute sich in der Demokratie eines festen Platzes, wenn er nicht zu den Ehrengästen des Gottes gehörte. Das Hauptgedränge entstand bei den Kassen an den Eingängen in die Orchestra. Die Leute des Theaterpächters (Theatrones) hatten alle Hände voll zu thun, den Andrängenden für ihr Diobolon eine Marke zu reichen. Bei diesem Theatergelde müssen wir einen Augenblick verweilen. Wir lesen darüber bei einem alten Gewährsmanne: „Als das Theater noch nicht aus Stein errichtet war und die Menschen zur Schau zusammenströmten und schon nachts ihre Plätze einnahmen, entstanden Belästigungen und Schlägereien. Da beschloſs man, die Plätze zu vermieten, damit ein jeder, der den ihm gehörigen Platz innehatte, nicht belästigt würde und nicht der Schau verlustig ginge, wenn er sich verspätete." Zugleich ward dem vorgebeugt, daſs Reiche durch höheren Eintrittspreis als eine Drachme für drei Spieltage einen besseren Platz sich sicherten. Eine volksfreundliche Einrichtung des Perikles war es nun, daſs die Bürger das Theatergeld (Theorikon) vom Staate erhielten, dem ja damals die reiche Kasse der Bundesgenossen zur Verfügung stand. Aber nur die, welche in das Bürgeralbum eingetragen waren, hatten Anspruch darauf, und auch nur dann, wenn sie in Athen anwesend waren. Daher denn einmal einer verurteilt ward, der für seinen abwesenden Sohn das Theorikon erhoben hatte. Die Verteilung geschah wahrscheinlich in der Volksversammlung nach Phylen durch dazu bestimmte Leute. Mit dem Sturze Athens am Ausgange des peloponnesischen Krieges wurde es abgeschafft, kam aber bald wieder auf und nahm gröſseren Umfang an. Denn die Athener gewöhnten sich, die Überschüsse der Staatseinnahmen, welche für Kriegszwecke aufgespart werden sollten, zur Befriedigung ihrer Festlust zu vergeuden. Bekanntlich hatte Demosthenes deshalb mit ihnen einen harten Kampf, und er erreichte auch, daſs der Miſsbrauch, z. T. wenigstens, beseitigt wurde. Mit dem Verluste der griechischen Freiheit scheint auch das Theorikon verschwunden zu sein.

Von den Theatermarken, welche den Besuchern

eingehändigt wurden, sind uns aus späterer Zeit manche noch erhalten. Ihre Beschaffenheit ist aber nach dem Brauche der einzelnen Theater sehr verschieden. Für die grofse Menge scheint man in der Regel gleichartige Bleimarken, die immer wieder verwendet werden konnten, ausgegeben zu haben. Satzweise waren sie mit Masken, Satyrn, Silenen, Mainaden, Thyrsen, Dreifüfsen u. dgl. bezeichnet. Bisweilen trugen sie den Namen der Phyle, in der sie zur Ausgabe gelangten und für deren Abteilung sie galten. Es läfst sich begreifen, dafs die wandernden Techniten für Repertoirestücke besondere Marken führten. So steht auf einer in griechischer Schrift Theophoru[mene] Menan[dru], d. i. die Gott-

Fig. 88. Theatermarke von Knochen.

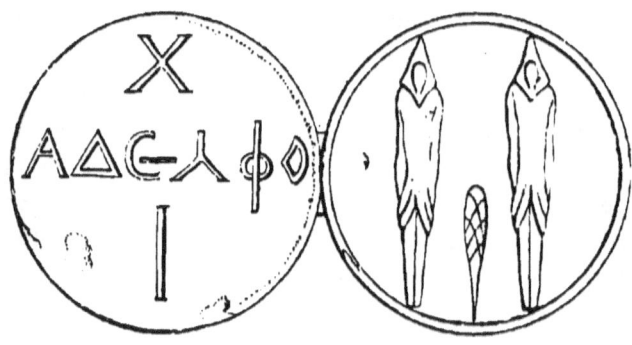

Fig. 89. Theatermarke.

begeisterte des Menander. Die Passepartout bevorrechteter Theaterbesucher waren aus Elfenbein oder Knochen und kunstvoller gearbeitet. Sie zeigen auf der einen Seite eine Zahl, z. T. in römischer und griechischer Schrift zugleich, und einen Namen, zu dem das Bildnis

XIII. Das Publikum in Athen. 279

auf der anderen Seite gehört. So würde Fig. 90 für den 13. Keil (kerkis, cuneus), den des Kronos, Fig. 89 für den 10., den der Adelpho[i], d. i. der Dioskuren, Fig. 88 für den 12., den des Aischylos, berechtigen (vgl. S. 108). Auf letzterer Marke zeigt die Kehrseite nicht den Kopf des Aischylos, sondern eine Ansicht des Theaters, in dem gespielt wurde. In Orten, an denen

Fig. 90. Theatermarke von Elfenbein.

es mehr als ein Theater gab, wie in Pompeji, erleichterte dies, namentlich Fremden, die Orientierung. Ähnlich steht es mit Fig. 91. Die Inschrift Hemikyklia bezieht sich auf einen besonderen Platz und zwar wohl auf die Sessel im untersten Teil des Theaters.

Fig. 91. Theatermarke von Knochen.

Doch kehren wir nach Altathen zurück! Für die, welche allzu ungestüm drängten, standen die würdigen Gestalten der Stabträger, die Hüter des Gesetzes, in drohender Nähe, die wohl auch den Neuling in diejenige der Abteilungen wiesen, in die er gehörte. Mancher kam mit seinem Besuche, aus Sparta vielleicht oder gar aus Kleinasien, für den er natürlich aus eigner Tasche zu bezahlen hatte. Die Tracht der Fremden und ihr Aussehen gab den Einheimischen erwünschten Stoff zur Unterhaltung. Der Geldprotz fand doch Mittel und Wege, noch ein Stündchen daheim der Ruhe zu pflegen; denn der geschäftige Hausfreund, eingedenk der vielen guten Bissen, eilte zeitig ins Theater und belegte einen Platz, um ihn dann dem Gönner abzutreten. Zugleich war er behilflich in jeder Weise, nahm dem Diener das mitgebrachte Kissen ab und breitete es sorglich auf dem harten Sitze aus. Schon war das Theater ziemlich gefüllt, da erschienen stadtbekannte Schönheiten. Wenig verschlug es ihnen, dafs sie einen Platz weitab von der Bühne erhielten. Kamen sie doch weniger, um zu sehen, als gesehen zu werden. Denn auch damals schon hiefs es: „Die Damen geben sich und ihren Putz zum besten und spielen ohne Gage mit." Es scheint, dafs die Frauen überhaupt die äufsersten Sitze der Kerkides einnehmen mufsten. Die Bürgersfrauen blieben ja der alten Komödie wenigstens meist fern; die aber ihre Neugierde nicht verwinden konnten, hätten sich gewifs selbst ein Plätzchen gesucht, wo sie dem Gespött der Männer nicht unmittelbar ausgesetzt waren. Während Euripides nur innerhalb der Handlung dem weiblichen Geschlechte zusetzte, erlaubten sich die Komiker auch lose Reden gegen die im Theater anwesenden Frauen. Auch im altdeutschen Fastnachtspiel kommen häufig Anreden an Frauen und Mädchen vor, auch hier werden also die Weiber — wie in der Kirche — getrennt von den Männern gesessen haben. Sobald in Athen die schöne Melissa die Treppe hinaufstieg, ward es lebendig wie in einem umgerührten Topfe, so dafs sie geradezu den Beinamen „Theaterrührlöffel" erhielt. Wenn dagegen der stattliche Alkibiades, im Vollgefühle seines Reichtums, geschmückt noch obendrein mit dem Purpurkleide des Choregen, das Theater betrat, dann war es an den Frauen, lange Hälse zu machen und seiner Schönheit den verdienten Tribut zu zahlen. So fand denn im Zuschauerraume schon vor dem eigentlichen Agon eine Schaustellung statt. Plötzlich lenkten sich die Blicke aller auf die Eingänge, denn die Ehrengäste erschienen im Geleite des Magistrats. Ehrerbietig wichen die Rhabduchen zur Seite. Es nahte der behäbige Priester des Dionysos mit weingerötetem Gesicht. In der Nähe seines Gottes nimmt er Platz (S. 109), in allzu bedenklicher Nähe der Bühne, denn die Komiker wagten, wie den Gott, so auch den Priester desselben zu necken. Auch die übrigen Plätze im unteren Teile waren, wie die aus römischer Zeit stammenden Inschriften lehren, zumeist mit der hohen Priesterschaft besetzt. Solche Inschriften finden sich auch noch bis zur 24. Sitzreihe. So steht auf einem Platze: (Sitz) der Alkia nach Volksbeschlufs. Gemeint ist die erste Gemahlin des Herodes Atticus, des grofsen Wohlthäters von Athen. Noch mancher Gönner der Stadt erfreute sich der sog. Proedrie. In den Demen wurden die, bei denen diese Ehre im Dekret eigens vorgesehen war, durch den Demarchen an ihren Platz geführt. Noch sind die Urkunden, in Stein gehauen, nach Jahrtausenden vorhanden, aber die Kindeskinder, welchen gleichfalls das Ehrenrecht eingeräumt wurde, sind verschollen. Priesterinnen, Würdenträger safsen in bunter Reihe. In der Ratsloge — wenn man so sagen darf — hatten sich die Mitglieder der Bule, im Offiziersrang die Strategen zusammengefunden. Dort wieder safsen Kinder eines im Felde Gefallenen, eine herbere Mahnung, Frieden zu halten, als sie Aristophanes in seinen Stücken aussprechen konnte. Da nahte noch ein Trupp ernster Gestalten, Gesandte aus Sparta. Wahrscheinlich wird man auch für solche Gäste vorher die nötige Anzahl Plätze belegt haben, sonst konnte es zu peinlichen Scenen kommen.

So war denn das Dionysostheater mit seinen 27500 Plätzen vollständig gefüllt. Ja, hier und da machte sich gar eine Überfüllung bemerklich. Denn ein sparsamer Familienvater hatte nur für sich und seinen Besuch die Plätze genommen, führte aber zugleich seine Söhne mitsamt dem Erzieher ins Theater. Man kann sich denken, welch ein Gemurmel die Reihen durchlief. Man erging sich in Vermutungen über den Inhalt des aufzuführenden Stückes, über den voraussichtlichen Erfolg. Ohrenzeugen versichern, dafs jetzt das Theater dem brandenden Meere glich, weshalb es auch „hohle See" genannt wurde. Da humpelt noch ein Greis heran, gebückt unter der Last der Jahre, und möchte gern das Fest des Dionysos noch einmal mitfeiern. Aber achselzuckend weist man auf die überfüllten Plätze. Die spartanischen Gesandten nur erheben sich und machen ihm Platz, und einer murmelt vor sich hin: „Die Athener wissen wohl, was sich ziemt, doch handeln sie nicht danach." Jetzt überschaut der Theaterpächter schmunzelnd seine Kasse und überschlägt den erzielten Reingewinn. Die Instandhaltung des Theaters mitsamt dem an die Behörde abzuführenden Pachtbetrage lassen noch ein hübsches Sümmchen in seine Tasche fliefsen. Da ergreift ihn ein menschliches Rühren, denn draufsen stehen noch einige Väter mit ihren Spröfslingen; er läfst sie gratis ein, mögen sie sehen, wo sie ein Plätzchen finden.

Nun haben auch die Rhabduchen inmitten der Orchestra Platz genommen, das Stück beginnt. Und so safs das Volk ganze Tage lang. Vom Meere herüber wehte eine frische Brise. Gegen die Sonne schützte der Kranz, den man trug als Gast des Gottes, und kühlte zugleich die vom Wein erhitzte Stirn. Denn diese Festgabe ward, wahrscheinlich auf Kosten der Choregen, kredenzt jedem, der sie begehrte. Aus einem plötzlichen Regenschauer machte man sich nicht viel. Athen zeichnet sich durch Trockenheit des Klimas vor den italischen und sicilischen Städten weit aus, hat in der That fast einen ewig heiteren Himmel, und wenn auch in den Monaten November bis März die meisten Niederschläge — man zählt mefsbare an etwa 46 Tagen — erfolgen, so ist es doch immer mit einem kurzen Regenschauer abgethan. Unter dem Archontat des Diophantos hagelte es während der Vorstellungen. Deshalb nannte der Volkswitz das damals empfangene Schaugeld „die Hageldrachme". Der Sefshaftigkeit der Athener läfst sich höchstens die Zähigkeit unserer Altvorderen bei Hochzeiten und ähnlichen Gelegenheiten vergleichen. Jene waren eben noch nicht abgestumpft durch häufigen Genufs. Auch fehlte es nicht an Abwechselung. Man trank und afs, was man mitgebracht hatte. Bisweilen liefs ein Dichter in seines Nichts durchbohrendem Gefühle Näschereien unter das Publikum werfen, um es zu stärken für das bevorstehende Stück oder zum Lachen anzureizen. Und so hielten sich denn die Zuschauer, wenn das Stück schlecht war, desto mehr an leibliche Nahrung. Dennoch kam manchmal wohl einen der Wunsch an: „Dafs ich ein Vöglein wär'", denn das Verlassen des Theaters zur Unzeit war verboten. Höchstens konnte man wider seinen Willen hinausbefördert werden. Streitigkeiten und Thätlichkeiten waren nicht unerhört. Die Todesstrafe stand schon auf solcher Störung der Festfeier. Wer sich aber gar an einem von Staats wegen mit Ausübung der Festgebräuche Betrauten vergriff, rief die allgemeine Entrüstung hervor. Ein klassisches Beispiel von einem solchen Theaterskandal ist das freche Gebaren des Meidias gegen Demosthenes. Die gerichtliche Anerkennung der Frevelthat hat dieser schon erwirkt, nun beantragt er die Bestrafung mit dem Tode. Bisweilen machte sich der allgemeine Unwille gegen einen Besucher oder Sympathie für ihn in lauten Rufen Luft.

Aber man glaube nicht, daſs während der Aufführung die Stimmung unserer Sommertheater geherrscht habe. Man räusperte sich noch einmal, ehe das Stück begann, um dann nicht zu stören. Sobald die ersten Worte des Schauspielers ertönten, saſs alles in Andacht da. „Den Dichter und das Publikum," meint Platon, „verbindet gleichsam eine Kette, deren Mittelglied der Schauspieler ist. Wie durch magnetische Wirkung setzt sich in geheimnisvoller Weise die Wirkung fort." Wohl ist der gröſsere Teil der Zuschauer ungebildet, aber die Gesamtmasse ist nach Aristoteles doch ein besserer Richter als der einzelne Kenner, indem sie wie mit tausend Sinnen die vielen Teile des Kunstwerkes in sich faſst. Wie überall, folgte auch hier die Menge unbewuſst der Leitung der Gebildeten, mochte auch manchmal das junge Volk auf eigene Faust Kritik üben, oder ein Unverschämter noch weiter klatschen, wenn die anderen aufhörten, oder gar zischen und trampeln bei Schauspielern, an denen die übrigen Gefallen fanden. Jetzt bot sich die ergreifende Scene dar, daſs Freunde für einander in den Tod gehen wollten. Da hörte man leises Schluchzen und nicht bloſs bei den Frauen. Jetzt holte Merope aus mit dem Beil, um ihren eigenen Sohn zu erschlagen. Da lauschte alles atemlos, man erhob sich auf die Fuſsspitzen, um den Verlauf genauer zu beobachten.

Nach einer Aufführung der „„Andromeda" des Euripides wurden die Abderiten fieberkrank und rannten, Stücke des Dramas hersagend, durch die Stadt. Uns Kindern des 19. Jahrhunderts ist eine solche Macht des Bühnenspiels fremd. Hören wir aber einen Augenzeugen der ersten Aufführung der Schillerschen „Räuber": „Das Theater glich einem Irrenhause, rollende Augen, geballte

Fäuste, stampfende Füfse, heisere Aufschreie im Zuschauerraum! Fremde Menschen fielen einander schluchzend in die Arme, Frauen wankten, einer Ohnmacht nahe, zur Thür." Die Bewohner einer kleinen spanischen Stadt flohen dagegen entsetzt, als sie zum ersten Male einen tragischen Schauspieler auf der Bühne vernahmen. — Bewunderungswert ist es, wie in Athen die Tausende jede Sentenz im Augenblicke fafsten und ihren Beifall oder ihr Mifsfallen ausdrückten. Solche Scenen, wie die oben beschriebenen, werden bei Euripides häufiger gewesen sein. Einmal erhob er sich und bat das Publikum, sein endgültiges Urteil bis zum Schlusse des Stückes zu verschieben.

Wenn auch eine eigentliche Claque in Athen nicht bestand, suchten doch die Freunde Stimmung zu machen. In banger Erwartung pflegte Glykera hinter den Kulissen zu stehen, und ein Stein fiel von ihrem Herzen, wenn zum ersten Male die Hände der Zuschauer sich regten zum Zeichen, dafs ihres Menander neues Stück gezündet hatte. Unangenehm war die Lage derjenigen unter den Besuchern, die in den Komödien angegriffen wurden. Am klügsten handelte hier doch Sokrates, der während der Aufführung der „Wolken" aufstand und sich dem Publikum zeigte. Den Nutzen der Tragödie für die Zuschauer erläutert ein Komiker humoristisch dahin: „Wer von den Zuschauern ein Übel hat, fühlt sich getröstet, wenn er auf der Bühne ein noch schlimmeres sieht; wenn ein Armer den ganz heruntergekommenen Telephos erblickt oder ein Lahmer den Krüppel Philoktet betrachtet, geht er beruhigt nach Hause." Auf manchen wirkte die Aufführung so beruhigend, dafs er einschlief und noch dasafs, wenn alle das Theater verlassen hatten. Auch aufser der Spielzeit mufs es gestattet gewesen sein, im Theater sich aufzuhalten. Wenigstens erzählt Horaz von einem harmlosen Verrückten, der oft im Theater zu

Argos saſs, wunderbare Tragödien zu hören vermeinte und ihnen freudig Beifall klatschte. Von seinen Verwandten mit Mühe geheilt, grämte er sich, daſs sein schöner Wahn zerstört war.

Das Publikum in Rom.

Daſs zu Rom das Volk schon in älterer Zeit rege Schaulust an den Tag legte, lehrt die von besorgten Beratern der Stadt für angezeigt gehaltene Einschränkung der Bequemlichkeit beim Theaterbesuch (S. 121). Besonders traf Plautus, der selber den Pulsschlag des niederen Volkes gefühlt hatte, den Geschmack der groſsen Masse. Weniger scheint dies dem Terenz gelungen zu sein. Er büſste mit gelegentlichen Miſserfolgen das Bewuſstsein, dem derberen Geschmacke des Publikums keine Zugeständnisse gemacht zu haben. Als Ambivius Turpio die „Hecura" das erste Mal aufführte, rief die Ankündigung von Faustkämpfern Ansammlung des Gefolges, Getöse und Geschrei der Weiber hervor, so daſs jener vorzeitig abtrat. Bei der erneuten Aufführung — einige Jahre später — gefiel er im ersten Akte. Als es plötzlich hieſs, daſs Gladiatorenspiele gegeben würden, rottete sich das Volk zusammen, lärmte und schrie, und wieder muſste das Stück abgebrochen werden. Bei der dritten Aufführung sucht der prologsprechende Direktor die Menge zu gewinnen durch die Erklärung: „Jetzt stört euch nichts in ruhiger Betrachtung"; zugleich aber fügt er die ernste Mahnung hinzu: „Laſst nicht durch eure Schuld die musische Kunst das Vorrecht weniger werden!"

Nachdem Plautus gestorben war und die mit ihm die Blüte der komischen Kunst herbeigeführt hatten, fand das Volk an den Stücken der Zeitgenossen wenig Gefallen. Die alten Stücke waren gut wie alter Wein, die neuen noch viel schlechter als die neue Münze. Und so heifst es in einem der späteren Prologe: „Nachdem wir vernommen, dafs ihr eifrig Stücke von Plautus begehrtet, führen wir ein altes Stück von ihm auf, welches ihr Älteren schon für gut befunden habt, die „Casina". Diese aus nachplautinischer Zeit stammenden, wahrscheinlich von Schauspielern verfafsten Prologe geben uns manchen Aufschlufs über den Geist des Publikums. An Kulissenreifsern fehlt es darin nicht. Viele Verhaltungsmafsregeln werden in scherzhafte Form gekleidet: „Bannt aus dem Sinne die Sorgen und die — Schulden! Ängstige sich keiner vor seinem Gläubiger! Spiele sind, da wird auch den Wechslern Erholung gegönnt." Wie ein Prinz Karneval erläfst der Prolog zum „Poenulus" seine Verordnungen: „Sitzt alle hübsch still, die ihr hungrig und die ihr satt gekommen seid! Schlau waret ihr, die ihr erst afst; wenn man etwas zu essen hat, sich nüchtern herzusetzen, find' ich dumm. Nun erheb' dich, Herold, gebiete dem Volke Schweigen — hier wird also die amtliche Einrichtung bespöttelt — schon lange warte ich, ob du dein Amt verstehst. Setze deine Stimme in Thätigkeit, für die du bezahlt wirst. So, nun kannst du dich wieder niederlassen. Dafs ihr nur meine Edikte hübsch beachtet! Nicht soll ein altes buhlerisches Frauenzimmer im Proscaenium sitzen, nicht einer von den Liktoren oder sein Rutenbündel sich mucksen; nicht soll der Dissignator vorm Gesicht der Zuschauer hingehen und — doch wohl nur vornehmen Leuten — Plätze anweisen, solange ein Schauspieler auf der Bühne steht. Wer zu Hause behaglich geschlafen hat, der kann auch nun — er meint natürlich auf einer Praecinctio — stehen, sonst mag er ein ander Mal auf Schlaf verzichten. Die Sklaven sollen nicht den Freien die Aussicht versitzen oder andernfalls sich freikaufen. Wenn sie dies nicht können, mögen sie sich nach Hause scheren. Sonst bekommen sie hier die Ruten der Liktoren und obendrein bei der Heimkunft des Herrn den Riemen zu kosten, wenn sie nicht alles hergerichtet haben. Die Ammen mögen die Säuglinge zu Hause abwarten, und nicht zum Schauspiele bringen, damit nicht sie selbst dürsten, und die Kleinen vor Hunger vergehen oder wie die Böcklein blöken. Die Hausfrauen mögen zu Hause plaudern, hier aber schweigend zusehen und still vor sich hin lachen, auf dafs sie nicht auch hier wie zu Hause den Männern lästig sind. Und was die Besorger der Spiele angeht, die mögen keinem Schauspieler ungerechterweise die Palme zuerkennen und keinen aus Parteilichkeit verdrängen lassen. Solange die Spiele dauern, ihr Leibdiener (pedisequi), macht einen Einfall in die Kneipe (popina), haltet euch dazu, während die Plinsen noch heifs sind!"

Diese Kapuzinerpredigt eröffnet einen Einblick in eine römische Aufführung der älteren Zeit. Klar geht daraus hervor, dafs eigentlich niemandem der Besuch des Theaters verboten war, auch den Sklaven nicht geradezu. Wahrscheinlich waren zur Zeit des Prologs die Übelstände recht arg geworden. Ob aber der Scherz etwas gefruchtet hat? Wir glauben nicht. Die Klage über Gunstbuhlerei findet sich auch anderwärts. Jetzt, wo der Schauspielerwettkampf festere Formen angenommen hatte, kam es schon vor, dafs unter den Zuschauern abgeordnete Leute, sog. Favitores, safsen, um einem Schauspieler besonders zu klatschen oder einem anderen das Mifsfallen des Publikums zuzuwenden. Deshalb droht Merkur als Prologus, dafs Aufpasser durch die Cavea gehen und den betreffenden als Pfand die Toga nehmen würden.

Dafs jemand zu spät kam, war wohl Regel. In dieser Erwartung ist eine andere Prologstelle geschrieben:

„Habt ihr's verstanden? Nun gut. Da schüttelt wahrhaftig dort der letzte, tritt näher! Wenn du keinen Platz zum Sitzen bekommst, Platz, herumzugehen — auf der Praecinctio nämlich — hast du vollauf. Es schadet dir nichts, da du die Schauspieler an den Bettelstab bringst; ich will mich deinetwegen nicht zersprengen."

Der gravitätische Römer liebte das Lustspiel mehr als das Trauerspiel. Und wer will es ihm verdenken? „Dann werd' ich den Inhalt verkündigen" — spricht Merkur als Prolog — „von dieser Tragödie. Was runzelt ihr die Stirn? Ich bin ein Gott, ich will es anders machen;" und so verspricht er schliefslich eine Tragikomödie. Der Römer verstand freilich wenig Spafs, wenn es sich um seine eigene Person handelte. Deshalb durfte in der Togata der Sklave nie klüger sein als der Herr. Zu hoher Genugthuung aber gereichte es den Welteroberern, in der Palliata den Graeculus hintergangen zu sehen. Horaz kann allerdings die Vorfahren nicht begreifen, dafs sie an Plautinischen Versen Gefallen fanden. Aber die Verskunst dieses Dichters war ihm ein Buch mit sieben Siegeln wie vielen seiner Zeitgenossen. Auch der Plautinische Witz behagte ihm nicht. Welch Wunder aber bei dem, der bekennt: „Ich hasse das gemeine Volk und halte es fern von mir!" Cicero rühmt die wunderbare Gabe seines Volkes, ohne Kenntnis der metrischen und rhythmischen Gesetze doch den leisesten Mifston herauszuhören, eine Gabe, der sich in ihrer Allgemeinheit bei uns nichts an die Seite stellen läfst. Danach scheint es ungerecht, die Römer im Gegensatz zu den Griechen als banausische Barbaren zu verschreien. Der Werdende wird immer dankbar sein. Das römische Publikum der älteren Zeit war gewifs nicht schlechter und nicht besser als das Durchschnittspublikum aller Zeiten. Dem Hamburger Theater in Lessings Zeit suchte man ja auch durch Ballett und Luftspringer aufzuhelfen.

Ein gewaltiger Umschwung in dem Verhältnisse der Zuschauer zum Bühnenstück trat schon durch die Mimen ein. Das Volk forderte sogar die Entkleidung der Künstlerinnen, und der jüngere Cato war einmal rücksichtsvoll genug, das Theater zu verlassen, als die Menge seiner Anwesenheit wegen sich scheute, von ihrem Rechte Gebrauch zu machen. Die Anschauungsweise der Römer hatte sich überhaupt gewaltig geändert. Horaz hält nicht viel von dem Geschmacke des Publikums zu seiner Zeit. Er weist darauf hin, dafs die Dichter nur ein Spielball der Laune des Publikums seien. Ist der Zuschauer spröde, so erstirbt dem Autor der Mut; ist er eifrig, so bläht jener sich stolz. Im allgemeinen pflegten die auf den vordersten Reihen sitzenden Ritter die Führung im Bezeigen von Beifall und Mifsfallen zu übernehmen. Und der von der Menge ausgepfiffenen Arbuscula genügte es, sobald nur diese galanten Herren Beifall klatschten. Trotz aller Gegenbemühung der Ritter kam es vor, dafs die an Zahl Überlegenen, an Tüchtigkeit und Ehre Nachstehenden, ungebildete Dummköpfe, die aber bereit waren, mit der Faust ihren Worten Nachdruck zu verleihen, mitten im Stück einen Bären oder einen Faustkämpfer verlangten. Auch der Geschmack der Gebildeten war nach Horazens Ansicht zu seiner Zeit verderbt. Die alte Einfachheit, die sich mit dem Ohrenschmause begnügte, war dahin; jetzt verlangte ein jeder Schaugepränge, dem er mit unstätem Auge folgte. „Stiege heute," meint Horaz, „Demokritos wieder auf die Erde, so würde er viel aufmerksamer dieses Publikum betrachten als die Stücke selbst und würde glauben, dafs die Verfasser einem tauben Esel eine Geschichte erzählten." Wenn der mit den Reichtümern fremder Länder übertünchte Schauspieler auf der

Bühne steht, da fliegt die Rechte in die Linke. Hat er schon etwas gesagt? Kein Wort. — Was erregt also Gefallen? — Nun, die Wolle, welche mit tarentinischem Purpur Veilchen nachahmt. Auch Cicero spricht sich gelegentlich mit Verachtung über das Theater seiner Zeit aus.

Wie in Athen, so führte auch in Rom das Zusammensein so vieler Menschen zu Kundgebungen über beliebte und unbeliebte Personen. Nur nahmen jene in der Kaiserzeit den Charakter niedriger Schmeichelei an. Schon für Cicero war der Applaus, den er und seine Leute im Theater erhielten, gewissermafsen das Wetterglas seiner Volkstümlichkeit. So ward auch Vergil einst durch allgemeines Erheben von den Plätzen geehrt. Darum dürfte auch das bei unseren „Premièren" übliche Herausrufen des Dichters nicht gefehlt haben. Natürlich dreht sich in der Kaiserzeit das Interesse vor allem um den Herrscher, seine Angehörigen und seine Freunde. Stehend zu applaudieren, Ehrennamen zuzurufen und unisono einen Grufs dem betreffenden darzubringen, waren die gebräuchlichsten Formen solcher Ovationen. Hatte der vielbeschäftigte Caesar sogar während der Schauspiele seinen Geschäften obgelegen, so pflegte Augustus ganz Ohr zu sein. Einmal, bei der Einweihung des Marcellustheaters brach der kurulische Stuhl unter ihm zusammen. Mufste er fort, so bat er um Entschuldigung und ernannte jemanden, der an seiner Stelle den Vorsitz führte. Tiberius aber blieb dem Theater endlich ganz fern, als man ihn gezwungen hatte, den Komöden Actius freizugeben und den Apoxyomenos des Lysippos, den er in sein Schlafzimmer hatte bringen lassen, an seinem früheren Platze wieder aufzustellen. So regte sich also während der Freiheit des Festes noch bisweilen das Selbständigkeitsgefühl, und die meisten Kaiser wufsten die Schauspiele als Ableiter solcher Regungen zu schätzen. Caligula ergötzte sich so an Gesang und Tanz, dafs er nicht einmal an den öffentlichen Aufführungen sich enthielt, den deklamierenden Tragöden zu begleiten und jeden Gestus, als ob er ihn loben oder verbessern wollte, dem Schauspieler nachzumachen. Den Pantomimen Mnester küfste er auch während der Schauspiele. Claudius weihte das restaurierte Theater des Pompejus. Nachdem er an den auf der Höhe gelegenen Tempeln ein Dankgebet gesprochen hatte, schritt er durch die schweigend dasitzenden Zuschauer herab in die Orchestra und leitete von einem dort aufgestellten Tribunal aus die Weihespiele. Saecularspiele, die schon Augustus gefeiert hatte, feierte er noch einmal, und es erregte Heiterkeit, als der Herold Spiele in Aussicht stellte, welche kein Lebender gesehen hätte, während doch manche von den Anwesenden die früheren Spiele mitangesehen und auch einige von den jetzt auftretenden Schauspielern damals schon gehört hatten. Nero war mit Leib und Seele den Schaustellungen ergeben und sah den Gladiatorenspielen gar durch einen geschliffenen Smaragden zu.

Dafs auch in Rom mifsliebige Zuschauer nicht verschont blieben, ist selbstverständlich. Wer sollte auch nicht spotten, wenn der frühere Sklave Sarmentus unter Augustus stolz einen Platz auf den 14 ersten Bänken suchte? Naturgemäfs fiel seit Einführung der Schauspiele der vorderste, der griechischen Orchestra entsprechende Raum den Behörden und Senatoren zu. Als dies aber im Jahre 194 v. Chr. durch ein ausdrückliches Gesetz verordnet wurde, murrte die Menge. Den Beifall des Volkes errang dagegen die Bescheidenheit des Bruders des bekannten Flamininus, des L. Quinctius, der sich ganz hinten im Theater anstellte, als er vom alten Cato aus dem Senate gestofsen worden war. Das Volk war gerührt und nötigte ihn auf den Ehrenplatz zurück. Auch die Ritter besafsen schon in älterer Zeit ein Privilegium. Im Jahre 67 v. Chr. setzte L. Roscius Otho durch, dafs ihnen die ersten 14 Sitzreihen hinter der Orchestra wieder überlassen würden. Doch wurde er mit Zischen empfangen, dem die Ritter durch Beifallklatschen entgegenzuwirken suchten. Cicero wufste das Volk zu besänftigen, derselbe Cicero, der später mit Anspielung auf die vielen von Caesar in den Ritterstand Erhobenen dem armen Laberius zurief, als dieser sich nach einem Platze umsah (S. 74): „Ich würde dich herlassen, wenn ich nicht zu eng säfse." Schlagfertig aber entgegnete der Verspottete: „Mich wundert's, da du doch auf zwei Stühlen sitzest," und meinte damit die Wankelmütigkeit des grofsen Redners. Die vorhandenen Plätze reichten nicht für alle Ritter aus. Der Philosoph Seneca erörtert das Recht auf einen Rittersitz in einem Vergleiche: „Ich habe ihn, nicht um ihn zu veräufsern, sondern nur, um dort zu schauen. Komme ich nun ins Theater, wenn die Rittersitze gefüllt sind, so habe ich mit Recht einen Sitz, weil ich dort sitzen darf, aber auch wieder keinen, weil er von denen, die gleiches Recht haben, besetzt ist." Horaz spöttelt über das Recht, die weinerlichen Stücke eines Pupius in solcher Nähe schauen zu dürfen.

Als in Puteoli einmal ein Senator nicht zum Sitzen gekommen war, ordnete Augustus die in Verwirrung geratene Plätzeverteilung von neuem. Der erste Rang blieb für die Senatoren frei. In Rom sollten die Gesandten fremder Staaten nicht mehr in der Orchestra sitzen dürfen, da oft zweifelhafte Elemente darunter waren. Das Militär schied er von der Menge. Den verheirateten Männern aus dem niederen Volke wies er besondere Reihen an, den angehenden Jünglingen auch ihren eigenen Rang, den nächsten den Erziehern, und verfügte, dafs niemand im Arbeitskittel mitten im Schauraume sitzen sollte. Auch Frauen durften nur von einem höheren Punkte aus zusehen. Allein den vestalischen Jungfrauen gab er einen Platz im Theater selbst, abgesondert gegenüber dem Tribunal des Prätors.

Einige kleine Skandalscenen aus dem Theater entwirft Martial: Phasis — also ein Ausländer — rötlich prangend im purpurnen Oberkleid, lobt das Edikt des Kaisers Domitian vom J. 89 n. Chr. oder kurz vorher, durch welches der unverfälschten Ritterschaft ihr altes Anrecht auf die 14 ersten Reihen zurückgegeben worden. Stolz sich blähend, prahlt er: „Endlich kann man bequem sitzen, wird nicht mehr vom Volke gedrängt und verunreinigt." Während er noch in diesem Tone, sich protzig zurücklehnend, fortfährt, heifst Leïtus, ein Platzanweiser (Dissignator), das prangende Purpurkleid aufstehen. Ein anderer Eindringling verlor im Streite mit dem unerbittlichen Hüter des Gesetzes zu allgemeinem Gelächter einen grofsen Schlüssel aus der Toga. Ein dritter suchte durch prächtige Kleidung das Publikum über seine Verhältnisse zu täuschen. Aber Martial spottet: „Ein Oberkleid kostet noch keine 400000 Sesterzen." So viel betrug bekanntlich der Rittercensus.

In Anwesenheit der Kaiser war man im Theater festlich gekleidet. Wenn aber die Laune eines Herrschers — was in der That vorkam — bestimmte Kleidung vorschrieb, konnten die Zuschauer bei schlechtem Wetter leicht Nachteile für ihre Gesundheit davontragen. Im allgemeinen waren ja Schutzvorrichtungen vorhanden. Gegen die Sonnenglut sollten die Vela schützen. Indessen redet Martial seine Causea an: „Mit dir bedeckt, werd' ich im Pompejus-Theater schauen, denn das Wehen pflegt dem Volke die Segeltücher zu versagen."

Wie erfinderisch die Kaiserzeit war in der Erhöhung

der Annehmlichkeiten, ist oben dargethan. Dem Auge wurde viel mehr geboten als früher, aber die Zuschauer waren auch blasierter geworden. „Du schläfst," fragt Martial, „im Pompejus-Theater und beklagst dich, wenn Oceanus — auch ein Dissignator — dich aufweckt?" Die Theater wurden von Liebenden zu Stelldicheins herabgewürdigt. Ovid rät dem Liebebedürftigen, im Theater zu fahnden. „Dort findest du Stoff zu vorübergehendem Zeitvertreib, zu dauernder Liebe." Wie die Ameisen oder die Bienen, so strömen reichgeputzte Damen zu den besuchten Spielen. Die Menge der Gesichter hindert oft eine Wahl. Zu schauen kommen sie, kommen, um selbst geschaut zu werden. Der Verliebte soll seine Angebetete auch ins Theater begleiten. Er soll dem Mimen, der als Mädchen tanzt, und dem Verliebten im Stücke seine Gunst schenken. Steht sie auf, so soll auch er aufstehen. Demnach muſs es in Rom, im Gegensatz zu Athen, gestattet gewesen sein, zu jeder Zeit das Theater zu verlassen. Es wird behauptet, schon die alten Komiker hätten zwischen den einzelnen Akten nicht gern eine Pause gelassen, um dem Zuschauer nicht Gelegenheit zum Fortgehen zu geben. Andererseits sagt Sueton: „Wenn freilich Nero sang, durfte niemand auch bei dringendem Anlaſs aus dem Theater weggehen. Daher sollen Frauen während der Vorstellung niedergekommen sein. Viele entzogen sich, der ewigen Lobhudelei überdrüssig, dem aufgenötigten Genusse dadurch, daſs sie heimlich über die Mauer stiegen oder gar als Tote sich durchs Thor tragen lieſsen." Das Publikum zu halten, waren auch die Festgeschenke bestimmt, die gegen Ende hereingetragen wurden. Doch meint der Philosoph Seneca: „Der Kluge flieht, sobald er die Gaben bringen sieht, und weiſs, daſs wertlose Dinge teuer zu stehen kommen. Niemand balgt sich mit dem, der sich zurückzieht, nur um den Preis entbrennt der Zank." Öfter wurden Marken verteilt als Anweisung auf einen Genufs, etwa ein Frühstück. Ein eigentliches Eintrittsgeld wurde auch in der Kaiserzeit nicht erhoben; wohl aber räumte man jedem das Recht ein, durch Vorkauf eines Billets sich einen Platz auf einem reservierten Teile des Theaters zu sichern, wodurch ihm der zeitige Aufbruch dahin und das Gedränge erspart wurde.

In dieser Zeit war eine geordnete Claque nicht zu entbehren. Percennius erwarb sich bei der Leitung derselben eine solche Geschicklichkeit, dafs er später sein Geschäft im grofsen betreiben und die pannonischen Legionen ihren Führern abspenstig machen konnte. Nero hatte sich überallher Jünglinge aus dem Ritterstande und 5000 handfeste Burschen aus dem niederen Volke ausgesucht, welche, in Parteien geteilt, die Arten des Beifallklatschens — Brummer, Hohlziegel und Scherbe lauteten die volkstümlichen Bezeichnungen — erlernten. Geschniegelt und gebügelt waren sie ihm zu Dienst und standen sich sehr gut dabei. Theaterskandale und Tumulte, die schon in der Zeit der Republik infolge der Parteinahme für einzelne Schauspieler vorkamen, waren in der Kaiserzeit an der Tagesordnung. Die Jeunesse dorée, an der Spitze wohl gar ein kaiserlicher Prinz, regten die Massen auf. Die Kaiser hatten ihre Gründe, ein Auge zuzudrücken. Vor allem sollte das Volk seiner Freude am Aufruhr in dieser ungefährlichen Weise fröhnen und seine überschüssige Kraft austoben lassen. Aber im J. 16 n. Chr. unter Tiberius verursachte die Theaterfreiheit auch einen schlimmen Ausbruch, indem nicht nur etliche aus der Menge, sondern auch Soldaten und ein Centurio ums Leben kamen, und der Tribun der Prätorianerkohorte verwundet wurde bei dem Bestreben, Beschimpfung der Behörden und die Uneinigkeit des

Volkes zu verhindern. Die Sache kam im Senat zur Verhandlung, und es wurde der Wunsch laut, dafs die Prätoren das Recht der Züchtigung mit Ruten gegen die Schauspieler haben sollten. Dieser Antrag ging nicht durch, man beschlofs aber mancherlei Mafsnahmen gegen den Übermut der Begünstiger; insbesondere sollte den Prätoren das Recht zustehen, ungeziemendes Gebaren der Zuschauer mit Verbannung zu bestrafen. Am Ende des Jahres 55 entfernte Nero, angeblich, um die Soldaten vor den verderblichen Einwirkungen solcher Vorgänge zu schützen, die Kohorte, welche den Aufführungen beizuwohnen pflegte, aus dem Theater. Die Mafsregel sollte wohl auch volksfreundlich erscheinen. Der Hauptgrund aber war ein andrer. Nero liefs sich nämlich bisweilen heimlich in einer Sänfte ins Theater tragen und ergötzte sich an den stürmischen Auftritten, die er selbst mit hervorgerufen hatte. Und wenn das Publikum dann handgreiflich wurde und mit Steinen und Stuhlbeinen den Streit zum Austrag brachte, warf er selbst mancherlei unter das Volk und verwundete sogar einmal den Prätor am Kopfe.

Der Geist der Schauspiele erfüllte die Sinne und Köpfe der Menge. Auf den Strafsen trällerte man beliebte Stellen, die man im Theater gelernt hatte, und es kann kein Zweifel sein, dafs die teils frivolen, teils schauerlichen Dramen den Geist der Kaiserzeit in verderblicher Weise beeinflufst haben.

O schau in diesen Spiegel,
Schau her, mein Vaterland!

XIV.

Die Überlieferung der Bühnengeschichte, Kritik und Theorie des Dramas im Altertum.

Das grofse Interesse, welches die Athener an dramatischen Aufführungen hatten, giebt sich auch darin zu erkennen, dafs die Erinnerung an dieselben in Stein der Nachwelt überliefert ward. So haben sich auf der Akropolis in Athen Bruchstücke eines Verzeichnisses gefunden, welches in der Ordnung der Jahre die Sieger an den musischen Agonen der Grofsen Dionysien enthielt. Über die einzelnen Theateraufführungen gab es sogenannte Didaskalien. Die älteste, von der wir wissen, aus dem Jahre 477/76, lautet folgendermafsen:

> Themistokles aus Phrearroi führte den Chor,
> Phrynichos übte ihn ein,
> Adeimantos war Archon.

Aus den Didaskalien der einzelnen Jahre wurden dann wieder zusammenfassende Listen hergestellt. Wieder andere Tafeln enthielten chronologische Verzeichnisse, in denen mit Angabe seiner Siege jeder Dichter an der

XIV. Die Überlieferung der Bühnengeschichte. 299

Stelle erscheint, wo er zum ersten Male an den Grofsen Dionysien einen Sieg davon getragen hat. Von einer gewissen Zeit an wurden in den Didaskalien auch die siegreichen Protagonisten aufgeführt (vgl. S. 88), und auch privatim sorgte der Künstlerstolz, dafs die Erinnerung an Bühnenerfolge nicht unterging. Fig. 92 zeigt uns einen siegreichen Schauspieler in Königstracht. Seit-

Fig. 92. Siegreicher Schauspieler.

wärts kniet die Muse der Tragödie und schreibt unter die Abbildung der Maske, in der er den Preis errang, die auf den Sieg bezüglichen Worte. Die Person dahinter scheint nur die Beendigung dieser Thätigkeit abzuwarten, um dann die Erinnerungstafel an geeigneter Stelle anzubringen.

Aus den genannten amtlichen und privaten Urkunden

schöpften jene Männer, welche die Geschichte des Bühnenwesens verfolgten, vor allen Aristoteles in seinen wichtigen Werken: „Dionysische Siege" und „Didaskalien". Er hat ferner Abhandlungen geschrieben über die Tragödien, über die Dichter nnd über die Dichtkunst. Im Anschlusse an seine Thätigkeit entstanden Werke über die Agone und die Didaskalien, ferner geschichtliche Darstellungen des Lebens einzelner Dichter. oder mehrerer zusammen, Untersuchungen über die den Dramen zu Grunde liegenden Mythen u. dgl. Um Feststellung der Echtheit oder Unechtheit dramatischer Erzeugnisse erwarben sich die Bibliothekare der grofsen alexandrinischen Bibliothek bedeutende Verdienste, darunter der auch als Dichter bekannte Kallimachos.

In der hellenistischen Zeit nahm überhaupt die wissenschaftliche Forschung einen hohen Aufschwung. Vor allen nennen wir Aristophanes von Byzanz. Er fafste die Dramen nach gewissen Gesichtspunkten ins Auge: Zunächst gab er in gedrängter Kürze den Inhalt an und hob die Hauptpunkte besonders hervor. Ob auch einer der beiden anderen grofsen Dichter den betreffenden Stoff behandelt habe oder gar beide, stellte er fest. Sodann nannte er Ort der Handlung, Zusammensetzung des Chores und vorkommenden Falls den Sprecher des Prologs. Auch verschwieg er nicht sein Urteil über den Wert des Stückes. Daran schlossen sich die eigentlich didaskalischen Notizen, unter welchem Archon und in welcher Olympiade das Stück aufgeführt war, und welche Stelle es unter den gleichfalls genannten Stücken der Mitbewerber erhalten hatte. Schliefslich war festgestellt, das wievielste unter den Werken des Dichters das betreffende Drama war.

Einem Zeitgenossen Caesars, dem Maurenkönig Juba II., liefsen seine Regierungsgeschäfte die Mufse, in einer

„Theatergeschichte" eine umfassende Darstellung des Bühnenwesens zu geben. In bunter Reihe standen hier neben Bemerkungen über die Bühne und die Dramen Anmerkungen über Tanz und Musik. Dem Aristoteles vergleichbar an Vielseitigkeit und an Interesse für das Drama ist ein Zeitgenosse des Juba, der Römer M. Terentius Varro. In seinen „Scenischen Anfängen" leitete er von den römischen Volksbelustigungen die Entstehung des Theaters her und schilderte die Fortschritte des Bühnenwesens. Ein anderes Buch handelte von den „Scenischen Aufführungen", wahrscheinlich ebenso von der Inscenierung, wie von der Geschäftsordnung. Ferner schrieb Varro über die schwierige Frage der Einteilung in Akte (vgl. S. 142). Nachdem nicht lange vorher die Masken eingeführt waren (S. 247), nahm er Veranlassung, über deren Wert und Bedeutung sich auszusprechen. Daneben her gingen seine tief einschneidenden Untersuchungen über die Stücke des Plautus. So entstanden die „Plautinischen Forschungen" und die Schrift „über die Plautinischen Komödien". Wahrscheinlich sind die 21 (20) Komödien, die wir von Plautus besitzen, eben die, welche Varro als sicher echt aus der grofsen Zahl der überlieferten ausschied.

Auch Didaskalien sind uns, freilich in sehr verstümmeltem Zustande, erhalten, und zwar zu den Stücken des Terenz und zu zwei Stücken des Plautus. Als Muster für alle diene die folgende:

Andria des Terenz
Griechisches Vorbild von Menander
Aufgeführt an den Megalensischen Spielen
Unter den curulischen Aedilen M. Fulvius und
M'. Glabrio

Es führte[n] auf L. Ambivius Turpio
[und L. Atilius aus Praeneste]
Die Melodie machte Flaccus, Sklave des Claudius
Durchgängig mit gleichen Flöten
Als erstes gedichtet
Unter den Konsuln M. Marcellus und C. Sulpicius.

Auch wenn wiederholte Aufführungen stattgefunden hatten oder eine unterbrochen worden war, wurde sorgfältig angemerkt. Wie in Griechenland, so waren auch in Rom die Theaterereignisse Gegenstand brieflicher Erörterung zwischen Freunden und mündlicher Aussprache in den Zirkeln der Gebildeten. In der Kaiserzeit faſste der bekannte Biograph Sueton das Wissenswerte über die Spiele und also auch über das Bühnenspiel noch einmal in einem groſsen Werke zusammen.

Daſs bei so eingehendem Interesse an der Bühnengeschichte die Griechen auch zeitig schon in die Theorie des Dramas einzudringen suchten, darf uns nicht wundern. Ein Stück wie die „Frösche" des Aristophanes setzt einen Zuschauerkreis voraus, der für solche Fragen Verständnis hat. Von den Philosophen war Sokrates selbst dem Theater nicht abgeneigt. Wenigstens wohnte er den Aufführungen Euripideischer Stücke regelmäſsig bei. Platon dagegen verwarf die dramatische Poesie. Wenn die menschlichen Dinge, so folgerte er, nur ein Abbild sind der ewigen Idee, was kann da das Drama, das Bild des Bildes, für uns sein? Der Trugschluſs ist freilich nicht schwer zu erkennen. Das Drama bedeutet ja gerade einen Versuch, die menschlichen Dinge wieder in ideelle Beleuchtung zu rücken. Ohne offen gegen den Meister zu polemisieren, hat darum auch der groſse Schüler des Platon, Aristoteles, die herrliche Wirkung des Dramas gepriesen und zugleich in seinem Buche von der Dichtkunst ein System aufgebaut, über das wir heutigentages noch nicht hinausgekommen sind. Seine Hauptgedanken sind etwa folgende.

Alle Künste beruhen auf Nachahmung, unterscheiden sich aber erstens durch das Mittel (Sprache, Farbe u. a.), durch das sie nachahmen, und zweitens durch den Gegenstand, den sie nachahmen. Die Tragödie ahmt Menschen nach, die besser sind, die Komödie solche, die schlechter sind als die Zeitgenossen. Neben dem Mittel ist noch drittens zu beachten die Art und Weise, wie die Nachahmung zu stande kommt. So gehört in der einen Beziehung Sophokles in dieselbe Klasse wie Homer, denn beide ahmen edle Charaktere nach, in der anderen Beziehung aber gehört er mit Aristophanes zusammen, denn beide ahmen Wirkende und Handelnde nach. Die beschreibende Nachahmung der guten und schlechten Charaktere war der erste Schritt, den die Kunst that. Diese Vorstufe wird durch Homer und die Jambendichter vertreten. Später wurden die, welche zur einen oder andern Seite der Dichtung sich hingezogen fühlten, teils statt Jamben- Komödiendichter, teils statt Epen- Tragödiendichter, weil die neuen Gattungen bedeutender und geschätzter waren als die alten.

Die Tragödie vereinigt die Hauptvorzüge des Epos in sich. Das einfache Versmafs und die berichtende Erzählung, deren sich das Epos bedient, sind nur äufsere Unterscheidungsmerkmale. Wichtiger ist der Unterschied des Umfangs, insofern die Tragödie sucht möglichst unter einen Sonnenumlauf zu fallen oder nur wenig darüber hinauszugehen, während die epische Poesie zeitlich unbegrenzt ist. Indessen machten es die Dichter in der Tragödie zunächst ebenso wie im Epos. Das also ist die erste der vielberufenen drei Einheiten des griechischen Dramas.

„Es ist nun die Tragödie Nachahmung einer bedeutenden und abgeschlossenen Handlung von einem gewissen Umfange in verschönter Sprache — doch so, dafs die Art des Schmuckes in den einzelnen Teilen verschieden ist — vorgeführt durch Handlung und nicht durch Bericht, eine Nachahmung, welche durch Mitleid und Furcht die Reinigung von ebensolchen Gemütsbewegungen vollzieht." Der Schlufssatz, den Aristoteles in dieser Schrift selbst nicht weiter erklärt, ist eine Streitfrage geblieben bis auf den heutigen Tag. Nun, wenn des Menschen Herz banges Weh erfüllt, dann eilt er wohl hinaus in die freie Natur, und wenn der Sturm saust und Baumriesen fallen, so zieht endlich Ruhe in das geängstigte Herz ein. Ähnlich wirkt die Tragödie. Furcht und Mitleid versetzen uns im täglichen Leben in eine wehleidige Stimmung; wo aber grofse Geschicke vor unserem Auge sich vollziehen, grofse Helden leiden, wie klein sind wir dann! Das matte Weh wird abgeklärt zu froher Zuversicht; so ist, wenn wir es nüchtern ausdrücken, eine erleichternde Befreiung von den uns belästigenden Affekten erreicht. Wenn in dem gebildeten Zuschauer auf diese Weise das Gleichgewicht hergestellt wird, so bedarf es für den ungebildeten hinwiederum eines kräftigen Gegenmittels, wenn nicht ein unheimliches Gefühl in ihm zurückbleiben soll; und das Satyrspiel erfüllte seinen Zweck am besten insofern, als es im Zusammenhang mit dem Kultus des Dionysos blieb. So sahen denn auch unsere Altvorderen nach „einem geistlichen Spiel von Adam und Eva" mit grofser Spannung dem „Pickelhäring im Kasten" entgegen.

Doch kehren wir zu Aristoteles zurück! Der Schmuck der „verschönten Sprache" besteht in Rhythmus, Harmonie und Metrum, drei Arten also, die sich in der Weise auf die einzelnen Stücke des Dramas verteilen, dafs bald nur Metrum, bald wieder Gesang vorhanden ist.

Jetzt kommen wir zu dem Teile der Definition, der die Tragödie (und die Komödie) von allen anderen Dichtungsarten unterscheidet: sie wird dem Publikum vermittelt durch Handlung auf der Bühne. Dazu gehört der Schmuck fürs Auge, die scenische Ausstattung. Die Handelnden sind aber nicht stumm wie Pantomimen, sondern bedienen sich zweier Mittel, der Lexis, d. i. des sprachlichen Ausdrucks in metrischer Form, und für gewisse Partien des Gesanges. Aber die Handelnden sind auch nicht wie ein tönendes Erz, die Reden oder Gesänge, die ihrem Herzen entströmen, fliefsen aus zwei Quellen, dem Charakter (Ethos) und der Reflexion (Dianoia) d. i. dem Gedankeninhalt. Diese beiden sind es, welche jeder Tragödie ihr eigenes Gepräge aufdrücken und ihren Erfolg oder Mifserfolg herbeiführen. Aber ein Handelnder bringt noch kein Drama zu stande, es bedarf des Mitwirkens anderer. Die so entstehende Nachahmung einer Verknüpfung (Synthesis) von Handlungen nennen wir Fabel (Mythos). Demnach mufs es sechs Punkte geben, welche das Wesen jeder Tragödie ausmachen, das sind aber: die Fabel, die Charaktere, der Gedankeninhalt der Reflexion, die Darstellung für das Auge, der sprachliche Ausdruck, die Gesangskomposition.

Über den Wert dieser einzelnen Punkte spricht sich Aristoteles sehr entschieden aus: Drama heifst Handlung; nicht der Mensch als solcher wird in dieser Dichtungsgattung vorgeführt, sondern der Mensch im Ringen mit dem Schicksal in Glück und Unglück, d. i. im Handeln, und Handlung und Fabel sind das Ziel jeder Tragödie. Ohne Handlung ist eine Tragödie nicht denkbar, wohl aber ohne ausgesprochene Charakteristik, wie denn die Tragödien der meisten jüngeren Dichter ohne ausgesprochene

Charakteristik sind. Und in der That, das Zusammenreihen schöner Reden und bedeutender Charakterbilder ist zwar leichter, entspricht aber weniger dem Zwecke der Tragödie als eine wohlgeordnete Handlung, in der Charakter und Gedankeninhalt nebensächlich behandelt sind. Ganz so ist es in der Malerei: viel mehr als ein Farbenauftrag ohne Ordnung wird immer eine einfache Zeichnung wirken.

Dazu kommt, dafs die Stücke, durch welche die Tragödie am meisten den Zuschauer fesselt, der Glücksumschlag (Peripeteia) und die Erkennung (Anagnorisis), Teile der Fabel sind.

Also Hauptsache und gleichsam die Seele der Tragödie ist die Fabel. Unser Schiller erklärte, dafs Aristoteles mit diesem Urteil „recht den Nagel auf den Kopf getroffen" habe. Der, an den die Erklärung gerichtet ist, Goethe, hat die Lehre des Altmeisters in seinen Dramen weniger beherzigt.

Es folgen dem Werte nach Charakteristik und Gedankenentwickelung. Blofse Gedankenentwickelung finden wir dort, wo der Handelnde einfach seine Ansicht über eine Sache darlegt, Charakterisierung, wo er in sein Inneres schauen und die Triebfedern seines Handelns und Strebens erkennen läfst. Hinsichtlich des Gedankeninhaltes aber unterscheiden sich die Zeitgenossen des Aristoteles von den älteren Dichtern darin, dafs diese politisch, jene aber rhetorisch reflektierten.

Von den übrigen Teilen, d. i. sprachlicher Ausdruck, Gesangskomposition, deren Bedeutung klar ist, und endlich Darstellung für das Auge, ist der letzte, wenn er auch gerade das Auge des Laien am meisten besticht, doch der unwichtigste, da ja die Tragödie auch ohne Aufführung und Schauspieler ihre Wirkung übt, außerdem aber bei der Inscenierung mehr die Kunst des Maschinisten als die des Dichters zur Geltung kommt.

Wir treten nunmehr dem wichtigsten der sechs Teile näher, der **Verknüpfung der Begebnisse**, auf welche sich die ersten Worte unserer Begriffsbestimmung beziehen. Ein Ganzes zunächst soll die Tragödie sein, ein Ganzes aber nennen wir, was Anfang, Mitte, Ende hat. Ein willkürlicher Anfang oder ein willkürliches Ende ist damit ausgeschlossen. Es kann aber etwas ein Ganzes und doch nicht groß sein. Diese letztere Eigenschaft aber wird verlangt. Denn alles Kleine galt dem Griechen für unschön, vollends aber im Theater hätte eine kleine Handlung einen nachhaltigen Eindruck nicht hervorbringen können. Andererseits ist freilich auch die übergroße Länge zu verwerfen. Gesetzt, daß ein Tier 10 000 Stadien groß wäre, würde es unmöglich sein, einen Überblick, einen Begriff von ihm zu gewinnen. Ebenso ist es bei den Fabeln: sie müssen von einer gewissen Länge, dürfen aber nur so lang sein, daß man die einzelnen Teile mit dem geistigen Auge überschauen kann. Das praktische Bedürfnis der Festfeier kommt für den Theoretiker nicht in Frage. Wenn es nötig scheinen sollte, fügt der Philosoph scherzend und wohl nicht ohne Spott hinzu, 100 Tragödien an einem Tage aufzuführen, so müßte man eben jedem Dichter seine Zeit mit der Wasseruhr zumessen. Auch in der Theorie lassen Grenzen sich schwer stecken, nur ist jedenfalls der Umfang erforderlich, bei dem in einer Handlung, die nach den Gesetzen der Wahrscheinlichkeit und Notwendigkeit schrittweise sich entwickelt, der Umschlag aus Unglück in Glück oder aus Glück in Unglück erfolgen kann.

Eine weitere Forderung ist **Einheit der Handlung**.

Aristoteles erhebt in entschiedener Weise Einspruch gegen die verkehrte Ansicht, dafs Einheit der Person hierzu genügend sei. Einem Menschen kann vielerlei zustofsen, was in keinem Zusammenhang untereinander steht. Verfehlt war es auch, wenn manche epische Dichter in einer „Theseïs" oder einer „Herakleïs" alle Schicksale der Helden zur Darstellung brachten. Die Homerischen Gedichte konnten auch in dieser Beziehung Muster sein. Es mufs also die Fabel, die Nachahmung einer Handlung, Nachahmung einer einheitlichen und abgeschlossenen Handlung sein, und die einzelnen Teile müssen so zusammengefügt werden, dafs bei Umstellung oder Weglassung eines derselben das Ganze zerrissen und gestört wird. Freilich entsprechen die vorliegenden Tragödien nicht alle dieser Forderung. Aristoteles tadelt die „episodischen", in denen der Fortgang nicht durchaus nach den Gesetzen der Wahrscheinlichkeit und Notwendigkeit erfolgt. Solche Tragödien dichten auch gute Dichter mit Rücksicht auf die Bühnendarstellung, die oft ein Zerdehnen der Fabel erheischt.

Nur die Forderung der Einheit der Handlung ist in dem Wesen des Dramas selbst begründet, die Forderung der Einheit des Ortes und der Einheit der Zeit dagegen nicht. Die erstere ergab sich im griechischen Drama aus der Anwesenheit des Chores, der gewöhnlich am Orte der Handlung zu Hause war. Auch die griechischen Dichter haben diese Einheit nicht unbedingt gewahrt, und Aristoteles sagt gar nichts davon. Mit ihr hängt die Einheit der Zeit zusammen, die der Philosoph auch nur als eine Gewöhnung, nicht als ein tiefer begründetes Gesetz bezeichnet. Von den Griechen gingen diese Einheiten auf die Römer über, und die Franzosen vergafsen über der rein äufserlichen, sklavischen Nachahmung derselben weit wichtigere Gesetze der dramatischen

Kunst. Unserem Lessing war es vorbehalten, über diese Fragen Aufklärung zu schaffen.

Wie nun der Dichter nicht alle Handlungen einer Person in einer Tragödie vorführen darf, so braucht er sich überhaupt nicht an historisch Gegebenes zu halten. Denn der Dichter und der Geschichtschreiber unterscheiden sich nicht durch die gebundene Rede einerseits und die ungebundene Rede andererseits. Die Werke Herodots, in ein Versmaſs gebracht, würden gleichwohl nicht weniger Geschichte sein als so. Nein, dadurch unterscheiden sich beide, daſs der eine das wiedergiebt, was geschehen ist, der andere das, was geschehen könnte. Deshalb ist auch die Poesie philosophischer und würdiger als die Geschichte. Denn die Poesie handelt von dem Allgemeinen, die Geschichte aber von dem Besonderen.

In der Komödie deuten schon die Namen der Handelnden diesen auf das Allgemeine gerichteten Zug an. In der Tragödie hält man an thatsächlichen Namen fest, nach Aristoteles, um in dem Zuschauer jeden Zweifel an der Möglichkeit der dargestellten Handlung von vornherein auszuschlieſsen. Indessen hindert diese Gewohnheit nicht, daſs einzelne Figuren von dem Dichter zu den überlieferten erfunden werden. Ja, sogar der vollständig erdichtete Stoff von Agathons „Blume" hat Beifall gefunden. Es wäre ja auch lächerlich, zu verlangen, daſs der Dichter an den überlieferten Stoffen festhalte, da sogar das Bekannte nur wenigen bekannt ist, aber trotzdem alle erfreut. Poet heiſst Schöpfer. Aus diesen Bemerkungen ist nun aber klar, daſs der Poet sich vielmehr im Stoffe als in der metrischen Form als Schöpfer erweist.

Es lassen sich aber die Fabeln in zwei Hauptgruppen teilen, in einfache und in verwickelte, je nachdem sie den plötzlichen Schicksalswechsel oder die Erkennung haben oder nicht haben. Da diese beiden die hauptsächlichsten Erreger von Furcht und Mitleid sind, so erfüllen die verwickelten Fabeln den Zweck der Tragödie am besten. Selbstverständlich ist, dafs auch diese tragischen Mittel in organischem Zusammenhange mit der ganzen Fabel stehen müssen, und es macht dabei einen grofsen Unterschied, ob etwas infolge eines anderen oder nach ihm geschieht. Noch mehr aber erreicht der Dichter, wenn er bei aller Folgerichtigkeit den Zuschauer durch Unerwartetes zu überraschen versteht. Dann packt diesen das Wunderbare, während andererseits Zufälliges ihn kalt läfst. Aber selbst von den zufälligen Vorkommnissen erscheinen die am wunderbarsten, welche gleichsam wie beabsichtigt aussehen, wie z. B., dafs die Bildsäule des Mitys in Argos den Mörder desselben erschlug, als er sie anschaute.

Was hat man nun aber unter Peripetie und Anagnorisis zu verstehen? Eine Wandlung (Metabasis) geht in jeder Tragödie vor sich, der Peripetie eigen ist das Plötzliche des Umschlags, welches mit bitterer Ironie all die auf Abwehr von Unglück gerichteten Veranstaltungen mit einem Schlage zu nichte macht. So kommt im „König Oidipus" einer, um dem Helden des Stückes eine Freudenbotschaft zu bringen und ihn von der Furcht wegen seiner Mutter zu befreien, bewirkt aber, indem er seine Herkunft offenbart, gerade das Gegenteil. Erkennung aber ist ein Umschlag aus Unkenntnis in Kenntnis, welcher entweder zur Freundschaft oder zur Feindschaft der für Glück oder Unglück Bestimmten führt. Doch nicht jede gelegentliche Erkennung gehört hierher. Die kunstloseste, aber doch geläufigste Art ist die durch äufsere Kennzeichen, seien es nun angeborene oder erst später erworbene, wie Narben, und mit dem Körper selbst nicht zusammenhängende, wie Halsbänder. Doch ist auch hier noch ein Unterschied zu machen: Den Hirten zeigt bei Homer Odysseus seine Narbe und führt so in gezwungener Weise die Erkennung herbei, die alte Schaffnerin erkennt ihn an der Narbe auf Grund der natürlichen Entwickelung der Dinge. Ebenso kunstlos ist eine zweite Form, welche lediglich durch Willkür des Dichters die Erkennung herbeiführt, wenn z. B. Orest in der „Iphigenie" durch Aufzählung heimischer Wahrzeichen sich als Bruder erweist; ebensogut konnte ihm Euripides eine Narbe zum Nachweis seiner Persönlichkeit andichten. Schon besser ist die dritte Art: es verrät sich jemand beim Anblick eines Bildes oder beim Anhören eines Gesanges, wie Odysseus bei den Phäaken. Vollzieht sich hier die Erkennung infolge eines Affekts, so vollzieht sie sich anderwärts infolge einer (laut geäufserten) Schlufsfolgerung. So rief bei Polyeidos Orest: „Wie meine Schwester geopfert ward, trifft auch mich das Los, geopfert zu werden", und ward so erkannt. Diese Art ist gut. Am besten aber ist die Erkennung immer, wenn sie im Zusammenhang mit der Peripetie in durchaus natürlicher Entwickelung erfolgt, wie im „König Oidipus". Den Vorzug der Wahrscheinlichkeit hat auch die Erkennung der Iphigenie bei Euripides, welche vor dem unbekannten Bruder den Inhalt des an ihn gerichteten Briefes erläutert. In diesem Stücke findet also eine wechselseitige Erkennung statt.

Während plötzlicher Schicksalswechsel und Erkennung nur den verwickelten Fabeln eigen sind, kommt ein drittes tragisches Mittel allen zu, nämlich das Leiden (Pathos), d. i. eine verderbliche oder schmerzliche Handlung, z. B. Sterben auf offener Bühne, wie im „Aias", grofse Schmerzen, wie im „Philoktetes", Verwundungen und was dgl. mehr ist. Der wahre Dichter wird sich nicht mit äufserer Darstellung behelfen, die ja ihre Wirkung mehr der Geschicklichkeit des Maschinisten und den vom Choregen aufgewendeten Mitteln verdankt. Auch der blofs Hörende mufs Mitleid empfinden. Der Dichter aber, der gar auf blofs Staunenerregendes ausgeht, hat nichts mit der Tragödie zu thun. Nicht jede Lust soll man von ihr verlangen, sondern nur die ihr eigentümliche. In dieser Hinsicht ist denn auch Euripides schon von Aristophanes mit Recht getadelt worden, derselbe Euripides, den Aristoteles den tragischsten Dichter zu nennen nicht ansteht.

Wodurch erreicht aber nun der Dichter den Zweck der Tragödie, oder wie mufs er — denn darauf kommt in der That alles hinaus — den plötzlichen Umschlag anlegen? An die eine Möglichkeit, die Schlechten aus Unglück in Glück zu führen, wird nur ein Thor denken. Aber auch das wäre verfehlt, den durchaus Schlechten aus Glück in Unglück zu bringen. Denn der Zweck der Tragödie wird hier nicht erfüllt. Kaum dafs ein menschliches Rühren in unserer Brust wach wird, zum Mitleid kommen wir nicht, weil der betreffende nicht unverdient leidet, zur Furcht nicht, weil wir ja nicht gleicher Art mit ihm sind. Ebensowenig darf ein Tugendhafter aus Glück in Unglück gestürzt werden, denn das erregt in uns nicht Furcht und Mitleid, sondern ist einfach gräfslich. Danach bleibt als Held der Tragödie nur der zwischen beiden in der Mitte Stehende, ein solcher nämlich, der weder durch Tugend und Gerechtigkeit hervorragt, noch infolge von Schlechtigkeit und Bosheit ins Unglück gerät, sondern wegen eines Fehlers, einer von denen, die grofsen Ruhmes und Glückes sich erfreuen, wie Oidipus und Thyestes. Freilich steht dieser strengen Forderung der tragischen Theorie die Schwachherzigkeit des Publikums entgegen. Wenn sich das

Laster erbricht, soll, wie Schiller tadelnd sagt, sich die
Tugend zu Tisch setzen. Das ergiebt dann einen doppelten Verlauf. Tragödien dieser Art weist Aristoteles die
zweite Stelle an. Wer so schwachherzig ist, soll lieber
in die Komödie gehen, die bringt es fertig, dafs selbst
Orestes und Aigisthos schliefslich gute Freunde werden.
(Vgl. auch Lessing im 82. Stück der Hamb. Dramat.)
    Immer tiefer senkt der Stagirit seine Sonde: Welcherlei Begebenheiten sind nun aber schrecklich und
bemitleidenswert? Wenn ein Feind am Feinde oder
ein Fremder am Fremden eine leidvolle That ausübt, so
haben wir fast kein Interesse daran. Wenn aber in
freundschaftlichen Verhältnissen das Leid entsteht, wenn
z. B. ein Bruder den Bruder oder ein Sohn den Vater
oder eine Mutter den Sohn oder ein Sohn die Mutter
tötet oder töten will, das sind Stoffe für die Tragödie.
Je nach dem Vorhandensein von Kenntnis entstehen nun
folgende Möglichkeiten: Es verübt jemand die That
wissentlich an der befreundeten Person, wie Medea ihre
Kinder ermordet. Besser noch ist es, wenn jemand ohne
Kenntnis seines Verhältnisses die That an einem Unbekannten verübt, dann aber schreckliche Klarheit erhält,
wie im „Oidipus", wo allerdings die That vor der
Handlung des Dramas liegt. Am wirksamsten aber bleibt
der dritte Fall, wo die Ausführung der That durch rechtzeitige Erkennung verhütet wird, wie in dem „Kresphontes" des Euripides Merope, im Begriff, ihren Sohn zu
töten, ihn noch rechtzeitig erkennt. Es läfst sich ja
noch die vierte Möglichkeit denken, dafs jemand trotz
Kenntnis den Mord an befreundeten Personen plant,
aber aus irgend welchen Gründen nicht zur Ausführung
bringt. So etwas ist gräfslich, ohne tragisch zu sein.
Da nun das tragisch Wirksame auf ganz besondere Kombinationen beschränkt ist und der Dichter in solchen

Hauptpunkten die Überlieferung nicht „auflösen", d. h. umändern darf, so treffen eben — es klingt etwas humoristisch — die Dichter immer wieder in denselben Häusern zusammen, nämlich in denen des Alkmaion, Oidipus, Orestes, Meleagros, Thyestes, Telephos. Über die zuletzt erörterten Fragen hat im Anschlufs an Voltaires „Merope" Lessing im 37.—40. Stück der Hamburgischen Dramaturgie gehandelt.

Der Charakter äufsert sich, wie gesagt, im Wollen. Ist der Vorsatz gut, so ist der Charakter ein sittlich tüchtiger, anderenfalls ein schlechter. An die bürgerliche Stellung ist die Tüchtigkeit des Charakters keineswegs gebunden. Es kann auch das Weib, das dem Manne vielleicht nachsteht, ja sogar der niedere Sklave einen sittlich tüchtigen Charakter haben. Ein Fehltritt ist recht wohl mit sittlicher Tüchtigkeit vereinbar. Ein zweites Erfordernis beim tragischen Charakter ist Angemessenheit. Dem Weibe kommt nicht männliche Tapferkeit zu. Drittens mufs, wenn einmal Bekanntes behandelt wird, der Held ähnlich sein dem durch die Überlieferung geschaffenen Bilde, und endlich viertens mufs er konsequent handeln, und sei es auch mit der Konsequenz der Inkonsequenz. Ein Verstofs gegen letztere Forderung ist das anfängliche Flehen der Iphigenie in Aulis; schlecht ist der Charakter des Menelaos im „Orestes", ohne dafs ein zwingender Grund dafür vorhanden wäre, unangemessen der des jammernden Odysseus. Bei aller Naturwahrheit mufs doch der Dichter, wie auch der Porträtmaler, es verstehen, seine Helden zu veredeln. Sophokles schilderte die Menschen, wie sie sein sollen, Euripides, wie sie wirklich waren.

Die Forderung konsequenter Zeichnung der Charaktere in Verbindung mit konsequenter Führung der Handlung ergiebt nun, dafs die Göttermaschinerie ein

Verstofs gegen die Kunst ist. Höchstens Dinge, die aufserhalb der Handlung liegen oder in der Zukunft bevorstehen, wohin des Menschen Blick nicht dringt, dürfen durch Gottheiten dem Zuschauer bekannt werden.

Beim Dichten mufs sich der Dichter lebhaft auch die scenische Darstellung schon vergegenwärtigen, damit ihm nicht aus Unkenntnis der Bühne Verstöfse passieren, welche den Erfolg des ganzen Stückes in Frage stellen können. So fiel ein Stück des Karkinos durch, weil Amphiaraos den Tempel wieder verliefs. Der uns unklare Verstofs konnte beim Lesen, nicht aber im Theater übersehen werden. Wichtiger freilich noch ist, dafs der Dichter in die einzelnen Stimmungen sich eingelebt hat (vgl. S. 194 f.). Zum Dichten gehört deshalb Verstand, der geschickt ist im Forschen, oder aber bewegliche Phantasie. Immer aber mufs der Dichter erst den allgemeinen Kern feststellen, ehe er die Episoden ausführt und die Detailfarbe hinzuthut.

Jedes Drama besteht aus Schürzung (Desis) und Lösung (Lysis). Zur Schürzung gehört, was aufserhalb der Tragödie liegt, und von ihr selbst ein Stück bis dahin, wo der Umschlag beginnt. Auf diese beiden Punkte kommt alles an. Man darf auch nicht, wenn zwei Dichter denselben Stoff behandeln, ohne weiteres sagen, es sei dasselbe, sondern nur, wenn Schürzung und Lösung gleich sind. Mancher Dichter aber versteht sich nur auf das eine, und doch gilt es, in beidem Beifall zu finden.

Man kann nun, je nachdem der eine oder der andere Teil die Hauptsache bildet, vier Arten der Tragödie unterscheiden: Die verwickelte (mit Peripetie und Erkennung), die pathetische, die ethische (Charaktertragödie) und diejenige, welche durch wunderbare Effekte ihre Wirkung zu erreichen sucht. Dahin gehören die „Phorkystöchter", „Prometheus" und die Stücke, welche im Hades spielen.

Endlich mufs auch dem Chore seine Stellung als beteiligtem Schauspieler gewahrt werden, er mufs ein Glied des Ganzen sein und in die Handlung mit eingreifen. Muster ist auch hier Sophokles, nicht Euripides.

Einen weiten Raum nimmt der Gedankeninhalt ein, als da ist Beweisführen, Entkräften, Erregung von Affekten, wie Mitleid, Furcht, Zorn, Vergröfsern, Verkleinern. Doch verweist diesen Teil Aristoteles in die Rhetorik. Nur eins hebt er scharf hervor, dafs die Wirkung des Gedankens neben der Wirkung der Handlung her geht und dieselbe noch bedeutend zu erhöhen imstande ist.

Was nun den sprachlichen Ausdruck anlangt, so weist Aristoteles die Redefiguren der Schauspielkunst zu (vgl. S. 183). Die Güte des sprachlichen Ausdrucks besteht darin, dafs er deutlich und dabei nicht gewöhnlich ist. Würde erlangt er aber durch ungebräuchliche Worte, auch durch formelle Abweichungen, durch Dehnungen, Einschiebsel, Verlängerung, Verkürzung der Worte und überhaupt durch alles, was vom regelmäfsigen Gebrauche abweicht. Von den verschiedenen Arten des gewählten Ausdrucks passen die Metaphern am besten für die jambische Poesie. Schon im Altertum richtete sich der billige Spott der Witzlinge gegen solche Theorie, indem z. B. Eukleides der Ältere meinte, das Dichten sei keine Kunst, wenn man die Worte nach Belieben messen könne. Ariphrades verspottete Wortstellungen wie ‚dem Hause aus' statt ‚aus dem Hause'.

Während das Epos auch das Widernatürliche zuläfst, ermöglicht die Tragödie nur die Vorstufe davon, das Wunderbare, da das Widernatürliche auf der Bühne zu leicht durchschaut werden würde. Zu diesem rechnet Aristoteles auch den Anachronismus. Nur wenn das Widernatürliche aufserhalb des Stückes liegt, mag es hingehen. Auch die Entschuldigung kann nicht gelten, dafs anderenfalls die Fabel zerstört worden wäre. Denn wer heifst den Dichter sie so gestalten? Immerhin ist Unmögliches, wenn es nur wahrscheinlich ist, noch besser, als Mögliches, welches unwahrscheinlich ist. Darum soll jenes dem Dichter nicht verübelt werden, wenn er es nur vernünftig darzustellen weifs. Wo es an Charakteristik und Gedanken fehlt, kommt ihm der sprachliche Ausdruck zu statten, während andererseits die allzu glänzende Darstellung die Charaktere und Gedanken auch verdunkeln kann.

Die Lust, Verstand und Witz zu üben, gab gelehrten Männern, namentlich in den Philosophenschulen, Veranlassung zur Aufstellung von Problemen und Lösungen. Diesem Kritisieren sucht Aristoteles am Schlusse der Poetik den richtigen Standpunkt anzuweisen. Fünf Punkte sind es nach seiner Ansicht, die zur Aufstellung von Problemen Veranlassung geben, die Ansicht nämlich, dafs etwas unmöglich oder widernatürlich oder schädlich oder widersprechend oder gegen die Regel der Kunst sei. Die Lösungen aber lassen sich von zwölf Gesichtspunkten aus betrachten.

Es wird nicht uninteressant sein, aus den zum grofsen Teile unter dem Einflusse der Aristotelischen Theorie entstandenen kritischen Randglossen, die uns in den sog. Scholien zu den dramatischen Dichtern vorliegen, einige Proben zu geben. Oft hören wir, namentlich gegen Euripides, den Tadel aussprechen, dafs eine Scene oder der Ausgang eines Stückes der Würde der Tragödie nicht angemessen sei. Derselbe Dichter fällt dem Publikum lästig durch Aufzählung des Stammbaums. Nicht immer ist der Chor gebührend verwendet. Die Choreuten müssen ihrer Stellung nach in der Lage sein, freimütig für jemand einzutreten, irgend ein Band mufs sie an die Hauptperson knüpfen, damit ihre Sympathie gerechtfertigt erscheine. Ihre Teilnahme mufs sich aber den Vornehmen gegenüber in den Schranken ehrerbietiger Scheu halten. Viele dieser Bemerkungen beziehen sich auf die Ökonomie. Alles, was zur Exposition gehört, soll im Anfange in kurzer Fassung gegeben werden. Was den Fortgang unnötig verzögert, mufs vermieden werden. So darf Aigisthos vor seiner Ermordung nicht erst viele Worte machen. Pylades wird in der allgemeinen Freude vergessen, wodurch der Dichter die Spannung einer zweiten Erkennung gewinnt. Bisweilen mufs eine Person schweigen, z. B. durch Eid verpflichtet, denn sonst würde die Fabel aufgelöst werden. Dunkel mufs zuerst über der That des Aias schweben, darum sind die Hirten mitgetötet worden. Teukros mufs abwesend sein, denn er würde den Aias an seinem Beginnen gehindert haben. In den Berichten der Boten ist Wiederholung zu vermeiden. Darum befinden sich in der „Elektra" die Hauptheldin und Klytaimnestra zusammen auf der Bühne, als der Pädagog erscheint.

Besonders zahlreich sind Anmerkungen über die Charaktere. Der Grundzug des Wesens einer Person mufs immer gewahrt bleiben. Der des Oidipus z. B. ist die Sorge für sein Land. Absichtlich stellen die Dichter den wilden Charakteren mildere gegenüber, wie Ismene der Antigone, Chrysothemis der Elektra, um mit Gegenreden die Dramen zu durchzieren. Nach Alter und Stand hat jeder Charakter sein eigenes Ethos, der Jüngling, der Greis, das Weib, der Mann, der Grieche, der Barbar, der Glückliche, der Unglückliche. Orest ist zuversichtlich, weil er eine solche Gefahr wie die ihm drohende noch nicht bestanden hat. Der Sinn der Greisin ist wandelbar. Das weibliche Zartgefühl gebietet Tekmessa, den entstellten Leichnam zu bedecken. Das Weib scheut sich auch bei offenkundiger Missethat, dem Weibe Vorwürfe zu machen. Botenart ist es, das Angenehme zuerst zu sagen. Wer etwas Angenehmes oder auch etwas Unerwartetes hört, will es zwei- und dreimal hören. Der Feigling übertreibt die Gefahr, auch mag er in der Angst dieselbe schlimmer sehen, als sie ist. Polyxene in der „Hekabe" wahrt sich durch freimütige Äufserung den heroischen Zug, andererseits sprach die Barbarin Andromache dem Didymos zu würdevoll. Die im Unrecht Befindlichen hören nicht gern die Wahrheit, wie Agamemnon im „Aias". Umgewandelt wird der Charakter durch Gemütserregung. Das unerwartete Glück macht Elektra kühner als einem Weibe zukommt. Teukros scheint zu trotzig gegenüber den Heerführern, aber er handelt aus Liebe. Die Leidtragenden kehren sich nicht an die Gesetze der Wortfügung, wiederholt stofsen sie dasselbe Wort hervor. Es ist ein Trost für sie, Genossen des Unglücks zu haben; dagegen steigert es den Schmerz des Aias, dafs er die unselige That allein gethan hat. Gegen die Klagenden ist man nachsichtig, das giebt ihnen einen gewissen Trost. Wenn sie ihr Leid nicht Mitmenschen klagen können, tragen sie es Himmel und Erde vor. Im Eingange der „Eumeniden" schildert die Priesterin den Anblick der Erinyen, nicht um hinter der Scene Vorgehendes zu erzählen, sondern unter dem Eindrucke des Schreckens. Oidipus begrüfst in seiner Not den unter ihm stehenden Kreon mit höheren Namen. Andererseits macht das Unglück Elektra ungerecht auch gegen die Götter. Aias und Herakles gebaren sich stolz, aber es ist verzeihlich in dem Augenblicke, wo sie mit dem Leben abgeschlossen haben. Lehrreich ist die Bemerkung zu der Überhebung des Aias. Der Charakter ist übertrieben, da der Zuschauer ganz auf Seite des Helden steht und beinahe dem Dichter zürnt wegen der ihm auferlegten Leiden. Das Publikum zu rühren, benutzen die Dichter ganz bestimmte Mittel. Das Schattenbild der Klytaimnestra zeigt noch die Todeswunde, Aias wird im Wahnsinn vorgeführt, Tekmessa erscheint mit dem Kinde. Besonders rührend ist das Vermächtnis des Aias an Eltern und Kind, auch die Erinnerung des sterbenden Herakles an seine Mutter. Dafs die alten Kritiker auch lehrhafte Absicht aus den Tragödien herausspürten, sei nur kurz erwähnt. Sicher ist eine gewisse politische Tendenz; besonders lag in Anspielungen auf den Ruhm Athens ein Mittel zu wirken, das seinen Zweck nie verfehlte.

Da Homer den Hellenen „der Dichter" war und auch die gelehrte Beschäftigung zumeist an seine Werke anknüpfte, so erklärt es sich leicht, dafs man auch die Tragödie unter demselben Gesichtspunkte betrachtete wie die Homerischen Gesänge. Sahen doch manche die Epen selbst als grofse Tragödien an. Es entbrannte deshalb auch ein Streit darüber: Was ist gröfser, das Epos Homers oder die Tragödie? ein Streit, den Aristoteles zu Gunsten der letzteren entscheidet. Hatten die Gegner behauptet, das Epos sei für den Gebildeten, das Drama, welches in grobsinnlicher Weise dem Zuschauer zu Gemüte geführt würde, für den Ungebildeten, so wendet Aristoteles ein, dafs die grobsinnliche Vorführung nur Schuld der Schauspieler sei, in mafsvoller Bewegung aber ein Verstofs gegen die Kunst nicht liege. Übrigens könne eine Tragödie auch ohne Darstellung genossen werden. Hinwiederum fassen die Tragödien nicht nur alle Bestandteile des Epos in sich, sondern dazu noch die musikalische Wirkung und die Darstellung für das Auge. Weitere Vorzüge sind die gröfsere Kürze und die gröfsere Einheit. In der Praxis freilich ist gerade darin das Epos dem Drama gegenüber im Vorteil, dafs es durch Abwechselung der Handlung und durch Episoden den Leser ergötzt, während die schnellsättigende Gleichmäfsigkeit vieler Dramen diese durchfallen läfst.

Die Aristotelische Poetik ist bekanntlich nur ein Torso. Während die Anschauungen des Philosophen über Tragödie und Epos wenigstens in ihren Hauptzügen uns vorliegen, sind von denen über die Komödie blofs einige versprengte Trümmer erhalten. Ähnlich wie Aristoteles seiner Theorie der Tragödie die kunstvolleren Dramen des Sophokles und des Euripides zu Grunde gelegt hat, so hat er es bei Betrachtung des Wesens der Komödie vorwiegend mit der mittleren und neueren Komödie zu thun. Die kühnen Phantasieschöpfungen des Aristophanes geben für die Komposition ebensowenig einen Mafsstab ab wie die Oratorien des Aischylos. Es mufs eben auch in der Komödie strenge Verknüpfung der Handlungen stattfinden, auch hier ist die Fabel, der Mythos, die Hauptsache. Da ferner der Sinn des Philosophen immer auf das Allgemeine gerichtet ist, konnte ihn die persönliche Verspottung nicht befriedigen. An Stelle derselben soll der verhüllte Ausdruck (Hyponoia) treten und die Emphasis, d. h. die Ausdrucksweise, welche mehr durchscheinen läfst, als sie verrät. Wie in der Tragödie Symmetrie zwischen Mitleid und Furcht, so herrscht in der Komödie Symmetrie zwischen Gelächter und Ergötzung. Ein Tröpfchen Wermut mischt der komische Dichter in den Becher der Lust. Naturgemäfs kehren als Bestandteile der Komödie wieder: Fabel, Charakter, Gedankeninhalt, sprachlicher Ausdruck, Gesangskomposition, Darstellung für das Auge. Über den dritten, fünften und sechsten Punkt hatte Aristoteles zu dem über die Tragödie Gesagten wenig hinzuzufügen, manches dagegen über die anderen.

Die komische Fabel dreht sich um lächerliche Handlungen. Charaktere der Komödie aber giebt es drei, den des Bomolochos, des Alazon und des Eiron. Die geringe Zahl kann den Eindruck der Dürftigkeit machen, indessen wird doch durch den groben Spafsmacher und den Windbeutel in allen Färbungen und Gestalten einerseits und den ironischen Alten andererseits eine reiche Fülle von Figuren und Situationen gegeben. Wie die Regellosigkeit in der Fabel, so wird auch die kühne Wortbildung der alten Komödie eingeschränkt. Es lautet ein Satz: Die Sprache der Komödie ist die volkstümliche Umgangssprache. Derselbe wird weiter noch dahin bestimmt: Der Lustspieldichter mufs den Personen die Sprache seiner Heimat beilegen, den Fremden dagegen die bei ihnen landesübliche. Als Beispiel sei der „Poenulus" des Plautus genannt und nur mit einem Worte daran erinnert, welche Gelegenheit zu komischen Situationen Mifsverständnisse der fremden Laute dem Dichter in alter und neuer Zeit gegeben haben. In der Tragödie fand diese Rücksichtnahme auf die Wirklichkeit nie statt. Der Lakone redet hier wie der Athener, der Megarer wie der Thebaner.

Die Alten unterscheiden nun das Lächerliche in Worten und das Lächerliche in Handlungen. Was ersteres anlangt, so wirkt besonders erheiternd das Spiel mit verschiedenen Bedeutungen desselben Wortes (Homonymia) und das Spiel mit mehreren Worten gleichen Begriffs (Synonymia), ferner die tautologische Häufung gleicher Worte u. dgl. m. Wichtiger ist uns das Lächerliche der Handlung. Da sind zunächst einige Arten zu nennen, die, genügend ausgeführt, an sich ein ganzes Stück ausmachen können, voran die Verkleidung zu einem Schlechteren und andererseits zu einem Besseren. Beispiele sind für die zweite Art die Hadesfahrt des Dionysos in

Heraklestracht und für die erste das Liebesabenteuer des Juppiter-Amphitruo. Ein weiteres Hauptmittel ist die Täuschung (Apate), das Foppen des Dummen z. B. in den „Wolken", wo Strepsiades sich in der Kunst, den Flohsprung zu messen, unterrichten läfst. In der neueren Komödie bildet die Täuschung, bisweilen in Verbindung mit Verkleidung, sehr oft den Hauptinhalt eines Stückes. Die dritte Art ist das Lächerliche aus dem Unmöglichen. Der Dichter führt den Zauberstab der Circe, die Tiere gewinnen Sprache und verhandeln mit den Menschen, er geleitet als Psychopompos zu den utopischen Genüssen der Unterwelt, reitet mit Trygaios auf dem Mistkäfer in den Olymp und baut in der Luft ein Wolkenkuckucksheim. Noch drolliger ist die Wirkung, wenn etwas an sich Mögliches durch ungereimte Mittel erreicht werden soll. Die verschiedenen Kunstgriffe, den Frieden zu erlangen, gehören hierher. Dikaiopolis läfst sich denselben einfach auf eigene Rechnung auf Flaschen gezogen kommen. Am besten schliefst sich hier das Lächerliche aus dem Unerwarteten an, indem es Anwendung findet auf die Katastrophe. Froh hofft Strepsiades des Umstandes zu werden, dafs sein Sohn die Sophistenschule durchgemacht hat, da wird ihm plötzlich, als der Ungeratene ihn schlagen will, mit einem Male schreckliche Klarheit. Lachen erregen auch die ins Unedle gebildeten Charaktere. Es folgt die Situation, wo einer, der die Möglichkeit hat, das Gröfste zu ergreifen, dies fahren läfst, um das Wertloseste zu nehmen. Im Sinne des Sprichwortes: „Der Frosch hüpft wieder in den Pfuhl, und säfs er auch auf goldnem Stuhl" sind eine Reihe Märchen entstanden, z. B. das vom Schneider, der die Macht hat, eine Stunde Kalif zu sein, die Zeit aber dazu verwendet, ein Loch des Herrschermantels zu flicken. Neben all diesen Formen, die sich in ganzen Situationen und einzelnen Gedanken anwenden lassen, besteht ein Hauptmittel der Komik darin, daſs die Rede keine Folgerichtigkeit aufweist. Das ist dann das, was wir blühenden Unsinn zu nennen pflegen.

Endlich ist noch zu erwähnen der Gebrauch übertriebenen Tanzes. Hierunter möchten wir die Mimik überhaupt mit Einschluſs der Prügelscenen u. dgl. verstehen. Dem Anachronismus in der Tragödie entspricht hier etwa die Zerstörung der Illusion. Schon bei Aristophanes ist sie ein wichtiges komisches Motiv, genial verwendet sie auch Plautus, indem er den Zuschauer in die Handlung hereinzieht und über die Einrichtungen des Theaters Scherze macht. Ein etwas pedantischer Theoretiker des Altertums preist freilich auf Kosten des Plautus den Terenz, weil er solches sich nie habe zu Schulden kommen lassen.

Wie nun die Gesetze der Tragödie auf der einen Seite eine gewisse Abhängigkeit von denen des Epos nicht verleugnen, so wurden sie andererseits von späteren Theoretikern in der Hauptsache auf die Komödie einfach übertragen. In den Erläuterungen des Donat zu den Lustspielen des Terenz finden wir fast alles wieder, was wir aus den Tragikerscholien oben angeführt haben. Wiederholt wird auch seines Originals unübertreffliche Kunst in der Oeconomia gerühmt. So kehren auch fast alle anderen griechischen Kunstausdrücke hier wieder: Am besten ist es, wenn der Zuschauer glaubt, es komme alles durch Zufall, während es doch vom Dichter berechnet ist. In der ersten Scene der „Andria" legt Terenz den Grund des Stückes. Dieser Dichter verschmäht den Prologus und den Deus ex machina. Um die Voraussetzungen des Dramas dem Zuschauer bekannt zu machen, verwendet er bisweilen sog. Personae protaticae, vorbereitende Rollen, die nicht das ganze Stück hindurch mitspielen. Damit die Handlung vorgestellt zu werden scheine, wird jede längere Auseinandersetzung durch Einwürfe unterbrochen, auch wenn solche an sich nicht nötig sind. Das geht soweit, dafs auch ein Selbstgespräch von der in weiter Entfernung befindlichen Person mit Randglossen begleitet wird. Beachtung verdient hier der Unterschied der Tragödie. Die Botenberichte des ernsten Dramas laufen oft lange ohne Unterbrechung fort, da sich neugierige Zwischenreden verboten. Natürlich mufste die Kunst des Schauspielers den Vortrag vor Eintönigkeit bewahren, was Nikostratos besonders gut verstanden zu haben scheint (S. 169). Terenz vermag es sogar, vier Personen am Gespräche zu beteiligen, ohne dafs Unklarheit entsteht. Bisweilen ist es ratsam, den Zuschauer anzuregen und auf das Kommende zu spannen. Das geschieht z. B., wenn ein Akteur zu sich selbst spricht: „Jetzt gilt's!" Die Rede entspinnt sich auf der Bühne oder wird auf die Bühne übergeführt. In letzterem Falle ist es unserer Phantasie überlassen, den Ausgangspunkt derselben sich klar zu machen. In doppelter Weise wird eine Handlung den Augen der Zuschauer entrückt. Entweder nämlich wird das Zukünftige in Aussicht gestellt oder das Geschehene erzählt. Zwei Arten der Handlung aber giebt es, die bewegliche (motorius) und die stehende (statarius), die Mischung aus beiden heifst miktos.

Zur Vorbereitung eines kommenden Ereignisses dient eine gelegentliche Hindeutung (Proparaskeue). Dafs das Herannahen einer Person angekündigt wird, ist eine Paraskeue der neuen Scene. Die Erklärer reden von einer „ersten Spannung", Protasis. Daran schliefst sich die Epitasis, die Steigerung, bezw. Schürzung des Knotens. Wie die Tragödie in drei Teile zerfällt, die Erregung der Erwartung, das Begebnis, den Ausgang, so zeigt die erste Scene des dritten Aktes der „Brüder" die Exspectatio, die Meldung des Geta die Gesta, die Klage der Sostrata den Exitus. In demselben Stücke lernen wir eine Parektasis tragica kennen, die Einführung der Freude vor der niederschmetternden Kunde. Auch im „Eunuchus" findet sich ein Tragicus apparatus; denn der Alte träumt nur Angenehmes, wo er doch bald Gefahren kennen lernen soll. In einer Scene der „Hecura" begegnen wir dem „letzten Irrtum" zunächst vor der Katastrophe. Naturgemäfs folgt eine Scene, in der nun die Komödie dem erfreulichen Teile sich zuzuneigen beginnt.

Etwas sonderbar mutet uns die Theorie über die Vermeidung des Tragischen in der Komödie an. Danach wird z. B. vom Tode nur ein Greis, nur eine Buhlerin, oder, wenn einer zwei Frauen hat, nur die eine weggerafft. Diese Rücksicht geht soweit, dafs Terenz in der „Andria" den Charinus eigens deshalb einführt, damit nicht die verschmähte Philumena am Ende sitzen bleibt. Mit diesem Bestreben des Terenz hängt es nach Ansicht des alten Erklärers auch zusammen, dafs lächerliche Personen nicht als durchaus thöricht und einfältig dargestellt werden. Denn dann geht die Belustigung verloren.

Ein Wort noch über die Namen der komischen Personen. Erstere müssen nach Donat Sinn haben und etymologisch sich deuten lassen auf das Wesen der betreffenden Person. Daher heifst der treue Sklave Parmeno (der Standhafte), der ungetreue Syrus oder Geta, der Soldat Thraso (der Kühne) oder Polemon (der Kriegerische), der Jüngling Pamphilus (der Verliebte), die Hausfrau Myrrhina, der Bursch vom Geruch Storax oder vom Spiel und der lebhaften Bewegung Circus. Gegen diesen Gebrauch zu verstofsen, ist fehlerhaft, es sei denn, dafs der Dichter mittelst Antiphrasis (Gegensinn) scherzweise eine Benennung giebt, wie wenn in der „Mostellaria" des Plautus der Wechsler Misargyrides, d. i. Geldhasser, heifst.

Über die Titel der Stücke spricht sich Lessing im 21. Stück der Hamburgischen Dramaturgie aus. Er hat ganz recht: ein Titel mufs kein Küchenzettel sein. Je weniger er von dem Inhalte verrät, desto besser ist er. Die Benennung nach dem Namen der Hauptperson hatte bei der typischen Bedeutung der Namen wenig Sinn, ebensowenig die nach dem Hauptinhalt, da dieser gleichfalls vielen Stücken gemeinsam war. Deshalb betitelten die Komiker die Stücke vielfach nach Nebenumständen, die ein besseres Unterscheidungsmerkmal abgeben. So hat Plautus eine Esels-, eine Topf-, eine Kisten-, eine Koffer- und eine Gespensterkomödie, der „Rudens" ist gar nach dem Seile genannt, an welchem Gripus das aufgefischte Felleisen hinter sich her zieht. Bei der Übertragung ins Lateinische änderten die Dichter häufig den Titel des Originals, eine weitere Umnennung trat öfter bei erneuter Aufführung ein, so dafs später manche Stücke unter einem doppelten Titel umliefen.

Die wichtigsten Regeln der dramatischen Kunst hatte bei den Römern schon Horaz in seiner Ars poetica zusammengestellt. Er dringt vor allem auf Angemessenheit. „Ein jedes Werk in jedem Dichterfache hat seinen eignen Farbenton und Stil... Nicht minder kommt sehr vieles darauf an, ob die Person, die spricht, der Diener oder der Herr im Haus, ein reifer Alter oder ein junger schwärmerischer Tollkopf ist, ob eine Fürstin oder ihre treu ergebne Vertraute, ob ein Handelsmann, der überall zu Haus ist, oder ob ein Landwirt, der im Anbau seines Gütchens lebt und webt, ob ein Assyrer oder Kolcher, ob zu Theben oder zu Argos auferzogen." Nimmt der Dichter eine Person aus der Sage, so mufs er den einmal geprägten Charakter bewahren. „Bringst du Achillen wieder auf die Bühne, so sei er hitzig, thätig, schnell zum Zorn und unerbittlich, wolle nichts von Pflichten hören und mache alles mit dem Degen aus. Medea sei trotzig und durch nichts zu schrecken, die sanfte Ino weich und thränenreich, Ixion treulos, schwermutsvoll Orest." Schaffst du aber aus eigner Phantasie einen Charakter, so mufst du ihn in seiner Eigenart bis zu Ende festhalten. Die Ereignisse werden entweder auf der Bühne vorgeführt oder als Geschehnisse erzählt. Jedoch, „was durch die Ohren in die Seele geht, rührt immer schwächer, langsamer, als was die Augen sehen, deren Zeugnis uns ganz anders überzeugt als fremder Mund." Die weiteren Bestimmungen, dafs grause Vorgänge nicht auf der Bühne sich vollziehen sollen, dafs die Zahl der Akte fünf, die der Auftretenden nur drei betragen darf, u. a. werden nach griechischen Mustern gegeben ohne Berücksichtigung gelegentlicher Ausnahmen. „Des Chores Rolle ist, den Guten hold zu sein, sie zu beraten, im Zorne sie zurückzuhalten und im Kampf der Leidenschaft und Pflicht zu unterstützen. Er preise uns die leichtbesetzte Tafel der Mäfsigkeit, die heilsame Justiz, das Glück des Ruhestands bei offnen Thoren. Was ihm vertraut wird, wiss' er zu verschweigen; auch wend' er öfters an die Götter sich mit fei'rlichem Gebet und fleh' um Rettung der unterdrückten Unschuld und des Stolzen Fall." Die Streiflichter, die Horaz auf die Entwickelung des griechischen und römischen Dramas wirft, glänzen mehr durch Esprit als durch Tiefe der Auffassung. Die Römer könnten, das ist seine Überzeugung, ebensogut durch ihre Sprache als durch Tapferkeit die Griechen besiegen, „wenn nicht unsre Dichter der Feile Arbeit hafsten und die Zeit, die drüber hingeht, für verloren hielten. Lest bei Tage, lest bei Nacht," so ruft er schliefslich den Freunden zu, „der Griechen Meisterstücke!"

www.ingramcontent.com/pod-product-compliance
Lightning Source LLC
Chambersburg PA
CBHW020324240426
43673CB00039B/910